E<small>DUCACIÓN Y</small> P<small>EDAGOGÍA</small>

LA SEP POR DENTRO

PABLO LATAPÍ SARRE

LA SEP POR DENTRO

*Las políticas de la Secretaría
de Educación Pública comentadas
por cuatro de sus secretarios (1992-2004)*

FONDO DE CULTURA ECONÓMICA

Primera edición,   2004
Primera reimpresión, 2006

Latapí Sarre, Pablo
    La SEP por dentro. Las políticas de la Secretaría de Edu-
cación Pública comentadas por cuatro de sus secretarios
(1992-2004) / Pablo Latapí Sarre. — México : FCE, 2004
    364 p. ; 21 × 14 cm — (Colec. Educación y Pedagogía)
    ISBN 968-16-7365-4

    1. Educación – México 2. Educación elemental I. Secre-
taría de Educación Pública – 1992-2004 II. Ser III. t

LC LA422 L37   Dewey 379 L137s

Distribución mundial

Comentarios y sugerencias: editorial@fondodeculturaeconomica.com
www.fondodeculturaeconomica.com
Tel. (55) 5227-4672 Fax (55) 5227-4694

 Empresa certificada ISO 9001:2000

Diseño de portada: R/4, Pablo Rulfo

D. R. © 2004, FONDO DE CULTURA ECONÓMICA
Carretera Picacho-Ajusco, 227; 14200 México, D. F.

ISBN 968-16-7365-4

Impreso en México • *Printed in Mexico*

A María Matilde
presencia, cariño y sentido

ÍNDICE

PREFACIO

Con este libro se propone reconstruir la historia de algunas políticas públicas, concretamente las que han guiado recientemente —y siguen guiando— el desarrollo de la educación básica en el país.

El periodo seleccionado es 1992-2004, debido a que en 1992 se firma el Acuerdo Nacional para la Modernización de la Educación Básica y Normal (ANMEB) cuyos compromisos no sólo están vigentes hasta el final de ese sexenio sino que son ratificados en el siguiente (1995-2000) e incluso también, en lo sustancial, en el Programa Nacional de Educación 2001-2006 (PNE) por las autoridades educativas, no obstante que éstas provienen de un signo partidista diferente.

Es un periodo que, además de mostrar esta inusitada continuidad —lo normal en el régimen tradicional era que cada nuevo secretario lanzara su "reforma educativa" desechando con frecuencia elementos valiosos del sexenio anterior—, resulta particularmente denso en innovaciones, formación de cuadros técnicos dentro de la Secretaría de Educación Pública (SEP), importantes investigaciones y publicaciones, avances en el federalismo por la mayor participación de los gobiernos estatales y otros fenómenos relevantes.

Lo que puede considerarse original es el método seguido: se recurre a entrevistas con tres ex secretarios y el actual secretario de la SEP. Este método no se ha aplicado en los estudios históricos sobre la educación en México ni, que sepamos, en estudios de otras áreas de la administración pública. Es éste un método y un género literario-político aún por desarrollar en México; a partir de entrevistas con dichos actores, comentadas críticamente, se intenta recuperar y documentar la génesis y evolución de las decisiones políticas, las visiones que las guiaron, los debates de los problemas al interior del gobierno, las referencias a otros actores y las presiones y contextos en que las vivieron.

Los tres ex secretarios cuyos testimonios se recogen son: Fernando Solana Morales (noviembre de 1993 a mayo de 1994), José Ángel Pescador Osuna (mayo a noviembre de 1994) y Miguel Limón Rojas (enero de 1995 a noviembre de 2000). Se prescinde de Fausto Alzati cuyo efímero paso por la SEP no aportó nada sustancial, y también de Manuel Bartlett (diciembre de 1988 a enero de 1992), quien como el primer titular nombrado por el presidente Carlos Salinas de Gortari intentó sin éxito llevar a cabo la descentralización de la educación básica e implantar una reforma educativa —el Modelo Operativo, de características bastante distintas de las propuestas del ANMEB—, reforma que nunca obtuvo la aprobación del magisterio, razones por las cuales el presidente Salinas decidió relevarlo de su cargo.

Es obvio que incluí en el diseño original de este libro a un cuarto ex secretario: Ernesto Zedillo (enero de 1992 a noviembre de 1993), quien logró en poco tiempo negociar el ANMEB y obtener que se firmara por la SEP, por el Sindicato Nacional de Trabajadores de la Educación (SNTE) y por los gobiernos estatales el 18 de mayo de 1992. Como a los demás invitados, dirigí a Ernesto Zedillo en enero de 2003 una invitación escrita para ser entrevistado; 10 días después me informó su secretario particular que el ex presidente no consideraba factible la entrevista dado lo nutrido de su agenda y por estar residiendo en Yale, pero que convendría volver a recordárselo en abril; así lo hice en una segunda carta, a la que ya no contestó; finalmente insistí en una tercera carta, en la que textualmente le decía:

> Como autor del libro no me resigno a que usted esté ausente en él; el eje central de la obra son las políticas del ANMEB del cual fue usted el impulsor fundamental, y las políticas derivadas de ese

Acuerdo se han convertido —ratificadas ya por tres sexenios— en políticas de Estado en materia educativa. Además, quisiera rescatar, para la historia de la SEP, las múltiples innovaciones que realizó en los 20 meses en que estuvo al frente de la Secretaría de Educación Pública.

Y le proponía una alternativa:

Si la entrevista no fuese posible, me permito someter a su consideración otra alternativa: que tuviera la amabilidad de contestar por escrito, con la amplitud y flexibilidad que deseara, las seis preguntas siguientes (con mi compromiso de que su texto se publicará sin alteración alguna en el libro):

1) ¿Cómo se llegó a la formulación final del ANMEB?

2) ¿Cuál fue su política ante el SNTE y ante la situación creada por el corporativismo gremial al haberse creado un verdadero "cogobierno" dentro de algunos sectores de la SEP? Y su opinión respecto de la posibilidad de modificar en el futuro la relación SEP-SNTE.

3) ¿Cómo ubica, en su visión general del desarrollo del país, las desigualdades sociales y educativas? Ante la creciente polarización económica y social de la población, ¿qué contribución puede esperarse de la educación? ¿Qué condiciones debiera cumplir el sistema educativo, principalmente las escuelas y universidades públicas, para lograr esa contribución?

4) ¿Cómo logró, en tan sólo 20 meses, cambios tan importantes, sin haber ocupado antes puestos que lo familiarizaran con el medio educativo?[1]

5) En el plano personal, ¿modificó su paso por la SEP sus apreciaciones respecto de la realidad social del país y de sus posibilidades de desarrollo? Si así fue, ¿en qué?

[1] Entre otras cosas, se reformó el artículo tercero, se promulgó la Ley General de Educación, se inició Carrera Magisterial, se emprendió la revisión de los programas y libros de texto, se reformó el Conalep, se estableció el sistema de certificación de competencias laborales y se abrió el sistema a la evaluación externa, preparándose el Ceneval.

6) Desde la perspectiva de la presidencia (y la de ex presidente),
¿cómo valora hoy su experiencia como secretario de Educación?

Zedillo tampoco contestó a esta propuesta. Por esta razón
el estudio hubo de prescindir del testimonio, sin duda valiosí-
simo, del principal autor del ANMEB por parte de la SEP.

Los otros tres ex secretarios aceptaron con gusto la entrevista y también dedicaron generosamente el tiempo necesario
para revisar personalmente las transcripciones, hasta llegar a
la versión que literalmente se reproduce en esta obra. La entrevista con cada ex secretario duró en promedio cinco horas. Aunque se propuso una guía temática, los entrevistados prefirieron
seguirla con gran flexibilidad, según preferencias espontáneas
o deliberadas de cada uno que, por supuesto, fueron rigurosa-
mente respetadas.

Estas entrevistas fueron orientadas al objetivo del libro:
conocer cómo fue percibida y cómo evolucionó cada una las
políticas de Estado derivadas del ANMEB bajo el secretario en
cuestión. Aunque había un guión común, cada entrevistado
pudo extenderse a otros temas que juzgaba de interés; hay por
tanto en las entrevistas temas comunes y otros que varían en
cada caso.[2]

Ninguno de los entrevistados conoció las opiniones de los
demás, ni tampoco el análisis que el autor elaboró y del cual se
trata en el capítulo III.

Digamos algo del carácter de las entrevistas. La de Fernando Solana tiene varias peculiaridades: ya que él considera "un
error grave" haber regresado a la SEP por segunda vez y como
ese periodo duró escasamente seis meses, es natural que se
refiera principalmente a las experiencias de su primer periodo
(1977-1982), lo cual aporta antecedentes valiosos a las políticas

---

[2] Debido a que el ex secretario Zedillo no pudo ser entrevistado, la información sobre las actividades emprendidas por él fue cubierta con otras fuentes,
como se verá en el capítulo III.

definidas en el ANMEB; por otra parte, Fernando Solana revela datos muy interesantes de su biografía política que ayudan a comprender su vínculo con la educación.

Refiere la importancia de su experiencia como secretario general de la UNAM, con el rector Javier Barros Sierra; la trascendencia de algunas ideas sobre la reforma educativa generadas por un grupo de especialistas (reunidos en la Casa de Piedra, en Cuernavaca), su incorporación al grupo cercano a José López Portillo donde se analizaban principalmente problemas hacendarios y de finanzas públicas, y su acercamiento al estudio de temas educativos que habría de culminar (después de estar al frente de la Conasupo y de la Secretaría de Comercio) en su designación como titular de la SEP en 1977.

También revela un dato hasta hoy desconocido: que Ernesto Zedillo, siendo ya presidente, lo invitó en 1995 a ser secretario de Educación, y que declinó esta invitación por estimar que no hubiese funcionado ("habría sido muy difícil hacer algo").

El contenido de su entrevista resulta de especial interés por la influencia que ejerció en Miguel Limón y José Ángel Pescador.

El caso de José Ángel Pescador, que ocupó también el puesto de secretario por sólo seis meses, es distinto: su amplia experiencia en el sector educativo le facilita señalar antecedentes en muchos de los temas que aborda. Muestra opiniones muy definidas, apoyadas en datos concretos, gracias a su excelente memoria, no sólo respecto de las políticas del ANMEB en cuyas negociaciones intervino, sino de otros varios asuntos.

Miguel Limón Rojas, por su currículo, muestra una amplia variedad de habilidades en diversos puestos de la administración pública, entre los que sobresale una especial cercanía con los asuntos educativos. En la entrevista se centra en los temas relacionados con las cuatro políticas derivadas del ANMEB, según percibió su evolución durante el sexenio, sin mengua de incursionar en otros, relacionados o no, que juzga de interés. También en este caso el lector encontrará un texto profundo, esmeradamente formulado, que arroja nuevas luces sobre ese sexenio.

La entrevista con Reyes Tamez Guerra, el actual titular, se ubica en una perspectiva diferente: por una parte, su periodo se encuentra aún en pleno desarrollo, debido a lo cual algunas de sus opiniones pueden entenderse como menos definitivas que las de los demás entrevistados; por otra parte, sus opiniones deben relacionarse con los propósitos contenidos en el PNE, documento indispensable para contextualizarlas, como lo haremos en su momento. La información aquí vertida por el actual secretario ofrece un panorama fresco del estado actual que guarda la educación básica en el país en el cuarto año de la presente administración.

En conjunto, las entrevistas que integran esta obra, además de servir al propósito concreto que se persigue, constituyen testimonios personales de cuatro titulares de la SEP sobre la valoración que hacen hoy de su desempeño.

El autor tuvo con los tres ex titulares relaciones de trabajo que le permitieron conocerlos personalmente y le facilitaron el acceso a ellos. Como investigador de temas educativos y debido también a su tarea de crítico independiente desde la prensa, ha sido testigo constante de la política educativa del país desde hace 40 años. Sin haber sido nunca funcionario de la SEP —su ámbito de trabajo ha sido la academia— fue invitado como asesor por varios secretarios de Educación; declinó algunas invitaciones por diversas razones, pero aceptó las de Fernando Solana (en sus dos periodos en la SEP), José Ángel Pescador y Miguel Limón. Como asesor su tarea consistía en atender algunos asuntos encomendados, revisar documentos, asistir a reuniones; incluso con algunos de estos funcionarios surgió una relación de amistad que perdura hasta el presente. Los tres secretarios mencionados dieron muestra de gran respeto a sus opiniones, aun cuando disintieran de las propias (a veces publicadas en algún artículo periodístico), virtud nada común en los regímenes priistas. Su magnanimidad humana y académica le permitió una colaboración fructífera en esas asesorías.

Ernesto Zedillo no lo invitó como asesor, pero recurrió a él no pocas veces en busca de consulta o lo invitó a reuniones con otros especialistas; incluso, respecto del ANMEB, tuvo la deferencia de someter el último borrador a sus observaciones a principios de mayo de 1992, en un apreciable gesto de confianza. Reyes Tamez lo ha consultado en repetidas ocasiones y le ha dado muestras de especial deferencia, pero el autor no ha sido asesor suyo.

Más allá de reconstruir la historia de las políticas públicas educativas en el periodo seleccionado, la obra pretende aportar una visión crítica de las mismas, por lo que su estructura es la siguiente:

—Capítulo I: introducción, del autor, sobre el contexto de la política educativa en 1992, los contenidos fundamentales del ANMEB, sus negociaciones y logros inmediatos, la definición de políticas de Estado y otras informaciones necesarias para ubicar el tema.

—Capítulo II: titulado "Testimonios", presenta las entrevistas con los titulares.

—Capítulo III: aquí el autor, con independencia de juicio, reconstruye la evolución de cada política de Estado, comenta los planteamientos y enfoques de cada entrevistado respecto de ellas, destaca algunas preguntas y avanza consideraciones prospectivas; su propósito es proyectar el periodo estudiado hacia el futuro. En este lugar se otorga especial consideración al tema de la relación entre las autoridades de la SEP y el Sindicato Nacional de Trabajadores de la Educación, por la especial importancia de este actor político.

—Y, finalmente, las conclusiones de la obra.

Además, a lo largo del libro, en forma de recuadros, se presentan citas de los entrevistados sobre algunos temas, sea para contrastarlas entre sí o para recoger sus opiniones de asuntos que no se relacionan directamente con las políticas analizadas.

Los créditos son obvios: agradezco a los tres entrevistados

su confianza y la generosidad del tiempo que dedicaron a la obra; a mi eficaz asistente, maestra Catalina Inclán por su apoyo en las transcripciones de las entrevistas; a varios amigos investigadores de la educación, principalmente Carlos Muñoz Izquierdo y Felipe Martínez Rizo por sus sugerencias respecto de temas que debieran tratarse; tanto a este último como a Sylvia Schmelkes agradezco su perspicaz y esmerada revisión del último borrador, aunque la responsabilidad plena del texto me corresponde, como es obvio. Expreso mi reconocimiento también al Centro de Estudios sobre la Universidad, de la UNAM, puesto que esta tarea formó parte de mi plan de trabajo académico de 2003.

México, D. F., junio de 2004

I. EL CONTEXTO: GÉNESIS, CONTENIDOS Y POLÍTICAS DEL ANMEB

EL ACUERDO NACIONAL PARA LA MODERNIZACIÓN DE LA EDUCACIÓN BÁSICA Y NORMAL (ANMEB) se firmó el 18 de mayo de 1992.[1] Siendo el objetivo de este libro analizar las principales políticas públicas contenidas en él, es indispensable exponer sus antecedentes, génesis, negociaciones y contenidos, así como informar acerca del desarrollo de las políticas derivadas de él en los siguientes sexenios.

ANTECEDENTES

Los temas fundamentales contenidos en el ANMEB se discutían desde hacía tiempo en la Secretaría de Educación Pública: algunos eran también asuntos centrales en las frecuentes negociaciones con el Sindicato Nacional de Trabajadores de la Educación. Para comprender la manera en que el ANMEB logró formalizarlos como compromisos, debemos remitirnos a sus antecedentes.

Federalización de la educación básica

Este tema de la descentralización de la educación básica, que en el ANMEB adoptará el término de "federalización" y aparecerá como el primero de sus capítulos bajo el rubro de "reorganización del sistema educativo", era preocupación prioritaria en la SEP desde varias décadas antes. Su historia está bien

[1] Fue firmado por el secretario de Educación Pública, Ernesto Zedillo Ponce de León (SEP), Elba Esther Gordillo (SNTE), los gobernadores de los estados y el presidente Carlos Salinas de Gortari como testigo de honor.

documentada.[2] Las autoridades educativas, convencidas desde los años setenta de que era imposible continuar manejando la enseñanza básica de todo el país de manera centralista, y preocupadas por la creciente carga financiera que implicaba, realizaron diversos estudios sobre el tema.

En la segunda mitad del siglo XX se registran varios proyectos e iniciativas, de actores diversos y escaso éxito. Un primer proyecto de descentralización, formulado por maestros miembros del SNTE y de la Academia Mexicana de la Educación en 1958, proponía combinar la planeación del sistema educativo con un proceso continuo de descentralización administrativa; el proyecto no fue aprobado por la dirigencia del sindicato. Al año siguiente, en vísperas del Plan de Once Años, hubo otra propuesta de descentralización, esta vez de la SEP, para transformar la administración educativa en los municipios; tampoco prosperó debido a razones políticas; el sindicato retrasó sus trámites y ejecución.

Como consecuencia del movimiento de 1968, en julio de 1969 el Consejo Nacional Técnico de la Educación (Conalte) propuso una descentralización progresiva, conducida por un organismo de planeación integral que conciliara la soberanía de los estados y reorganizara el sistema educativo, incluyendo la transformación de la supervisión y del sistema escalafonario; este proyecto fue aceptado con reticencia por el SNTE en su segunda Conferencia Nacional de Educación (Oaxtepec, octubre de 1970), aunque el sindicato lo modificó para preservar su poder; en la práctica tampoco prosperó.

El primer proyecto exitoso de desconcentración vino a ponerse en marcha hasta agosto de 1973 con la creación de nueve Unidades de Servicios Educativos Descentralizados (Usedes), que fueron unidades administrativas, responsables

---

[2] Nos apoyamos en los principales estudios: para la versión oficial, Moctezuma Barragán, 1994; Poder Ejecutivo Federal, 1989b; en general, Arnaut, 1992 y 1998, como fuentes fundamentales; para algunas evaluaciones de sus resultados, Pardo, 1995, González Álvarez, 1999, y Luna Martínez, 2000; también Ornelas, 1995 y 1998.

de facilitar las gestiones y trámites y de llevar la estadística educativa, además de 30 Subunidades de Servicios Descentralizados (Subsedes) en las capitales de los estados y ciudades más importantes. El sindicato supo aprovecharlo para incrementar su presencia e influencia en el control del magisterio.

Con la llegada de Fernando Solana a la SEP se dio un paso adelante muy sustancial: sorpresivamente, sin consultar con el SNTE, se crearon delegaciones en todos los estados; el sindicato se molestó con esta medida; también se sintió afectado en su poder por otras dos reformas cruciales emprendidas en ese sexenio: la transformación de las escuelas normales y la creación de la Universidad Pedagógica Nacional (UPN) (cuyo control logró mantener la SEP), y un sistema de seguimiento y evaluación del trabajo docente. Debido a esto la relación entre la SEP y el SNTE adquirió un tinte de fuerte disputa por el control de los maestros y de los mandos medios de la secretaría.

La conveniencia de la descentralización se apoyaba con argumentos financieros, pues el peso del sostenimiento de estos servicios recaía en el gobierno federal: en 1986 la federación aportó 76% del gasto total en educación, los estados 14% y los particulares 10%; dos años después el gobierno federal elevó su contribución a 80%, los estados la redujeron a 11% y los particulares a 9%. Había además grandes desigualdades en la distribución de las aportaciones financieras de los estados, así como en el grado de desarrollo de los aparatos administrativos de cada entidad federativa. La expectativa era que la descentralización iniciaría un proceso gradual de corrección de estas situaciones y se lograría incrementar las erogaciones estatales para la educación básica.

A partir de la presidencia de Miguel de la Madrid (1982-1988) se anunció la plena descentralización de la enseñanza básica, la cual se distinguía de los proyectos anteriores en dos aspectos: la transferencia de este tipo de educación a los gobiernos estatales y un estilo de ejecución diferente, pues se anunció antes de ejecutarse. El sindicato tuvo tiempo de organizar su resistencia y algunos gobiernos locales contribuyeron a entorpecer la aplicación; su dirigencia nacional consolidó la unidad gremial y evitó que el sindicato se fragmentara.

Los dos secretarios de la administración de De la Madrid, aunque con estilos diferentes, cedieron terreno ante el Sindicato: Jesús Reyes Heroles era más enérgico y Miguel González Avelar más cauto, pero ambos concedieron muchas delegaciones; en esos años se inició una etapa de mayor cordialidad en la relación SEP-SNTE en torno al tema de la descentralización. Aunque ésta fue más allá de la simple desconcentración, el proceso se vio frenado en puntos esenciales y quedó inconcluso

Carlos Salinas de Gortari (1988-1994) retomó el proyecto de plena descentralización propuesto por De la Madrid y éste fue el principal encargo hecho al secretario Manuel Bartlett. La caída del jefe de Vanguardia Revolucionaria en 1989 favoreció el avance en esa dirección; sin embargo, en dos años no se logró llegar a acuerdos por diversas razones, tanto por cambios internos en la organización sindical como por las relaciones de ésta con el partido oficial, el cual había perdido la mayoría calificada en el Congreso de la Unión y no pudo ofrecer una base jurídica sólida a las nuevas relaciones federalistas en el campo educativo.[3]

Fue el secretario Ernesto Zedillo (enero de 1992 a noviembre de 1993) quien finalmente logró el asentimiento del SNTE sobre el tema de la descentralización —y otros varios—, y concretar la firma del ANMEB.

Renovación curricular

Otra preocupación también antigua de las autoridades educativas era la revisión curricular sobre todo de la enseñanza pri-

---

[3] Véase síntesis del Programa de Modernización del presidente Salinas, en Pescador Osuna, 1994, p. 235.

maria, cuyos planes, programas y libros de texto no se habían modificado en lo sustancial desde el sexenio 1970-1976. En torno a ella, y bajo la exigencia de elevar la calidad de la educación, también el sindicato presentaba continuas demandas a las autoridades.[4]

Desde 1978 Fernando Solana incluyó en sus *Objetivos, programas y metas* varias reformas, principalmente respecto de español e historia de México, y algo hicieron los secretarios que lo sucedieron, pero la actualización curricular no había encontrado una solución integral. Algunos investigadores, principalmente de los departamentos de Investigación Educativa y de Matemática Educativa del Cinvestav habían hecho entretanto aportaciones valiosas para la reforma de varias asignaturas. El terreno estaba así preparado para incluir en el ANMEB la revisión del currículo de la enseñanza básica.

Magisterio

Este tercer rubro, de particular interés para el SNTE, también continuaba presente en las preocupaciones de la SEP, tomando en cuenta además que, de hecho, a partir de 1983 se había agudizado el proceso de deterioro y desatención de las escuelas normales. Exigencias relativas a la formación inicial y la actualización, capacitación y superación de los maestros en servicio se mezclaban con las demandas de establecer un "salario profesional" y con la idea de modificar el verticalismo del escalafón a favor de un sistema de "promoción horizontal" de los maestros; esto dio origen a concebir una "carrera magisterial" que beneficiaría la calidad de los docentes a la vez que elevaría sus remuneraciones. En las reclamaciones del magisterio se consideraban otras medidas complementarias como premios, honores, distinciones y estímulos, particularmente para vivienda.

[4] Moctezuma Barragán, 1994.

El ANMEB reitera la importancia central del maestro; su figura se ha desvirtuado por la masificación y despersonalización de la enseñanza y el deterioro de su salario, todo lo cual ha repercutido en su autoestima.

El texto aborda cinco cuestiones relacionadas con el magisterio: su formación inicial, la actualización permanente, el salario profesional, la carrera magisterial ("profesionalización ascendente") y el aprecio social por su labor.

Sobre Carrera Magisterial (CM) ya el sindicato había adelantado una alternativa que complementara el escalafón vertical como único procedimiento de promoción, y sirviera al desarrollo individual y a la permanente superación del maestro, dándole además la posibilidad de mejorar sus ingresos. Fruto de muchas negociaciones, se definió el proyecto de CM para responder a dos necesidades fundamentales: "impulsar la calidad de la educación e introducir un medio claro y justo de mejoramiento profesional, material y de la condición social de los maestros".[5]

Participación de la sociedad en la educación

La preocupación porque la sociedad y particularmente los padres de los alumnos, apoyaran más activamente la labor de la escuela tenía menor importancia; de hecho se definió como asunto relevante hasta la llegada de Zedillo a la SEP, debido a su visión de la modernización y democratización propia del sexenio salinista.

El sindicato la rechazaba por principio. Bajo el término "participación" se escondía un debate ideológico no resuelto en torno al significado del carácter público de la educación que impartía el Estado: tradicionalmente y en los textos legales "público" significaba "del Estado" —y con rasgos de monopo-

---

[5] Moctezuma Barragán, 1994, p. 162.

lio y arbitrariedad—, en tanto que en regímenes más democráticos "público" significaba que la escuela era "de todos" y abría
la puerta a la corresponsabilidad social. El dilema era políticamente insoluble, dadas las posiciones ideológicas de la dirigencia sindical y la cultura profesional de los maestros. Por esta
razón el tema de la participación enfrentó particulares resistencias en las negociaciones del Acuerdo.[6]

OTROS TEMAS DEBATIDOS[7]

No eran estos cuatro los únicos asuntos que podían ser objeto
de un acuerdo nacional, como se mostró después.

En las negociaciones y más adelante en las discusiones sobre el proyecto de ley general de educación aparecerían asuntos como la duración del calendario escolar, la temática de la
equidad y los programas compensatorios (además del Programa de las Cien Escuelas, las más necesitadas, que se implementó en 10 entidades y poco después se desvaneció), los cambios curriculares en historia de México[8] y español, el énfasis en
la lectura de comprensión, etc., así como otros propios de los
niveles posbásicos: la ineficiencia y ausencia de rendición de
cuentas de las universidades públicas, la falta de coordinación de la educación media superior y la problemática de la
vinculación de la enseñanza tecnológica con el mercado de trabajo. La educación superior pública preocupaba en la SEP des-

---

[6] Pablo Latapí, 1995.

[7] Seguimos en estos temas a Moctezuma, 1994, quien documenta sus análisis
desde la visión oficial; completamos con Ornelas, 1995 y 1998; Arnaut, 1992 y
1998, y otros documentos de la SEP.

[8] Las reformas en historia de México provocaron dos polémicas, en 1992 y en
1993. La primera versó sobre omisiones, inexactitudes, valoración de algunos
personajes o deficiencias en el tratamiento de algunos temas; de ahí se exten-
dió a impugnar el uso que se hacía el gobierno de la historia nacional. La segunda
se suscitó por la decisión de las autoridades de no publicar los nuevos textos,
pues los autores ganadores del concurso no incorporaron las correcciones que
había exigido la SEP (véase Pablo Latapí, 1996-2000, vol. II, pp. 29 y 32).

de hacía tiempo, principalmente por la ausencia de políticas efectivas de coordinación y control, por su alto costo y la falta de rendición de cuentas; su sostenimiento significaba ya casi 1% del PIB y cubría sólo a 16% de los jóvenes de entre 20 y 24 años de edad.

El reto de reformar el currículo de la enseñanza básica, cuyos niveles se reconocían como prioritarios, obligaba a aclarar otros dos asuntos: la manera de lograr la integración vertical de la enseñanza preescolar, primaria y secundaria, asunto complejo no sólo por la identificación de los ejes curriculares integradores, sino debido a las grandes diferencias del profesorado de cada nivel, de la organización de los planteles, de las prácticas docentes y de los salarios. Por otro lado, la manera en que debería entenderse "una educación básica". Este término había polarizado la discusión sobre la eficacia de la escuela en los Estados Unidos en años recientes y es probable que Zedillo se sintiera atraído por las definiciones adoptadas en ese país. Él mismo, un poco más adelante, al presentar en Los Pinos el Programa de Carrera Magisterial el 14 de enero de 1993, lo explicó de esta manera:

> ¿Por qué la educación básica? Porque de poco más de 25 millones de alumnos que hay en el país, más de 21 millones se encuentran en los niveles básicos, es decir, preescolar, primaria y secundaria. Además, porque es la que todos requerimos, independientemente de la actividad que desarrollemos, o bien será la única que estamos en posibilidad de recibir, o porque sólo a partir de ella podemos acceder a los niveles de educación superior [Moctezuma, 1994: 98].

En la misma firma del ANMEB se encuentra una vaga alusión al concepto de "básico" en el discurso pronunciado ese día por el presidente Salinas: "En este sentido cada día es más numeroso el acervo de investigaciones que ratifican la importancia formativa de los primeros años del ser humano. En ellos se determina el desenvolvimiento futuro del niño, se adquieren los hábitos de alimentación, salud e higiene, y se finca su capacidad de aprendizaje".[9]

A estas consideraciones se añadía la de la importancia de hacer obligatorio el nivel de secundaria, intento presente desde 1977. Zedillo afirmó: "En nuestro país 82.9% de los egresados de primaria ingresa a la secundaria. Este porcentaje se ha mantenido con poca modificación desde hace 13 años, pese a que en el mismo lapso ha aumentado el número de escuelas y maestros de secundaria".[10] Y argumentaba que la secundaria incrementa la productividad, fortalece las instituciones sociales y económicas, contribuye a consolidar la cohesión social y la unidad nacional, mejora las condiciones de alimentación y salud, fomenta la conciencia de los derechos humanos y de la protección del medio ambiente y difunde actitudes cívicas con base en la tolerancia y el diálogo.

DESIGUALDADES E INEFICIENCIAS DE LA EDUCACIÓN BÁSICA

El equipo de Zedillo tenía una visión fresca y pragmática de la situación educativa del país; en el espíritu de la "modernización", aspiraba a introducir rápidamente grandes cambios. El 4 de diciembre de 1992 el secretario Zedillo recordó ante las comisiones de Gobernación y Puntos Constitucionales y de Educación de la Cámara de Diputados que, según el censo de 1990, existían más de seis millones de adultos analfabetos y casi 12 millones de mexicanos sin primaria completa, y que las desigualdades regionales eran sumamente graves; la calidad del

[9] Carlos Salinas de Gortari, mensaje al presentar el ANMEB (Conalte, 1992). También, posteriormente, en los planes y programas de primaria se afirma que "lo básico no alude a conocimientos mínimos" sino "a lo que permite adquirir, organizar y aplicar saberes de diverso orden y complejidad creciente", SEP, 1993, p. 13.

[10] Presentación del Programa Emergente de Actualización del Magisterio, Monterrey, 2 de septiembre de 1992.

servicio dejaba mucho que desear y se carecía de evaluaciones externas; los alumnos que egresaban de primaria o secundaria adolecían de grandes deficiencias en español y matemáticas. En primaria 372 000 niños (2.5 %) quedaban fuera del sistema, y además 662 000 abandonaban la primaria y 1.6 millones entre 10 y 14 años no estaban matriculados; sólo 60% de los 14.4 millones matriculados concluían su primaria en los seis años reglamentarios.[11]

Este panorama urgía a tomar medidas urgentes tanto respecto de cobertura y eficiencia como de la renovación curricular y magisterial para la elevación de la calidad.

Las negociaciones del ANMEB

Ya en su cuarto Informe de Gobierno el presidente Salinas había instruido a la SEP para que, terminado el diagnóstico y la consulta nacional realizada en los dos años anteriores, procediera a la descentralización educativa e impulsara las reformas modernizadoras. La consulta había recogido más de 65 000 ponencias en 1 472 foros en todo el territorio nacional e implicado negociaciones con el sindicato y los gobernadores; en su fase final se realizaron seis reuniones de concertación en cada estado y decenas de reuniones con el Comité Ejecutivo Nacional (CEN) del SNTE y sus secciones.

Las principales propuestas del sindicato eran preservar los principios del artículo tercero constitucional, mantener la unidad nacional en materia educativa, garantizar el respeto a los derechos laborales, salvaguardar la integridad del sindicato como instancia de representación nacional y asegurar que todos los estados tuvieran la capacidad administrativa y técnica y los recursos necesarios para operar sus sistemas escolares. Predominó una actitud de corresponsabilidad.

[11] Véanse los estados del arte sobre la desigualdad educativa, en Martínez Rizo, 1992 y 2002.

Respecto de los temores del sindicato, se garantizó la titularidad de la relación laboral con él, pero se convino la "sustitución patronal" de la SEP por la de cada gobierno estatal y se acordó la adecuación de los marcos legales conforme a este arreglo. Sobre la capacidad de los estados para administrar y operar el servicio educativo, la SEP se comprometió a prestarles los apoyos necesarios. Sin embargo, varias entidades expresaban sus preocupaciones de no recibir de la federación los recursos financieros suficientes, o señalaban el problema de tener maestros con salarios y prestaciones estatales y otros con salarios y prestaciones federales, pero dependiendo ambos del gobierno estatal, o de no contar con la capacidad instalada para arrostrar la nueva carga administrativa. Por estas razones se convino firmar otros dos acuerdos complementarios: uno, entre el gobierno federal y cada estado, y otro entre cada estado y el SNTE: en ellos el gobierno federal se comprometió a transferir anualmente recursos crecientes en términos reales a todos los estados para el sector educativo y a afrontar los costos de las homologaciones salariales y de las prestaciones entre maestros estatales y federales.

El SNTE aceptó el acuerdo por las razones siguientes:[12]

[...] porque en su espíritu y su letra [del ANMEB] hay un claro reconocimiento al papel protagónico del maestro en la transformación educativa de México, un compromiso de la federación y de los gobiernos estatales de mejorar las percepciones de los trabajadores de la educación, de establecer un sistema estatal para la formación del maestro y de convenir la puesta en marcha de un sistema emergente de actualización [...]

Además:

porque se atiende a nuestra demanda de establecer la carrera magisterial [...] y porque [el ANMEB] recibe las propuestas más

---

[12] Según explica la maestra Elba Esther Gordillo en *Examen*, núm. 40, septiembre de 1992.

importantes del SNTE en materia educativa [...]; porque el SNTE, único titular de las relaciones colectivas de los trabajadores de la educación del país, seguirá asumiendo la defensa de la educación pública y vigilará escrupulosamente el cumplimiento de los compromisos pactados.

Explicablemente, había dos ópticas diferentes: la de las autoridades y la del SNTE.

Para la SEP el asunto frontal era, con mucho, lograr la descentralización conforme al esquema preparado. Pero también tenía gran interés en otras dos cuestiones indispensables para elevar la calidad educativa: la reforma integral de los planes, programas y libros de texto, y una nueva política respecto del magisterio que incluía la carrera magisterial.

En la concepción del acuerdo estaban presentes además otros avances: la obligatoriedad de la secundaria, el aumento de días de clases y otros ya mencionados.

Conviene no olvidar el contexto legal en que se movían los actores: la primera reforma al artículo tercero constitucional había establecido un nuevo escenario jurídico y político, si bien había obedecido a la necesidad de moderar el radicalismo del texto en materia religiosa, suprimiendo el régimen de excepción contra las asociaciones religiosas y la laicidad obligatoria para la enseñanza privada; así lo exigían las negociaciones del Tratado de Libre Comercio (TLC).

Es en la segunda reforma constitucional, que se trabaja en el primer semestre de 1992, en la que confluyen los acuerdos logrados en mayo de ese año y con base en los cuales se elaboró poco después la Ley General de Educación que sería publicada hasta julio de 1993.[13]

Distinta era la óptica del sindicato. Desde 1989 la nueva secretaria general del Comité Ejecutivo Nacional del SNTE, maestra Elba Esther Gordillo,[14] se había dado a la tarea de replan-

---

[13] *Diario Oficial de la Federación*, 13 de julio de 1993.
[14] Recuérdese que Carlos Salinas, entre sus primeras acciones simbólicas,

tear el sentido de la vocación social del sindicato y concretar sus demandas y acciones en su materia de trabajo. Con el apoyo de la Fundación para la Cultura del Maestro (cuyo primer director, el maestro Olac Fuentes Molinar, la alentaba a avanzar en esta dirección), la nueva dirigencia fue preparando lo que después habría de concretarse en las *Diez propuestas para asegurar la calidad de la educación pública* (SNTE, 1994).

El proceso estaba en plena marcha y coincidía con las negociaciones del ANMEB, pero además en 1992 se celebró el segundo Congreso Nacional Extraordinario en el que quedó plasmado, en la reforma estatutaria aprobada, la celebración del Congreso Nacional de Educación —en dos ocasiones por gestión sindical— como órgano deliberativo del gremio "para analizar el sistema educativo y las políticas públicas en la materia, y formular propuestas desde el aula, desde la perspectiva de los maestros".[15]

Cuando, después de firmado el ANMEB, en 1994 se presentaron al gobierno de la República y a la sociedad las *Diez propuestas,* se dijo que eran "el resultado de los trabajos de análisis y deliberación del primer Congreso Nacional de Educación" (celebrado del 7 al 10 de noviembre de 1994 en la ciudad de México) y que habían supuesto "amplios debates en cada escuela, más de 14 000 asambleas seccionales en todos los estados, hasta concluir en la reunión nacional, en la que participaron más de 1 000 delegados efectivos y fraternales".

Las propuestas versan sobre los fines y objetivos de la edu-

hizo arrestar violentamente al "líder vitalicio" Carlos Jongitud Barrios. La maestra Gordillo representaba suficiente continuidad, dada su relación con Jongitud, a la vez que una posibilidad de renovación. Había sido ya diputada federal en 1979 y en 1985 y destacaría pronto por su liderazgo audaz y decidido. Nacida en Comitán, Chis., fue maestra rural; se casó con un maestro de secundaria y enviudó; continuó su trabajo de maestra en el Estado de México y se incorporó a la actividad político-sindical donde pronto destacó, protegida por Carlos Jongitud, en los años setenta y ochenta. Sus adversarios la acusan de haber ordenado el asesinato de uno de sus líderes —lo cual no se le ha podido probar—, de haber manipulado las elecciones gremiales y de enriquecimiento ilícito.

[15] SNTE, 1994 (*Diez propuestas*).

cación en los albores del nuevo milenio, la federalización de la educación básica, la nueva gestión de los planteles, los cambios en preescolar, primaria y secundaria, la equidad como prerrequisito de la calidad, la pluralidad cultural y étnica, la formación del magisterio, actualización y carrera magisterial, la vinculación de la educación con el sector productivo, el compromiso nacional para el financiamiento de la educación y los medios de comunicación como factor de la educación.[16]

EL SNTE Y LAS POLÍTICAS EDUCATIVAS[17]

Legítimo y necesario es que existan uno o varios sindicatos del magisterio en los que los trabajadores de la educación se agrupen para defender sus derechos laborales y promover sus intereses profesionales. En el caso del SNTE, sin embargo, esta finalidad ha sido rebasada por otras enteramente ilegítimas: a lo largo de varias décadas fue ajustando sus objetivos, estructuras y procedimientos a las exigencias del régimen priista basado en un control gremialista y corporativo de sus agremiados y en métodos corruptos. Con la complicidad —muchas veces— de las autoridades educativas intercambió sus servicios por cuotas de poder que, en forma creciente, fueron mermando severamente las atribuciones de la SEP e incrementando el poder sindical en la administración de la educación, al grado que hoy algunos afirman que el SNTE "cogobierna" con la SEP muchas áreas del servicio público educativo.

---

[16] A las Diez propuestas se sumaron otras actividades del SNTE como la organización del Seminario Internacional sobre Educación Pública (1989), la creación de la Fundación para la Cultura del Maestro, A. C. (1991), el segundo Congreso Nacional Extraordinario (febrero de 1992), la creación del Instituto de Estudios Sindicales de América (1992), la discusión de la iniciativa de Ley General de Educación, los cambios al artículo tercero (1993) y los diálogos temáticos con diversos sectores de la sociedad mexicana (octubre de 1994.)

[17] Algunos temas comentados en este apartado los he tratado en los siguientes artículos publicados en *Proceso:* Tiempo educativo mexicano: I, 180; IV, 118; V, 57; VII, 37 y 137 (Pablo Latapí, 1996-2000). Véase también Arnaut, 1998: 215.

Por esto es necesario explicar las formas en las que el SNTE interviene en el funcionamiento del sistema educativo nacional y, en particular, en las que obstaculiza las políticas públicas y otros propósitos de las autoridades orientados a elevar la calidad de la educación. Resumiremos esta explicación en ocho puntos.

Control total de sus agremiados

El SNTE se ha consolidado como la asociación gremial principal, prácticamente única, del magisterio; ha controlado a sus agremiados no sólo en lo que toca a sus intereses laborales sino en los profesionales, técnicos y políticos. De él dependen los maestros en cuanto a su plaza, promoción, cambios de adscripción, evaluaciones, salarios y prestaciones, créditos, pensiones, becas, viajes, compras de terreno y vivienda. Con todos estos beneficios el sindicato premia lealtades y castiga críticas o insubordinaciones; por conveniencia o necesidad la mayoría de los maestros acepta pasivamente este dominio y vive dentro de una "profesión subyugada".

El SNTE ostenta su fuerza alegando que "representa" a más de un millón de afiliados. No es así en sentido estricto; una cosa es el número de sus agremiados y otra que todos ellos respalden las posiciones de sus dirigentes, sean políticas o técnicas. Pero es innegable que el SNTE dispone de un alto poder de movilización, a través de sus caciques locales, y que esgrime este poder para intimidar a las autoridades.

Influencia en nombramientos

Tanto en la burocracia educativa federal como en los estados, sobre todo ante nuevos gobernadores, el SNTE presiona para lograr que puestos importantes sean ocupados por miembros suyos destacados. En muchas entidades federativas es tradición que los nombramientos de supervisores y directores de escuela sean prerrogativa sindical. Así, se ha reducido fuertemente el poder educativo del Estado; con mucha frecuencia las autoridades tienen que aceptar que sus órdenes no sean cumplidas por funcionarios que se pliegan a otras lealtades, o tienen que restringir o negociar el alcance de sus decisiones.

Control de las plazas y beneficios

Por décadas el sindicato ha logrado que se le ceda la asignación de muchas (solía decirse que la mitad) de las nuevas plazas disponibles, con lo cual los maestros jóvenes quedan subordinados a su poder. La plaza, además, se considera vitalicia y aun con derechos hereditarios y posibilidades de venta en un mercado oscuro. La subordinación de los agremiados se refuerza mediante la concesión discrecional de muchos beneficios colaterales: comisiones, licencias, permisos, viajes, exenciones y múltiples "negocios" que requieren la aprobación de los dirigentes (tiendas y parcelas escolares, venta de exámenes, imposición de libros de texto, etcétera).

Control de las escuelas normales

Feudos privilegiados del poder sindical han sido las escuelas normales y, en parte, la UPN. Los dirigentes sindicales influyen decisivamente en el nombramiento de sus directores, aprobación de planes y programas de estudio, normas organizativas y otros aspectos. Ésta es la razón de fondo de la endogamia normalista, del rechazo a abrir la formación del magisterio al ámbito universitario y del lamentable rezago y deterioro de este sector fundamental del sistema educativo.

Defensor de delitos, desmanes e irregularidades

Con frecuencia el sindicato actúa como defensor a ultranza de agremiados que han incurrido en faltas, incluso graves como violaciones de alumnas o maestras, desfalcos o negocios ilícitos. Defiende también la ineptitud y por tanto se ha opuesto a evaluaciones externas de la calidad y preparación de los maestros; de hecho con frecuencia defiende la irresponsabilidad y la falta de cumplimiento en el trabajo de los docentes, contra cualquier intento de los directores o padres de familia de someterlos al juicio de las autoridades administrativas o judiciales. El sindicato afecta la calidad de la educación al interponer su influencia a favor de comportamientos contrarios a las normas (reducción del tiempo de clase, ausencias, indisciplina). Además, presiona a directores y supervisores a concentrar su atención en asuntos sindicales, en detrimento de sus obligaciones sustantivas.

Impunidad legalmente protegida

Fue la intervención de los diputados del SNTE la que logró en 1993 que se incorporara al texto de la Ley General de Educación (LGE) (art. 75, frac. XII) una cláusula por la que se exime a los trabajadores de la educación de ser objeto de sanciones: "Las disposiciones de este artículo (en el que se tipifican las infracciones a la LGE) no son aplicables a los trabajadores de la educación, en virtud de que las infracciones en que incurran serán sancionadas conforme a las disposiciones específicas a ellos". Así quedó consagrada, con extremo surrealismo, la impunidad de los maestros y funcionarios que infrinjan la ley.[18]

---

[18] Un jurista (Blanco, 1995, pp. 204 y ss.) muestra que es insostenible la razón aducida (de que los trabajadores de la educación ya son sancionados conforme a las disposiciones específicas para ellos, de carácter administrativo, y por tanto están exentos de las disposiciones legales), ya que una cosa es la relación laboral y otra la sanción penal debida a la infracción de la ley. Además, este artículo viola el principio de igualdad de todos ante la ley.

Oposición a la participación social en la educación

Como veremos al tratar de la política contenida en el ANMEB relativa a la participación social en la educación, el SNTE se opuso tajantemente a la participación de la comunidad y de los padres de familia en las escuelas, alegando que los "agentes externos" obstaculizarían el funcionamiento correcto de los planteles. En realidad, percibe que la intervención vigilante de los padres de los alumnos debilitará su control, y está dispuesto a defender las escuelas como su territorio exclusivo. Esto ha hecho que el servicio público educativo se sustraiga a la contraloría de sus usuarios y sea ajeno a sus demandas. Por lo mismo el sindicato obstaculiza los intentos de las autoridades porque se concreten los mecanismos de rendición de cuentas del servicio educativo a la sociedad.

Realidad activa y dinámica

El poder sindical que se explica en los apartados anteriores es una realidad activa y dinámica. La asociación gremial se entiende a sí misma antes que nada como organismo político que busca instintivamente en cada coyuntura afianzar y acrecentar su poder. Un ejemplo reciente fue la manera en que logró movilizar al Congreso de la Unión, mediante sus diputados y senadores, para que se aprobara la obligatoriedad de los tres grados de enseñanza preescolar (de lo que se tratará en las entrevistas con algunos de los ex secretarios). En vez de extender la obligatoriedad hacia la enseñanza media superior, se optó por decretarla hacia abajo; la razón fue el incremento del poder corporativo, el control de un nuevo botín de plazas, aunque la medida signifique —al convertir la preescolar en requisito obligatorio para el ingreso a la primaria— un nuevo motivo de discriminación de los alumnos más pobres, y aunque los legisladores hayan prescindido de garantizar que habrá recursos financieros suficientes para la proyectada expansión de este nivel.

Es sólo un ejemplo. El poder sindical vigila sobre medidas que pueden serle contrarias, amenaza, intimida, moviliza; en suma, actúa constantemente conforme a su racionalidad de ente político. Lamentablemente las actitudes de las autoridades educativas, sobre todo en algunos sexenios, fueron demasiado complacientes, y hoy el Estado es víctima de sus propias complicidades.

El corporativismo gremial[19]

Para contextualizar el papel que desempeñó el SNTE en las negociaciones es indispensable ponderar el desarrollo del corporativismo gremial como uno de los grandes pilares que sustentaron el régimen político del país durante siete décadas. Si bien el Estado mexicano evolucionaba reaccionando a los cambios que advierte en la sociedad con el fin de asegurar su supervivencia —y cada presidente ajusta sus políticas laborales y sus alianzas a las circunstancias— suelen reconocer los politólogos tres grandes etapas en el esfuerzo por integrar y someter a las clases populares a la institución política: la etapa nacional-popular, la corporativa y la clientelar (Bizberg, 2003:52, 60 ss.).

Quienes han estudiado las transiciones de regímenes autoritarios a democráticos (Azíz, 2003, p. 60) enumeran los rasgos del régimen político que deben transformarse: junto a elecciones libres, sufragio universal y autoridades legítimamente electas se señalan el derecho a competir por los puestos públicos, la libertad de expresión e información alternativa y la libertad de asociación; esta última implica el rompimiento de los apoyos gremiales vinculados a un régimen corporativo.

En el caso de México (Bizberg, 2003, pp. 192 y ss.) "la carac-

---

[19] Nos apoyamos en Arnaut, 1992 y 1998, que son fuentes fundamentales. Sobre el sindicalismo docente tanto en México como en América Latina véase Loyo *et al.*, 1999; Murillo, 1999, y Rueda Castillo, 1997; también Bizberg, 2003. Otras referencias útiles son Reyes Heroles, 1993, y Ornelas, 1998.

terística principal de su régimen político era que se sustentaba en la alianza del Estado con los sectores populares. En años más recientes hubo dos intentos por renovar la relación con los sindicatos, uno en el sexenio de Echeverría y otro en el de Salinas". En el primero, como consecuencia del movimiento de 1968 y la necesidad de evitar tener que recurrir a la represión en el futuro, se trató de inducir una mayor liberalización de las organizaciones gremiales respecto del control gubernamental; políticamente logró su objetivo de apaciguar a las organizaciones estudiantiles opositoras, pero pronto mostró sus límites en el campo laboral como lo puso de manifiesto el surgimiento de la "tendencia democrática" del Sindicato Único de Trabajadores Electricistas de la República Mexicana (SUTERM) que erosionó la alianza con el régimen.

El intento de Salinas llevó también a un nuevo desgaste del régimen corporativo; se había intentado fortalecer electoralmente al partido oficial en las clases medias legitimando al gobierno ante ellas por el manejo eficiente de la crisis económica y contrarrestar de esta manera el creciente abandono de las clases trabajadoras. Ya los resultados electorales de Chihuahua (1983) habían manifestado este abandono, pero sobre todo los de las elecciones de 1988 a nivel nacional evidenciaron el fracaso de ese intento. Ésta fue una de las razones por las que Salinas estableció el programa Solidaridad e intentó modificar su relación con el sindicalismo: se acotó el poder sindical al interior del régimen de las empresas, se flexibilizaron los contratos colectivos y se introdujeron nuevas formas de organización del trabajo.

Salinas sentía que el gremialismo corporativo lo había traicionado al no apoyarlo como candidato; se deshizo de Joaquín Galicia *(la Quina)*, quien favoreció al candidato Cuauhtémoc Cárdenas, y actuó contra Carlos Jongitud quien no logró movilizar a su favor al SNTE y estaba fuertemente cuestionado por la Coordinadora Nacional de Trabajadores de la Educación (CNTE); así estableció un reacomodo con el sindicalismo oficialista, que en el caso del SNTE se vio favorecido por la actividad de la nueva lideresa Elba Esther Gordillo. Es en este contexto en el que tiene lugar la negociación y firma del ANMEB.

Posteriormente, con la agudización de las políticas económicas neoliberales, los sindicatos independientes integran un frente más amplio aliándose con organizaciones agrarias y movimientos urbanos; tal unidad no se logró y pronto se formaron dos corrientes: la encabezada por el sindicato de electricistas y la Federación de Sindicatos de Trabajadores al Servicio del Estado, y la dirigida precisamente por el SNTE y el Sindicato Mexicano de Telefonistas, cuyas dirigencias optaron por quedarse fuera del Congreso del Trabajo. Para el SNTE en concreto parece tratarse de un compás de espera en busca de un nuevo posicionamiento en la compleja recomposición de las fuerzas políticas del país.[20]

El texto del ANMEB

En la edición del Consejo Nacional Técnico de la Educación figuran, junto al texto del ANMEB, los discursos pronunciados en la ceremonia de su firma. El mensaje del presidente, esencialmente político, invoca la gratuidad y laicidad de la educación pública, reitera la oferta de recursos financieros crecientes para el sector educativo y alude a algunos de los temas centrales del Acuerdo: el "nuevo federalismo" (al que asigna cinco objetivos), la elevación de la calidad del magisterio y la necesidad de reformar los contenidos curriculares.

El discurso de la maestra Gordillo es también esencialmente político. Si bien menciona varias deficiencias de la educación relacionadas con los compromisos del ANMEB (contenidos, dispersión de esfuerzos, desigualdades regionales, rezagos institucionales de algunos estados, ineficiencias debidas al excesivo centralismo y las resistencias al cambio), el centro

---

[20] A la conclusión del presente estudio seguían ocurriendo cambios importantes en el contexto descrito.

temático del discurso es la renovación del propio SNTE: quiere dejar asentado, en tan solemne ocasión, que la nueva dirigencia sindical renovará tanto los procedimientos internos de la organización gremial como sus relaciones políticas.

Desde luego, atribuye al SNTE el logro del ANMEB, y afirma que el sindicato ha quedado como "el único titular de las relaciones colectivas de los trabajadores de la educación", el cual "vigilará el cumplimiento de los compromisos".

Reconoce que también el sindicato "llegó a convertirse en protector de ineficiencias y deformaciones que, al paso de los años, se volvieron cargas económica y socialmente insostenibles"; pero "hay un nuevo proyecto sindical y un nuevo compromiso, una nueva relación con sus bases, con la sociedad y con el Estado". Esquemáticamente enumera cinco rasgos de la nueva política sindical: madurez para reconocer qué hay que cambiar, establecimiento de nuevas alianzas, sindicalismo vigoroso, nueva cultura político-sindical que implica formas distintas de organización y participación al interior de la organización, y —algo muy novedoso en ese momento— desvinculación de las organizaciones partidarias, refiriéndose obviamente al partido oficial. "Los dirigentes seccionales o nacionales —afirmó— no podrán compartir sus responsabilidades sindicales con otras partidarias ni con puestos de elección popular. No habrá pretextos para confundir las responsabilidades de la arena partidista con la de los trabajadores de la educación."

El discurso, por tanto, no se refiere a los compromisos específicos del Acuerdo, sino al nuevo rostro del SNTE. Respecto del tema de la participación social, relativamente soslayado en el ANMEB, conviene notar que hay sólo una alusión muy general, al afirmar que el SNTE estará abierto a las influencias de la sociedad y de su tiempo.

Mucho más interesante es el discurso del secretario Zedillo si se le compara con el texto del propio ANMEB, según se advierte en el cuadro de la página siguiente.

Texto del acuerdo	*Discurso del secretario Zedillo*
1. Se requieren más recursos.	1. Habrá más recursos. Y habrá más días de clases.
2. Federalismo (y asuntos relacionados).	2. Reorganización del sistema educativo. Explica nuevas atribuciones de la federación, los estados y los municipios. Equidad. Menciona Consejos municipales escolares. Transformaciones.
3. Participación social y sus ventajas. (El tema no integra un capítulo; se le consigna de modo marginal.)	3. En el tema anterior se hacen dos alusiones a la participación.
4. Reformulación de contenidos y materiales. Reforma integral, por asignaturas. Programas emergentes. Información y orientación a los maestros. Historia de México. Secundaria: regreso a las asignaturas y distribución horaria.	4. Reformulación de contenidos y materiales. Definición de educación "básica". Detalla español, matemáticas, historia, geografía y civismo. Secundaria: por asignaturas y distribución horario.
5. Revaloración de la función magisterial. Nuevo aprecio social del maestro.	5. Revaloración de la función magisterial: formación inicial, reforma del currículo, actualización, salario profesional, vivienda, carrera magisterial, reconocimiento al maestro.

El discurso del secretario sigue la misma estructura del texto del Acuerdo pero profundiza en varios de los rubros exponiéndolos con mayor detalle o añadiendo observaciones tendientes a precisar su sentido o a tranquilizar al sindicato. También adelanta algunos temas que aparecerán posteriormente en la Ley General de Educación.

En particular merece resaltarse la manera en que ambos

textos abordan la participación social, tema que al parecer no fue cabalmente acordado entre la SEP y el SNTE antes de la firma, por lo que no figura en el texto oficial con igual rango que el de los otros temas, aunque se aducen argumentos poderosos a su favor: desplegar la energía social para enriquecer la tarea escolar, eliminar la intermediación burocrática, lograr una comunicación más directa entre alumnos, maestros, escuela y comunidad, estimular el apoyo de los padres de familia para el aprendizaje de sus hijos, todo lo cual redundará en fortalecer el carácter integral de la educación. Además, de la participación social se espera que la comunidad siga más de cerca el funcionamiento y desempeño de sus escuelas.

El Acuerdo adelanta la creación de los cuerpos colegiados (Consejos) y de sus atribuciones, que habrán de concretarse en la LGE.

La argumentación de Zedillo a favor de la participación aparece menos estructurada pero es igualmente fuerte. Desde el tema de la reorganización del sistema educativo la menciona como esencial y afirma "una corresponsabilidad compartida entre escuela, padres de familia y comunidad". También al explicar la transferencia de los servicios a los estados y las nuevas atribuciones de las autoridades locales, aducirá que "se crearán consejos municipales en cada localidad" para estimular la participación. En suma, para el secretario, la participación es pieza esencial de la descentralización y debe estar en la base de la federalización que se busca.

LOS LOGROS INMEDIATOS

La descentralización[21]

La dimensión de la operación implicaba cautela: la SEP manejaba un presupuesto de 36 650 millones de pesos, 25 000 de ellos

---

[21] Moctezuma Barragán, 1994, pp. 140 ss.

ejercidos en forma directa. De ese total, 24 200 millones correspondían a servicios personales. Los maestros federales de enseñanza básica sumaban más de un millón; se deberían transferir a los estados 513 974 plazas docentes, 116 054 puestos administrativos y más de 100 000 inmuebles. La matrícula en el ciclo 1992-1993 de preescolar era de 1.8 millones de niños, la de primaria de 9.2 millones, la de secundaria de 2.4 millones y la de normal de 251 000 estudiantes.[22] La ejecución fue inmediata y se pusieron en marcha reuniones temáticas con las autoridades de cada estado.

La renovación curricular

Sorprende la celeridad con que avanzó Zedillo en la renovación curricular. El mismo día de la firma del ANMEB anunció el Programa Emergente de Reformulación de Contenidos y Materiales Educativos que comprendía guías de trabajo, libros y materiales didácticos para cada asignatura y grado. En la secundaria se regresaba a la organización por asignaturas sustituyendo las áreas establecidas 20 años antes y se enfatizaba el estudio sistemático de la historia, la geografía y el civismo.

Los nuevos planes y programas entraron en vigor en septiembre de 1992, tres meses después de firmado el ANMEB, y los nuevos libros de texto fueron apareciendo gradualmente. No obstante los tropiezos que se presentaron por las nuevas versiones de la historia de México (que obligaron incluso a guardar en bodega la edición hecha y a publicar "guías emergentes" para apoyar a los maestros) y el incidente de la exclusión, por la presión sindical, de la *Cartilla moral* de Alfonso Reyes del paquete de libros enviados a las escuelas, la renovación curricular fue pronto un proceso en plena marcha.[23]

[22] La matrícula que se transferiría equivalía a la de Costa Rica, Ecuador, Uruguay, Perú, Bolivia y Paraguay juntos.
[23] Se embodegaron 700 000 ejemplares de la *Cartilla*. El SNTE la objetó por contener alusiones a la "tradición occidental y cristiana".

En español se canceló el enfoque "lingüístico-estructural" de los setenta (núcleo del predicado, objeto directo, enunciado, gramema, etc.) que la SEP nunca llegó a evaluar; en cambio se enfatizó "la comunicación oral y escrita".

En matemáticas se canceló el enfoque de la "teoría de conjuntos" y se introdujo el "conocimiento claro y aplicable a problemas concretos" de la asignatura.

Asimismo se revisó la concepción de la interdisciplinariedad y la de la integración por áreas que había restado precisión a los conocimientos y diluido, en el caso de historia, el conocimiento concreto y ordenado de los hechos, con su función socializadora, su poder simbólico y su sentido pedagógico. Se afirmó que "el debate sobre la historia de México debe continuar, estimulado por el proceso de maduración de la educación, fincando una buena parte de su éxito en la creciente participación social [...]"[24] Las áreas, además, provocaban, según se criticó, "una integración extralógica" y superficial.

En septiembre de 1992 se implantó también el Programa de Educación Preescolar, con un enfoque psicogenético y constructivista, y en agosto de 1993 se presentaron los planes y programas de primaria; posteriormente los de la secundaria.

Resumiendo, en la educación primaria se dio prioridad al dominio de la lectura, escritura y expresión oral; en los dos primeros grados se dedica a español 45% del tiempo escolar; del tercero al sexto 30%, y 25% a matemáticas. En el nuevo programa de esta última se distinguieron seis líneas: los números, sus relaciones y operaciones; medición, geometría, tratamiento de la información y el trabajo, y predicción y azar. A ciencias naturales, a partir del tercer grado se le dedican tres horas semanales; se enfoca a la preservación de la salud y la protección del medio ambiente. En el tercer grado historia, geografía y educación cívica se orientan a fortalecer el sentido de comunidad y el conocimiento del municipio y del estado.

---

[24] Moctezuma Barragán, 1994, pp. 144.

Historia, en particular, recibe esmerada atención: en cuarto grado se introduce un curso introductorio, y en quinto y sexto una revisión que prepara la relación de la historia de México con la universal.

También se trata de enfatizar la educación artística como parte de la formación integral: se define como el aprecio por las manifestaciones del espíritu humano y el cultivo del gusto y la sensibilidad; y la educación física como medio para promover el crecimiento sano, fortalecer la confianza y seguridad en sí mismo y fomentar la integración comunitaria.

Por otra parte, en la secundaria se distinguen actividades académicas y de desarrollo, que son educación artística, física y tecnológica. Se mantienen las prioridades de la primaria, enfatizando el desarrollo de la capacidad de aprender y la socialización del adolescente.

En suma, se busca el desarrollo de sujetos autónomos, reflexivos, críticos, responsables, creativos y solidarios.

El magisterio

De inmediato se dieron pasos en torno a CM, a la formación normalista y a la actualización. CM quedó acordada como un sistema de promoción horizontal, con cinco niveles para los maestros de enseñanza básica a los que corresponderían importantes incrementos salariales. La SEP y el SNTE convinieron un esquema de evaluación del desempeño profesional que incorporaba grados académicos, antigüedad, acreditación de cursos de actualización y superación y conocimientos de la asignatura que se enseña. Empezó a operar el 14 de agosto de 1993.[25]

[25] Los incrementos salariales se calcularon sobre la base de la remuneración promedio de los de clase: la plaza inicial de nivel A: nueve horas (24.5% de diferencia); niveles A a B: 8.5 horas (53.6% de diferencia acumulable); nivel C: ocho horas (100% de diferencia acumulable); nivel D: siete horas (143% de

Se creó después una vertiente para personal directivo y personal técnico-pedagógico.[26]

Los factores de las evaluaciones (sobre 100 puntos) fueron: antigüedad (10 puntos), grado académico (15), examen de conocimientos (25), desempeño frente a grupo (35) —el cual comprende puntualidad, asistencia, planeación del curso, grado de aprendizaje de los alumnos (que se mide mediante exámenes a alumnos muestreados)— y relación con los padres de familia y la comunidad.

Las negociaciones con el sindicato implicaron 108 reuniones hasta 1992-1993; en 1993 CM había beneficiado a 450 000 maestros y otro personal.

En cuanto a la formación inicial y la actualización, se logró acordar un programa emergente que tendría dos etapas: agosto de 1992 y el ciclo 1993-1994 como etapa permanente. Se intensificó la participación de los gobiernos estatales y el recurso al satélite y a la televisión. Además se produjeron 40 títulos de libros, folletos y guías (11 millones) y se equiparon más de 1 000 sedes. A la primera fase asistieron cerca de un millón de maestros de los tres niveles básicos. A partir de esa primera experiencia el programa siguió perfeccionándose; se consolidó con los esfuerzos hechos en el campo de la actualización magisterial y la creación de 500 centros de maestros que quedaron instalados durante el siguiente sexenio.

El desarrollo ulterior

Hemos mencionado la celeridad con que, tras la firma del ANMEB, se pusieron en ejecución sus medidas o se impulsaron con ma-

---

diferencia acumulable); nivel E: siete horas (197.2% de diferencia acumulable). De esta manera es posible triplicar los ingresos a lo largo de la carrera.

[26] Posteriormente se creó la tercera vertiente, para el personal técnico, con lo cual CM empezó a servir como mecanismo de promoción escalafonaria vertical. (En la actualidad se habla de la cuarta vertiente, por supuesto no formalizada, que sería para promover a los dirigentes sindicales.)

yor intensidad procesos que estaban en marcha. Tuvo prioridad la transferencia a los estados de la operación y administración de los servicios de enseñanza básica, pero en las otras áreas —revisión de contenidos, producción de nuevos textos y atención al maestro (en particular la negociación de Carrera Magisterial)— también se intensificaron las actividades.

Se aceleraron asimismo los trabajos de preparación de la iniciativa de ley general de educación, la cual se envió al Congreso el 18 de noviembre de 1992. En ella se incluyeron disposiciones fundamentales para dar mayor organicidad a la legislación sobre educación básica, como la consagración del derecho a la educación, la obligación del Estado de impartir, además de primaria, preescolar y secundaria, otros tipos de educación; garantizar el carácter nacional de la educación, definir las atribuciones propias de cada nivel de gobierno y las concurrentes, y poner fin a la indefensión jurídica de los particulares, en congruencia con el texto constitucional. Además, en el proyecto de ley se incluyó la obligatoriedad de la enseñanza secundaria, un importante articulado sobre la equidad, algunas normas fundamentales sobre financiamiento, el establecimiento del español como lengua nacional, el calendario escolar y un apartado sobre la participación social y sus respectivos consejos.

Al sobrevenir el cambio del secretario Zedillo por asumir éste la coordinación de la campaña presidencial de Luis Donaldo Colosio, sus sucesores Fernando Solana y José Ángel Pescador continuaron las nuevas políticas.

En el sexenio siguiente, Miguel Limón siguió las mismas líneas, como se advierte en el Programa de Desarrollo Educativo 1995-2000 y como era de esperarse al estar en la presidencia el ex secretario Zedillo. Limón tuvo, sin embargo, márgenes para iniciativas propias en muchos campos (por ejemplo, mejoras en la gestión a nivel de la escuela, impulso a iniciativas de educación especial y de género, establecimiento de estándares de calidad, proyectos específicos de evaluación, reformas a la enseñanza media superior y superior, y formación de valores) que caracterizaron su periodo.[27]

Después de julio de 2000 el presidente electo Vicente Fox organizó un amplio equipo de transición, que debería preparar su programa de gobierno.[28] En sus trabajos sobre la educación quedaron vigentes las grandes líneas negociadas en el ANMEB.

El actual sexenio 2001-2006, según su Programa Nacional de Educación, incorpora las políticas establecidas en el ANMEB en sus puntos esenciales, profundizando en algunas, como las relativas a la equidad y calidad, y añadiendo una valiosa perspectiva filosófica sobre el significado de la educación y del desarrollo.

Al cerrar el manuscrito de este libro, en el cuarto año del sexenio, serían muchos los comentarios por hacer, pero rebasarían los objetivos que nos hemos propuesto.[29]

LAS POLÍTICAS DE ESTADO DERIVADAS DEL ANMEB: ¿QUÉ SON "POLÍTICAS DE ESTADO"?

Afirmar que del ANMEB han derivado políticas de Estado respecto de sus principales compromisos obliga a aclarar este término.

---

[27] Véase la entrevista con Miguel Limón.

[28] Al equipo de transición en educación pertenecieron Rafael Rangel Sostman (coord.), Sylvia Schmelkes, María de Ibarrola, Margarita Zorrilla, Pablo Latapí Sarre, Julio Rubio, Roberto Rodríguez, Jesús Álvarez, Antonio Argüelles, Carlos Mijares López, Fernando Rivera Barroso, José Treviño Ábrego y Enrique Villa Rivera, además de otro grupo de colaboradores que trabajaban en diversas comisiones. Los investigadores que participamos (la mayoría de los cuales no éramos ni foxistas ni panistas sino que prestamos nuestra colaboración voluntaria por la trascendencia de la oportunidad) examinamos las políticas fundamentales del ANMEB como políticas de Estado ya establecidas, añadiendo otras perspectivas derivadas de las declaraciones y discursos del candidato Fox (tal, por ejemplo, la novedosa visión de la educación en 2025 y las cuatro "transiciones" que el país habrá de recorrer). (Equipo de transición del presidente electo Vicente Fox Quesada, 2003.)

[29] Hay quienes hablan de una involución de la esperada transición, que no sólo no ha logrado desmantelar elementos fundamentales del régimen priista como el corporativismo gremial, sino por razones de debilidad política o de inexperiencia, los ha consolidado. Véanse las declaraciones del secretario Tamez (*Reforma*, 28 de julio de 2003, p. 10) que él mismo comenta en su entrevista.

Suele destacarse, al hablar de políticas de Estado, su continuidad a través del tiempo y de los cambios de gobierno, y éste es el punto de partida para considerar las que nos interesan. Se advierte una sorprendente continuidad en ciertas políticas adoptadas y seguidas por la SEP, derivadas del Acuerdo Nacional para la Modernización de la Educación Básica y Normal (ANMEB) firmado el 18 de mayo de 1992; a partir de esa fecha, durante 12 años, cinco secretarios han mantenido sin cambios en lo sustancial esas políticas. Esta continuidad contrasta con la costumbre anterior de que cada nuevo gobierno federal debía elaborar su propia versión de una "reforma educativa" que se creía indispensable acuñar en sus propios términos, resaltando en ella más los cambios que la continuidad con los gobiernos anteriores.

Esta continuidad lleva a preguntarnos si detrás de ella hay otras características que precisamente garanticen esa continuidad. Entendiendo por "políticas" ciertos "modos constantes de proceder a los que se otorga prioridad",[30] parece que lo característico de una política de Estado está dado por su contraste con una política meramente gubernamental, o sea definida y ejercida por el gobierno en turno. El rango de política de Estado que muestra por su mayor estabilidad temporal, se asocia con otros requisitos (no todos esenciales), como los siguientes:

–que el Estado, a través de varios de sus órganos, se involucre en su propuesta y formulación;
–que cuente con alguna base en la legislación (constitucional, ley secundaria u otra disposición) que no dependa exclusivamente de la voluntad del gobierno en turno o, al menos, no sólo del poder ejecutivo;
–que el público, particularmente los grupos ciudadanos

---

[30] Agradezco a Pedro Flores Crespo su colaboración para precisar la definición de políticas de Estado. En Luis F. Aguilar Villanueva, 1983 (en el estudio introductorio) puede verse la evolución de las ciencias políticas en la segunda mitad del siglo XX.

afectados por ella, la conozcan y en términos generales la acepten,

–y que exista alguna forma de rendición de cuentas respecto de ella de parte de las autoridades responsables de aplicarla.

Como ejemplos de políticas de Estado ancladas en la legislación (Ley General de Educación) pueden aducirse los siguientes: las estrategias para alcanzar la equidad educativa (art. 33); la función compensatoria de la federación (art. 34); la participación social en las escuelas (arts. 65-73); las disposiciones sobre evaluación (art. 47, IV); la obligación de dar a conocer los resultados de las evaluaciones (art. 50); o la de aportar a la educación recursos crecientes en términos reales (art. 27).[31]

El rango de política de Estado no es, por supuesto, irreversible; estas políticas pueden ser modificadas o abrogadas por las instancias gubernamentales, según su naturaleza; pero el ser aceptadas como "de Estado" y no sólo como "gubernamentales", les confiere mayor estabilidad temporal, mayor confiabilidad respecto de su cumplimiento y, en general, un mayor compromiso de todos los actores involucrados en ellas, particularmente los partidos políticos.[32]

Con esta definición como guía es posible identificar en el

[31] Véase Pablo Latapí, 1996-2000, vol. v, p. 20.

[32] Ejemplos de políticas de Estado en educación los hay desde el pasado remoto: por muchas décadas la obligación de los gobiernos, establecida en la legislación, de procurar la cobertura máxima de la educación básica para responder a la demanda; de formar a los maestros necesarios o de reducir el número de alumnos por grupo; más recientemente, las políticas de financiamiento de la educación superior; o la provisión de entregar a los alumnos de primaria libros de texto gratuitos (que lleva ya 45 años), etc. Ejemplos de políticas de Estado que han dejado de serlo o se han modificado sustancialmente serían promover la acreditación de maestros autodidactas (que ejecutaba el Instituto Federal de Capacitación del Magisterio) (IFCM); habilitar o capacitar como maestros a jóvenes sin formación especializada, adoptada desde los años setenta y que actualmente ha sido asumida por la UPN o funciona en los ámbitos del Consejo Nacional de Fomento Educativo (Conafe) o de Educación Indígena; vincular las ramas aplicadas de la educación media superior con los sectores productivos, y otras.

ANMEB los cuatro ámbitos de políticas de Estado mencionadas. El objetivo de este estudio será examinar el contenido y la evolución de cada una de estas políticas, tanto antes como a partir de 1992 y hasta el momento presente.

EL ANMEB EN SU CONTEXTO

Las políticas educativas derivadas del ANMEB deben ubicarse en el contexto más amplio de las llamadas "políticas modernizadoras" introducidas desde 1983 por el gobierno de Miguel de la Madrid y definidas más plenamente por el de Carlos Salinas de Gortari (1989-1994).

La "modernización" obedecía a dos impulsos: el distanciamiento respecto de las posturas posrevolucionarias (especialmente las de los sexenios de Echeverría y López Portillo consideradas populistas e ineficientes) y el propósito de incorporar a México al grupo de países altamente desarrollados (Martínez Rizo, 2001: 41).

Concebida esencialmente como un cambio en las orientaciones de las políticas económicas, la "modernización" se proponía reducir el peso del Estado y ampliar el libre juego de los mercados, impulsar la competitividad de los productos principalmente de exportación e incrementar la productividad real de la fuerza de trabajo. Por esto abarcaba también al sistema educativo, sobre el cual proyectaba varios cambios: la disminución de la gratuidad de los servicios, el fomento de la enseñanza privada, la descentralización y el énfasis en los valores de la llamada "sociedad del conocimiento".[33]

Los asuntos que eran objeto de negociación para el ANMEB tenían por tanto este marco de referencia ideológico y político.

---

[33] El Programa de Modernización de la Educación 1989-1994 (Poder Ejecutivo Federal, 1990) aplicaba estas orientaciones a la educación básica, la formación de docentes, la educación de los adultos, la capacitación para el trabajo, las enseñanzas media superior y superior, el posgrado y la investigación, los sistemas abiertos, la evaluación y los inmuebles del sector educativo.

No se esperaba ciertamente transformar en el corto plazo tendencias históricas del sistema educativo, pero sí movilizar a los principales actores políticos hacia las nuevas direcciones.

Como todo cambio importante, la "modernización" fue vista desde ópticas diferentes: mientras algunos sectores de la población (empresarios y clases media y alta) la valoraban como acertada y necesaria, otros (como los trabajadores y sus asociaciones gremiales) dudaban de sus efectos sobre las condiciones laborales, los salarios y las oportunidades de empleo. El debate sobre las políticas calificadas como neoliberales no se hizo esperar, aunque ni el gobierno ni el poder legislativo discutieron con seriedad sus implicaciones.

En el campo de la educación, si bien surgieron posiciones encontradas —por ejemplo, respecto del valor de la educación pública, su eficiencia y calidad, y las desigualdades de su distribución—, más que un debate público lo que se dio fue un proceso de negociación entre la SEP y el SNTE donde predominaron intereses concretos, más que tesis ideológicas. La divergencia de opiniones y valoraciones de la "modernización" educativa continúa hasta el presente, pese al carácter irreversible de las políticas adoptadas.

La exposición hecha sobre el contexto, contenido y consecuencias del ANMEB y de los compromisos que contiene permitirá comprender mejor el sentido de las entrevistas con los secretarios, objeto del capítulo II. En el capítulo III se analizará y documentará la evolución de las cuatro políticas mencionadas, ponderando los enfoques y el tratamiento dado por cada secretario a ellas y planteando algunas preguntas pendientes para el futuro.

II. TESTIMONIOS

Acerca de Ernesto Zedillo

No hubo entrevista con el ex secretario Ernesto Zedillo, por lo que parece conveniente completar la información sobre su desempeño en esos años con una nota curricular y algunos testimonios de sus colaboradores más cercanos; esto complementará lo dicho en el capítulo I acerca de sus actividades al frente de la SEP.

Nacido en el Distrito Federal en 1951, Ernesto Zedillo Ponce de León estudió la licenciatura en Economía (IPN, 1969-1972), y la maestría y doctorado también en Economía (Yale, 1974-1978). Previamente realizó un curso de proyectos de inversión en capital humano en la Universidad de Bradford, Inglaterra (1973) y de Economía en la Universidad de Colorado (1974); tuvo actividades de docencia en el IPN (1973-1974 y 1978-1980) y en El Colegio de México (1981-1983).

Desde 1978, a invitación de Leopoldo Solís, participó en investigación económica y análisis de la balanza de pagos en el Banco de México; en 1982 fue nombrado subgerente de investigación económica del propio Banco, cuyo director era Gustavo Romero Kolbeck. Desde entonces destacó como uno de los impulsores de la adopción de las políticas macroeconómicas de modernización del país. Fue el creador del Fideicomiso para la Cobertura de Riesgos Cambiarios (Ficorca), organismo que permitió reestructurar la deuda de muchas empresas, facilitar su recuperación financiera y la conservación del empleo.

En 1987 fue nombrado subsecretario de Planeación y Control Presupuestal en la Secretaría de Programación y Presupuesto y participó en el diseño del Pacto de Solidaridad Económica.

En 1988 fue designado secretario de Programación y Presupuesto por el presidente Carlos Salinas de Gortari; tuvo a su cargo la ela-

boración de los presupuestos de egresos de la Federación de 1989 a 1992; diseñó además los criterios de política económica que los sustentaron.[1]

El contexto: Carlos Salinas y la SEP

Sorprendió el nombramiento de Manuel Bartlett al frente de la SEP hecho por el presidente Carlos Salinas, ya que este funcionario provenía del ámbito de la Secretaría de Gobernación y del partido oficial. La designación se interpretó como recompensa a servicios prestados (entre otros la "caída del sistema" el día de las elecciones) o concesión a una corriente interna del PRI.

Salinas visualizaba la tarea de Bartlett en la SEP como el inicio de una profunda transformación de la educación que fuese coherente con las ambiciosas metas de "modernización" en las demás esferas del gobierno. El encargo como presidente electo a la revista *Nexos* de realizar un diagnóstico educativo evidencia este propósito.[2]

El nuevo presidente enfrentó turbulencias provenientes del SNTE desde el principio. Se recuerda que la maestra Elba Esther Gordillo, aunque creación política suya, agitó una campaña contra el secretario Bartlett; hubo también movilizaciones del Sindicato en 1990 y 1991 que entorpecieron los trabajos de reforma educativa que Bartlett había emprendido y significaron un desgaste para él.

Sin duda el principal fracaso de Bartlett en la SEP fue su incapacidad de negociar con el Sindicato la descentralización de la educación básica. Esto y el desprestigio en el medio magisterial de una reforma centrada en "el Modelo Operativo" hicieron decidir al presidente removerlo y sustituirlo por

---

[1] Fuentes: http:// zedilloworld.presidencia.gob.mx/Informes/6to Informe/ html/biografia.html, y H. Musacchio, *Diccionario Enciclopédico de México*, tomo II, 1998.

[2] Véase Guevara Niebla, 1992 y 1993.

Ernesto Zedillo, aprovechando la desaparición de la Secretaría de Programación y Presupuesto que éste presidía.

Así llega Zedillo a la SEP el 7 de enero de 1992. Miembro del gabinete desde el principio del sexenio, pertenece al grupo de tecnócratas neoliberales protegidos y promovidos por Miguel Mancera Aguayo, desde el Banco de México. No tiene familiaridad ni particular interés en la política educativa; por temperamento rehuye las confrontaciones con sus adversarios y prefiere centrarse en tareas administrativas en las que se sabe eficaz. Para reencauzar las negociaciones con el sindicato, Salinas lo presenta con la lideresa Gordillo, quien para este momento se hace asesorar por Olac Fuentes Molinar, director entonces de la Fundación para la Cultura del Maestro sostenida por el SNTE. Así se inicia una relación de cercanía y asesoría de Fuentes Molinar con Ernesto Zedillo.

La reorganización de la SEP que emprendió Zedillo implicó la designación de nuevos subsecretarios. Gilberto Guevara Niebla había sido nombrado subsecretario directamente por el presidente Salinas, no por Zedillo, con la intención seguramente de legitimar al nuevo gobierno con la presencia de un conocido líder del movimiento estudiantil de 1968; por otra parte, se abría así la puerta a ideas renovadoras del sistema educativo. (GGN)[3]

En el grupo cercano al nuevo secretario de Educación figuraban varios colaboradores: entre ellos, Esteban Moctezuma, administrador de profesión y experimentado en negociaciones políticas; Carlos Mancera Corcuera, hijo del director del Banco de México (quien fungió al principio como su secretario particular), funcionario disciplinado y estudioso que disponía además de muy útiles relaciones en el medio de las finanzas

---

[3] Las citas de esta sección provienen de comunicaciones escritas u orales al autor, en abril de 2004, por Gilberto Guevara Niebla y Esteban Moctezuma, a petición del propio autor; su procedencia se indica en cada caso con las iniciales respectivas. En los dos casos se trata de opiniones externadas a título personal; Moctezuma Barragán fue especialmente enfático en que sus afirmaciones son enteramente personales y no hablaba "a nombre de nadie".

públicas, y Pascual García de Alba, economista neoclásico egresado de El Colegio de México y ex compañero de Zedillo, con excelentes credenciales académicas. Moctezuma Barragán ocupó primero la Oficialía Mayor y después la Subsecretaría de Planeación y Coordinación; más tarde, cuando Zedillo llega a la presidencia, será nombrado para otros altos puestos, entre otros el de secretario de Gobernación.

La historia interna del ANMEB

Zedillo se dio a la tarea encomendada de reanudar y llevar a término las negociaciones con el sindicato que irían tomando cuerpo en el ANMEB. Procedió con mucha reserva y pudo avanzar sobre todo gracias a la asesoría de Fuentes Molinar en lo pedagógico y de José Córdoba Montoya en lo político, desde la presidencia. (GGN)

La descentralización

Esteban Moctezuma llega a la SEP con Zedillo, el 7 de enero de 1992, y es nombrado Oficial Mayor para atender las relaciones laborales con el SNTE y los asuntos presupuestales. Lo primero se vincula con la continuación de las negociaciones en curso respecto de la descentralización; éstas eran difíciles, pues el Sindicato percibía la descentralización como una medida que lo pulverizaría; en esa óptica la habían presentado secretarios anteriores. El nuevo secretario introduce dos cambios en esa relación: por una parte, plantea una negociación muy intensa con el sindicato presentando el proyecto de la SEP no como un proyecto político-laboral, sino como un proyecto educativo, en el que el sindicato debiera participar, lo cual es percibido positivamente por la maestra Elba Esther, pues fortalece la posición sindical. De estas discusiones surge el término "federalización" en vez de la manejada "descentralización", pues se abre la perspectiva de hacer intervenir a las autoridades locales en la política educativa, lo que también fortalecería a las secciones sindicales. Por otra parte, Zedillo tiene, desde el principio, una visión más amplia de la negociación con el sindicato, la cual no debe limitarse a la descentralización, sino cubrir otros tres temas: la renovación curricular y edición de nuevos libros de texto, la revaloración del magisterio y la participación social en las escuelas. (EMB)

A Moctezuma Barragán corresponderá atender la negociación de la descentralización, y a Guevara Niebla la renovación curricular y la edición de libros de texto; después de la firma del acuerdo, a Moctezuma, ya subsecretario de Coordinación y Planeación, se le encargará la negociación de Carrera Magisterial, la cual se prolonga, por lo que los otros dos temas se retrasan; al dejar la SEP Zedillo, y parte de su equipo en noviembre de 1992, no se había negociado en profundidad sobre participación social ni sobre el programa de actualización del magisterio. (EMB)

Por otra parte, Moctezuma como Oficial Mayor había reordenado e informatizado el área presupuestal de la Secretaría que antes se manejaba con instrumentos inadecuados.

Debe destacarse, en opinión de Moctezuma Barragán, que el ANMEB se logró gracias a la participación del sindicato; esto fue fruto del empeño de Zedillo en negociar intensamente con sus dirigentes y convencerlos de que al SNTE le convenía comprometerse con las reformas sustantivas que contenía el acuerdo.

La revisión curricular

Aprobado el acuerdo el secretario promovió la reorganización de la dependencia y un nuevo reglamento interno que afectó sobre todo a la educación básica, la cual debería ser prioritaria. Se creó la Subsecretaría de Educación Básica y Normal de la que dependerían las decisiones normativas sobre planes y programas de estudio, libros de texto y materiales, a cuyo frente dejó a Guevara Niebla, quien recibió la encomienda de elaborar con gran premura un paquete de 42 libros como parte de un programa de materiales emergentes que deberían distribuirse en las escuelas el siguiente año escolar; Zedillo tomó la decisión de que los materiales fuesen producidos por la editorial privada Santillana. (GGN)

Esas prisas habrían de dar lugar a un conflicto: el secretario encomendó la elaboración de los libros de historia de México a un grupo de expertos bajo la coordinación de Héctor Aguilar Camín y Enrique Florescano, dos historiadores de primera línea, miembros del Consejo de Redacción de la revista *Nexos* y amigos del presidente Salinas. El asesor pedagógico de los libros fue Olac Fuentes, quien mantenía cercanía con Florescano. Éste y Aguilar Camín consideraron oportuno saldar cuentas con la historia nacional mitificada que se enseñaba en la escuela y elaboraron dos libros (uno para cuarto y otro para sexto de primaria) sobrios, objetivos, de calidad, aunque con algunos errores menores. Cuando se le presentaron al presidente, a éste le pareció que debería dejarse constancia en ellos de las realizaciones de su gestión, sugerencia recogida en dos párrafos adicionales en cada volumen. Otro nuevo elemento fue que en ellos se consignaba por primera vez la masacre de Tlatelolco de 1968, lo cual se hizo en términos relativamente sobrios pero en los que se responsabilizaba de los hechos, sin ambigüedades, al ejército. Los libros se imprimieron pero fueron recibidos con una ola de críticas: se les descalificaba por sus "errores y lagunas históricas". No hubo en rigor un debate serio sobre el asunto; lo que hubo fue un escándalo en los medios. (GGN)

Según Guevara Niebla, el secretario se asustó con este escándalo; el presidente Salinas reunió al gabinete para discutir el asunto; en vez de asistir a esa reunión Zedillo lo envió a él para que formalmente diese cuenta de la situación. Al final los libros impugnados fueron retirados de la circulación.[4]

---

[4] "El trabajo se desenvolvió con mil dificultades, comenzando con el hecho de que en el seno de la Subsecretaría se mantenían muchos cuadros del 'viejo

Carrera Magisterial

El gran avance que se logró en la negociación de CM con el sindicato fue que se aceptara que el maestro sería evaluado, aunque más adelante la dirigencia sindical quiso echar marcha atrás y presionó para que se suprimiera el examen de conocimientos del maestro; la evaluación de los maestros es un avance que se ha mantenido hasta el presente. En cambio, el retraso en las negociaciones respecto de la actualización del magisterio persistió por varios años. (EMB)

Zedillo como secretario

A Zedillo como secretario de Educación Moctezuma Barragán le reconoce la cualidad de leer mucho y aprender rápido; su mentalidad "moderna" y su profesión de economista lo llevaban a buscar soluciones prácticas. Enarboló varias ideas innovadoras como "el regreso a lo básico" o la necesidad de participación de los padres de familia en las escuelas; fue el primero en proponerlas dentro de la SEP. Además le reconoce otras cualidades: buscaba asesorarse de quienes sabían más, formó un grupo ejecutivo dentro de la Secretaría que traducía las ideas en medidas operativas y, además, encontraba gusto en los temas de educación; quería dejar huella transformando el sistema educativo con medidas prácticas que lo renovaran. (EMB)

Conviene señalar que esta visión "interna" de la construcción del ANMEB no era conocida hasta ahora; en particular, que

régimen' que tácitamente actuaban como saboteadores, y otros que tenían una calidad técnica mediocre [...] Cada documento que elaborábamos era enviado a Olac Fuentes, rector entonces de la Universidad Pedagógica... Zedillo me renviaba los textos con subrayados y correcciones, pero no hablaba conmigo; se rehusaba incluso a recibirme y cuando lo hacía se dirigía a mí con evidente molestia. En esas condiciones, con una excesiva presión de trabajo y sin una buena comunicación con mi jefe, me sobrevino un infarto y estuve a punto de perder la vida. Mientras estuve en el hospital, el secretario jamás se comunicó conmigo y poco después de recuperarme me pidió mi renuncia sin andarse por las ramas. Renuncié el 7 de enero de 1993."

la ampliación de este Acuerdo más allá del tema de la descentralización fue un mérito personal del secretario Zedillo.

Ernesto Zedillo presidente

Quedaría incompleta la información sobre Ernesto Zedillo pertinente para este libro, si no se comentaran algunos aspectos de su desempeño posterior como presidente de la República que afectaron la política educativa. Si bien Miguel Limón en su entrevista se refiere al apoyo que recibió de parte del presidente para continuar las políticas derivadas del ANMEB e impulsar otras iniciativas, hubo algunas decisiones muy importantes del presidente que afectaron profundamente el desarrollo educativo y deben ser tomadas en cuenta.

Pocos presidentes han gravado las finanzas públicas del país a largo plazo como Zedillo. Así lo registran aun analistas benévolos que, reconociendo que el "error de diciembre" fue resultado de las políticas monetaria y fiscal de Carlos Salinas de Gortari durante 1994 (inconsistentes con la tasa de cambio, pues no quiso devaluar la moneda), y que a esto se unió el propósito de transformar toda la deuda gubernamental de corto plazo contratada en pesos en instrumentos en dólares, concluyen que Salinas aumentó considerablemente el riesgo de la insolvencia (Lustig, 1995) y heredó a Zedillo una situación crítica.

Pero la crisis así desatada requirió un rescate de magnitud sin precedente promovido por el presidente Clinton y que se concertó con extraordinaria celeridad: estuvo armado a finales de enero de 1995. Su monto, de 50 000 millones de dólares (mdd), que no fue necesario utilizar, se integró por 20 000 millones del gobierno de Washington, 17 800 millones del Fondo Monetario Internacional, 10 000 millones del Banco de Pagos Internacionales, otros 1 000 millones de Canadá y 1 000 más de algunos países latinoamericanos. Clinton esgrimió razones económicas, de seguridad nacional y de prestigio, argumentando que la estabilidad monetaria de México afectaba a toda la región latinoamericana y a otras economías emergentes, y que la acción de rescate era una prueba del liderazgo de los Estados Unidos. Sergio Aguayo (1998:290) afirma que "impuso condiciones sin precedentes al gobierno de México, el cual se vio obligado a profundizar todavía más la restructuración económica que estaba realizando".

En esa subordinación a las condiciones impuestas debe encontrarse probablemente la clave de muchas decisiones de política económica de Zedillo presidente, como el "rescate" bancario y la creación del Instituto para la Protección del Ahorro Bancario (IPAB), la pertinaz extranjerización de la banca y el "rescate" carretero; asimismo la prioridad dada al control de la inflación y a otras variables macroeconómicas; y también las rígidas políticas laborales y salariales terriblemente onerosas para las clases populares.[5]

Las consecuencias de estas decisiones —a fin de cuentas personales del presidente, no obstante sus condicionamientos estructurales— fueron devastadoras para el desarrollo del país y continúan siéndolo. Unidas a otros hechos como el desplome de la economía estadunidense debido al suceso del 11 de septiembre de 2001, han llevado a un estancamiento económico de graves efectos para el nivel de vida de las mayorías y la agudización de la pobreza. El desarrollo social y educativo han quedado relegados, dándose prioridad a la estabilidad macroeconómica, al control de la inflación y a las políticas restrictivas de los salarios de los trabajadores, en busca de alcanzar mayor competitividad, que aún no se evidencia.[6]

---

[5] Ya antes, desde la Secretaría de Programación y Presupuesto, Zedillo había creado los Pidiregas que favorecían al inversionista privado con recursos federales. Actualmente (2004), sólo en inversiones de Pemex la deuda del país por este esquema llega a 28 000 millones de dólares. Este antecedente y otros varios muestran que Zedillo, aun antes de llegar a la SEP, era un convencido de la "modernización" de las políticas económicas de Salinas de Gortari.

[6] Al cierre de este libro (junio de 2004) el monto total de la deuda por el rescate bancario pasaba de un billón de pesos. Se aproxima el momento en que el gobierno federal tendrá que pagar a los bancos los primeros pagarés de deuda

Estas decisiones afectaron el desarrollo educativo durante el sexenio 1995-2000 y posteriormente, al menos de tres maneras: *a)* Debido al incremento y agudización de la pobreza, la calidad de la educación se ha visto profundamente afectada (bajos niveles de nutrición, deterioro del clima familiar, incapacidad de los padres para apoyar el trabajo escolar de sus hijos, presiones económicas sobre los maestros, etc.); rara vez se toma en cuenta que la esperanza no sólo es una virtud colectiva indispensable para el desarrollo, sino que se traduce en dinámicas operativas, de efectos incluso medibles, para los logros educativos personales y colectivos. *b)* Por la falta de empleos productivos y adecuadamente remunerados se ha distorsionado la relación entre los niveles de calificación producidos por el sistema educativo (principalmente a partir de la educación media) y los requeridos en el mercado de trabajo; así se han alterado también las estructuras salariales que estimulan a cursar esos niveles escolares. *c)* Finalmente, se afectaron las finanzas educativas al perder prioridad el gasto social: si bien durante los últimos años del sexenio anterior y durante 2001-2003 se lograron aumentos en algunos indicadores financieros de la educación, que en general se absorbieron en incrementos salariales, el gravamen de los "rescates" sobre el erario ha implicado cada año, sólo por el servicio a diversas deudas, una gran cantidad de recursos que hubiesen podido ser aplicados al gasto educativo. Esos recursos hubiesen podido "hacer la diferencia" entre la situación de mediocridad y penuria que hoy afronta nuestra educación y la alternativa ambiciosa de un desarrollo educativo de cara al futuro que necesitamos.

La evaluación de Zedillo desde el ángulo que interesa en este libro debe incluir, además de sus acciones al frente de la SEP justamente valoradas como extraordinarias, estas otras severamente negativas.

que asumió el IPAB para 2005, 219 000 millones de pesos a costa de nuestros impuestos; se configura así una carga que limitará por varias generaciones las posibilidades de desarrollo del país.

Entrevista con Fernando Solana
(Realizada el 29 de abril y el 7 de octubre de 2003)

Fernando Solana Morales nació en la ciudad de México en 1931. Realizó estudios de ingeniería civil (1948-1952); es licenciado en filosofía (1954-1956) y en ciencias políticas y administración pública (1959-1963), todas por la UNAM. Fue profesor (1962-1976) y secretario general de esta institución (1966-1970).

Miembro del PRI, pertenece al Consejo Consultivo del IEPES (1975-1978).

Ha sido miembro de la Comisión de Administración Pública del Gobierno de México (1956-1966); subdirector de Planeación y Finanzas de la Conasupo (1970-1976); secretario de Comercio (enero-diciembre 1977) y secretario de Educación Pública (diciembre 1977-noviembre 1982), en el gobierno de Miguel de la Madrid Hurtado. Fue presidente de la Reunión Mundial de Políticas Culturales de la UNESCO en los años ochenta.

Además ha sido director general del Banco Nacional de México (1982-1988) y presidente de la Asociación Mexicana de Bancos (1977-1988).

En el gobierno de Carlos Salinas de Gortari fue secretario de Relaciones Exteriores (1988-1994).

Redactor y director de la revista Mañana (1952-1956), articulista de Novedades (1952-1956), director de la revista Transformación (1963-1964) y director de la Agencia Informac (1965-1966).

Autor de La planeación universitaria en México (1970); Historia de la educación pública en México (1981); y Tan lejos como llegue la educación (1982).

También es miembro del Colegio de Licenciados en Contaduría Pública y Administración de Empresas, de la Fundación Javier Barros Sierra, del Instituto Nacional de Administración Pública y del Instituto Politécnico Nacional.

Titular de la SEP *(1977-1982)*

PL: Comentemos tu nombramiento la primera vez que fuiste titular de la Secretaría de Educación Pública.

FS: Lo primero que siempre recuerdo es mi desempeño en la secretaría general de la UNAM. El 21 de mayo de 1966 el rector Javier Barros Sierra me invitó como secretario general del equipo que llegaba a la Universidad Nacional Autónoma de México, después de la dramática caída del doctor Ignacio Chávez.

En aquella época el secretario general tenía responsabilidades muy amplias; coordinaba todas las actividades de las escuelas, facultades, institutos de investigación y, de alguna manera, también le tocaba dar orientación al quehacer universitario en el manejo de los problemas políticos. Todo eso me mantenía en acuerdo diario con Barros Sierra.

A la llegada del nuevo rector la Universidad navegaba entre grandes conflictos e inquietudes. Tuvimos que dedicar tiempo a serenar los ánimos, a concertar con los grupos disidentes, a reconstruir un ambiente de trabajo, de estudio, de seriedad en la gran casa.

Tres o cuatro meses después empezamos a trabajar mucho más directamente en la reforma académica. El rector Barros Sierra tenía ideas muy claras; no sólo había sido profesor durante muchos años en la Facultad de Ingeniería, sino también director de la misma y egresado de la Escuela Nacional Preparatoria; era una persona muy comprometida con la Universidad y muy conocedor de ella.

Lo primero que se propuso el rector Barros Sierra fue pasar de los esquemas de horarios a los de créditos. En segundo lugar, deseaba que la Universidad transmitiera conocimientos de carácter social y humanista a los estudiantes del área de ciencias, y conocimientos científicos a los estudiantes de las áreas sociales y de humanidades. Esto llevaría a hacer de la Universidad un centro universal de conocimientos, a poder validar créditos —en un porcentaje razonable— en cualquier

facultad y a que éstos fueran reconocidos en otras universidades.

El rector también quería fortalecer los estudios de posgrado y mejorar la calidad de la educación, abrir, estudiar y diseñar nuevos métodos de enseñanza (con ese fin se inauguró el
Centro de Nuevos Métodos de Enseñanza). También se dieron
los primeros pasos serios en la educación a distancia.

Todos esos planes y acciones requerían una reflexión a
fondo de los temas educacionales.

Mi paso por la Universidad me sirvió para entender la
complejidad de los problemas educativos, sobre todo los políticos, que acompañan a la educación en América Latina.

Años después, cuando López Portillo fue candidato a la
presidencia de la República, sostuve varias conversaciones con
él porque me pidió que pensara en una propuesta en materia
educativa. De esas conversaciones con el candidato y virtual
presidente concluí que los presidentes de México, quizá con
dos únicas excepciones, tenían dos preocupaciones centrales
respecto de la educación: que se gastara lo menos posible y
que no hubiera conflictos políticos.

Era comprensible: la educación era el capítulo del gobierno más costoso y el más conflictivo. Para el presidente era
importante que la educación impartida por el gobierno no cos-
tara demasiado. El presupuesto en educación absorbía entonces la cuarta parte del presupuesto federal.

Pero la preocupación mayor era que no hubiera conflictos
en el sector educativo o, por lo menos, que no los hubiera
mayores, ni con el sindicato de maestros ni con los estudiantes.

Lo que quiero subrayar es que los presidentes no tenían
una visión de la educación como instrumento fundamental
para construir una sociedad y un país más abierto, más consciente de sí mismo, menos desigual.

En épocas anteriores esa visión la tuvieron Álvaro Obregón con José Vasconcelos en Educación y Adolfo López Mateos
con Jaime Torres Bodet en el mismo cargo. La tuvo López Portillo,

¿El paso por la SEP te cambió en algo?

Solana: Sin duda. Creo que he tenido mucha suerte en la vida, en muchos sentidos. Me tocó estar en Comercio y en Educación. La satisfacción más inmediata la tuve de mi participación en el Banco Nacional de México, porque ahí tenía resultados medibles cada mes. Pero la más profunda, la más personal, es la que tuve, sin duda, en la Secretaría de Educación y, en particular, en los espléndidos avances que se lograron en la "Primaria para todos los Niños".

Estoy convencido —a lo mejor es una fantasía mía— de que la libertad que tuvo el equipo, la creación de los famosos "comandos", hizo que a millones de mexicanos que tienen hoy veintitantos años les esté yendo mejor en la vida porque tuvieron acceso a la educación primaria.

Tener el privilegio de ser secretario de Educación Pública, haber conseguido que hubiera los recursos necesarios y apoyado a los funcionarios y maestros en lo que lograron, fue muy satisfactorio.

Pescador: La experiencia de ser secretario modificó definitivamente mis apreciaciones sobre el poder político y su ejercicio... Estando en el gabinete adquieres una idea muy clara del poder, creo que dejó en mí una huella imborrable...

Pocos están preparados para esa experiencia y ceden a los halagos: experimentan el poder como la práctica cotidiana de una relación de intercambio de favores... En ese medio nunca se habla con la verdad total: hay una simulación necesaria que algunos asimilan como

cuando ya gobernaba. Después creo que Carlos Salinas desarrolló una noción más profunda de la educación.

El grupo que formuló el programa de trabajo del presidente López Portillo lo dirigía e impulsaba fundamentalmente Julio Rodolfo Moctezuma. Él me llamó porque años antes había conocido mi tesis de licenciatura en ciencias políticas y administración pública sobre la teoría de la dirección pública; en si fuese una virtud; creo que es una forma equivocada de ejercer el poder.

Limón: Sería inconcebible que una tarea de tanta intensidad no hubiera dejado en mí impactos y emociones que durarán toda la vida. Fue como si todo el recorrido anterior hubiera adquirido el mayor sentido al llegar a la Secretaría, pues el desempeño al frente de ella me permitió asumir el mayor reto que he enfrentado por la importancia que la educación tiene para un país como el nuestro. Nunca podré olvidar la enorme responsabilidad que sentí al estar al frente de una tarea a la que tantos mexicanos han entregado su mayor esfuerzo. Para mí fue un gran privilegio intentar honrar mediante el trabajo la causa de Vasconcelos y de Torres Bodet.

Servir a la gente desde la Secretaría fue la gran oportunidad de contribuir a la formación de mejores seres humanos, de buenos ciudadanos más preparados para la vida, para la convivencia, de ampliar el espacio de las oportunidades. Por ello asumí la tarea con todo entusiasmo. En el trayecto encontré estímulos y satisfacciones en medio de una realidad adversa. Desde luego que ese cargo amplió e hizo más profunda mi idea del país. Me dio una idea clara de lo que México ha podido hacer a lo largo de unas cuantas décadas, pero también me permitió constatar los límites, las urgencias y los plazos que habrán de vencerse para dar viabilidad a una nación tan abrumada por la desigualdad y por los problemas que derivan de ésta.

ella elaboré algunos esquemas de lo que era el poder y la administración pública en México.

Comparaba los organigramas del poder real —que mostraban al presidente del PRI como un instrumento del presidente de la República— con los organigramas oficiales que se desprenden de la Constitución de la República. Comparaba el gobierno de la formalidad constitucional —federalismo, división de poderes, las jerarquías del Ejecutivo— con el gobierno real del presidencialismo apoyado por el partido y una administración pública centralista.

López Portillo me invitó a colaborar con su programa de trabajo en el grupo de Julio Rodolfo Moctezuma. Intervine en cuestiones educativas y de comercio, porque ya había creado Industrias Conasupo junto con Adrián Lajous. Me tocó concebir esa empresa, dirigirla y armar el equipo necesario. En dos años la convertimos en una gran industria de alimentos que siendo pública operaba bajo reglas de mercado y nos permitió superar buena parte de la competencia en aceites comestibles, pastas, harina de trigo, maíz industrializado, etcétera.

Eso lo conoció López Portillo y me tenía en muy buena opinión, lo cual me permitió, en su momento, convencerlo de que el motor del cambio estaba en impulsar realmente la educación.

PL: ¿Cuándo dejas la secretaría general de la UNAM?

FS: Desde mayo de 1970, cuando en un acto ejemplar de orden y calidad académica entrega Barros Sierra la rectoría a Pablo González Casanova. Obviamente esto fue mucho antes de que López Portillo asumiera la presidencia, en diciembre de 1976.

El primer encargo que me dio López Portillo fue el de secretario de Industria y Comercio, que poco después cambió a Secretaría de Comercio. Un año después, cuando decide retirar a Porfirio Muñoz Ledo, me invita y acepto ser secretario de Educación Pública (diciembre de 1977).

PL: ¿Por qué López Portillo no se entendía con Muñoz Ledo?

FS: Porfirio es brillante, echado para delante; le montó un proyecto espectacular al presidente con aquella frase de que "hay que disparar el arco a la luna para llegar lo más lejos posible". Sin embargo, había la impresión de que Porfirio traía un proyecto político personal que no coincidía con el del presidente y que había hecho, en poco tiempo, concesiones excesivas al SNTE. En fin, el caso es que López Portillo me invitó a la SEP y acepté.

Así entré a Educación. Fue una sorpresa. Me llama el presidente para decirme: "Fernando, tiene que ayudarme con la cartera de Educación". Educación me gustaba y traía muy metidas algunas ideas que habíamos concebido y diseñado en unas reuniones con Javier Barros Sierra en la Casa de Piedra, en Cuernavaca, desde 1969. En esas reuniones, que considero fundadoras de las cosas buenas que se hicieron en educación durante los 15 años siguientes, estuvieron Emilio Rosenbluth, Roger Díaz de Cossío, Enrique González Pedrero, Daniel Ruiz, Russell L. Ackoff y dos o tres especialistas más.

De ahí salimos con ideas muy claras de lo que se debía hacer. Las pusimos en práctica en la UNAM y tuvimos la suerte de que al salir de la Universidad en 1970 llegara a la SEP el ingeniero Víctor Bravo Ahuja, quien fue un buen secretario. Como subsecretario del ingeniero Bravo Ahuja entró el doctor Roger Díaz de Cossío, quien impulsó algunas acciones clave, como la creación de la Universidad Autónoma Metropolitana, del Colegio de Bachilleres, etc., propuestas que se concibieron en la Casa de Piedra. Hubo, pues, continuidad entre el ingeniero Bravo Ahuja y yo al entrar a la SEP.

Aquí debo hablar de Roger. Él había estado conmigo en Comercio como subsecretario y en la SEP sólo podía ofrecerle una dirección general, pues dejó la Subsecretaría. Ahí tienes el caso de un hombre con pasión por la educación y por realizar cosas, más que por seguir una carrera burocrática. Cumplió un año como director y me ayudó mucho en asuntos clave, luego fue subsecretario.

Me apoyé mucho en Roger y por supuesto en Emilio Rosenbluth como subsecretario de Planeación en Educación, con su estilo un poco distante, pero muy confiable en su capacidad analítica. También había invitado a Leopoldo Solís en Comercio y lo sostuve como subsecretario.

El regreso a la SEP

PL: Volviste al frente de la Secretaría de Educación Pública de 1993 a 1994.

FS: Uno comete errores graves y errores menores en la vida. De los dos o tres muy graves que he cometido, uno fue haber aceptado regresar a la SEP en 1993. Más tarde, en 1995, el presidente Ernesto Zedillo también me invitó a ser secretario de Educación. No acepté porque, si la segunda vez me resultó muy difícil hacer algo útil por los celos del equipo de trabajo heredado, más lo hubiera sido con Zedillo como presidente. Le agradecí y le agradezco la invitación que me hizo.

Integración de una SEP dispersa

PL: ¿Cómo replanteaste el trabajo en la SEP en 1977?

FS: Yo sabía lo mal que estaba la primaria: no había control en el país, los directores de educación primaria en cada estado de la República ocupaban posiciones político-sindicales nombrados por Carlos Jongitud Barrios, así que me propuse que "lo primero fuera la primaria".

Ésa fue, en efecto, mi prioridad, y me concreté a precisar cuáles serían los objetivos fundamentales y las acciones a seguir en esa monumental dependencia. Los programas, los trabajos y las metas las derivamos de esa prioridad.

Además, había que crear un ambiente de trabajo estimulante. Una condición fundamental para ello era que hubiera rumbo, prioridades claras, programas y metas. Otra era que se integrara el equipo. La Secretaría tenía decenas de oficinas dispersas por toda la ciudad. Los altos funcionarios no se conocían entre sí. Uno de los recursos que utilicé fue reunir, cada lunes, informalmente, durante una hora, a los 70 u 80 principales funcionarios (subsecretarios, directores generales, etc.) para tomar café. Nos reuníamos en el salón Bolívar y todos se iban presentando, conociendo, platicando. Los directores empezaron a coordinarse con otros directores, los de un área platicaban con el subsecretario de otra. Al final les dirigía la palabra durante no más de tres minutos. Así se logró que el enorme aparato de la Secretaría se moviera, y que lo hiciera en una misma dirección.

La tercera estrategia que permitió integrar al equipo en torno a los objetivos comunes, que todos conocían, fue avanzar en la descentralización y desconcentración de recursos y de atribuciones.

En la sede de la SEP, en la calle de Argentina, se tomaban o se dejaba de tomar decisiones que afectaban a 100 000 escuelas y a más de un millón de maestros en todo el país. Era imposible, desde el centralismo extremo, aumentar la eficiencia y la calidad de la educación. De hecho, el SNTE tenía el control de las cosas.

Un par de anécdotas:

Durante la primera gira a la que me invitó el presidente, nadie se le acercó al secretario de Educación Pública. A quien buscaban los interesados para resolver sus problemas era a José Luis Andrade, líder del SNTE en ese momento.

Cuando empecé a buscar a los gobernadores para organizar reuniones en los estados con los inspectores de educación, me decían los que eran amigos míos: "Qué bueno que viniste, pero aquí no tienes nada que hacer. Hay un arreglo con Jongitud, con el secretario de Gobernación, con el líder del sindicato de aquí. Si quieres te presto una oficina; me da mucho gusto verte; vamos a cenar con las señoras".

La SEP no tenía oficina en los estados; el director de Educación en cada entidad ocupaba una del sindicato y de hecho era nombrado por el mismo. El secretario dependía del sindicato para manejar cualquier programa, pero eso no quiere decir que manejara el sistema educativo; nadie, en realidad, lo conducía. Si queríamos cambiar las cosas, no podíamos seguir así ni esperar.

Entonces tomé una decisión contundente: nombrar delegados de la SEP en cada estado. Con la mayor discreción y cuidado fueron seleccionados 31 delegados entre maestros de gran prestigio y probada eficacia, ex gobernadores y directores estatales del Comité Administrador del Programa Federal de Construcción de Escuelas (Capfce). José Rogelio Álvarez, una persona muy ilustrada y honesta, amigo de Agustín Yáñez, me ayudó en esa selección.

Ya habíamos estudiado la situación, los recursos educativos y los problemas generales de cada estado. Se capacitó a los nuevos delegados en varias reuniones. Estamos hablando de mayo de 1977. En un par de años la Secretaría de Educación Pública llegó a tener, por primera vez en su historia, verdaderas delegaciones en cada estado de la República.

La primera reacción del sindicato no se hizo esperar. Cerca del día del maestro de ese primer año le informé a José Luis Andrade que había decidido nombrar representantes en cada uno de los estados. "Ahí están los maestros", me contestó seco. "Sí, le dije, pero éstos son representantes del secretario" [no dije delegados]. Andrade terminó el breve diálogo con un "no me parece, pues… maestro". En esa reunión hizo como que me disparaba con la mano en forma de una pistola, jugando, y yo reaccioné con el mismo gesto más rápido que él. Eso lo obligó a reír. Yo tenía muy clara la historia, sabía cómo era el Sindicato.

A los seis meses de que ocupé la Secretaría entraron los delegados y de inmediato les di mayor jerarquía que a los directores generales. Es la concepción weberiana del organigrama. En cada estado el delegado estaba por encima, incluso de los directores generales durante su estancia en la entidad. Nadie, ni los subsecretarios, podían hacer nada que él no autorizara.

En la Secretaría hubo reacciones. ¿Cómo iba a tener mando un delegado sobre un director general de primaria o de secundaria? Yo mismo les mostré cuál era la idea y fui a todas partes, fortaleciendo con todo mi apoyo a los delegados.

A varios directores —no muchos, cuatro o cinco, pero representativos— los convencí de que pasaran a ser delegados y se dieron cuenta de que no desmerecía su posición ni su imagen. Al contrario, además de que ganaban un poco más, tenían más poder y margen de maniobra.

Obviamente, los delegados eran invitados, cuando venían a la ciudad de México, a los cafés de los lunes. Todos se dieron cuenta de que el fortalecimiento de las delegaciones iba en serio.

Los objetivos, programas y metas claras, la integración del equipo y la descentralización permitieron integrar una Secretaría que había estado muy dispersa, y asumir su dirección. Para lograrlo hubo primero que estructurarla y hacerla funcionar. Para ello las delegaciones y las reuniones de integración del equipo fueron determinantes.

En algunas tareas, por difíciles que sean, sales adelante si construyes un proyecto claro y tienes la capacidad administrativa necesaria. Son requisitos del liderazgo. Con ellos puedes distribuir las tareas derivadas de los objetivos, delegar funciones y responsabilidades en el equipo. Si no eres el líder no consigues la suma de esfuerzos en torno a objetivos precisos. Recuerdo a Jaime Torres Bodet: él supo ejercer un liderazgo respetuoso y amable, pero eficaz, a su paso por la SEP.

Las principales acciones

PL: ¿Cómo fortaleciste a la Secretaría en ese periodo?

FS: Con los nombramientos de los delegados y con presupuesto y oficinas decentes pude poner en movimiento muchas acciones de la Secretaría. Carlos Jongitud se preocupó mucho y se lo hizo saber a López Portillo, quien me dijo, en varias ocasiones, que la estabilidad dependía de algún modo del sindicato. Le di siempre la razón al presidente. Sin embargo, siempre que tuve que dar un paso atrás, daba tres hacia adelante. Así fui logrando avances sin fallarle al presidente. Con ello me gané cada vez más su confianza.

En cuanto a Jongitud, debo decir que muchas veces logré convencerlo del interés nacional de algunas medidas y él a mí de la necesidad de darle su lugar al sindicato. Hubo sin embargo una tensión permanente, aunque con el tiempo se resignó y acabó, después de cuatro años, por tenerme simpatía. Al final fui testigo en el matrimonio de su hija.

La estrategia que seguí para desconcentrar el poder y librarla con el sindicato fue ir siempre adelante de él, anticipar su reacción pero sin darle tiempo a que previera e impidiera lo que íbamos haciendo. Cuando ellos venían, ya íbamos a otro asunto, y a otro. Cuando me atrasé y me alcanzó, el Sindicato ganó. Pero la Secretaría ganó la mayoría de las veces, porque casi siempre iba adelante.

PL: Cuando dices "fui adelante de ellos", ¿qué batallas pudiste ganar al sindicato? Recuerdo que encargaste un estudio sobre la acumulación de plazas.

FS: Una batalla ganada fue la reducción de las plazas comisionadas a las que te has referido. Otra solución fue el asunto de los pagos, que el SNTE quería seguir controlando. Y muchos más que surgían frecuentemente.

Otro aspecto importante en el fortalecimiento de la SEP fue el manejo del presupuesto de la Secretaría y del gasto en educación, que fueron subiendo respecto del producto[7] con la comprensión, confianza y apoyo de López Portillo.

En ese tema llegamos a hacer algo que en aquel entonces se veía fatal: devolverle dinero a la Tesorería de la Federación. Yo lo hice más de una vez, porque procurábamos racionalizar el gasto. ¿Por qué tirar un dinero que si se gastaba no serviría para algo útil y acaso sería desviado en manos de la corrupción? Nunca dejé a las personas capaces con proyectos viables y metas claras sin el apoyo financiero que necesitaran; con frecuencia rebasábamos metas con los recursos bien gastados y hasta sobraba dinero.

El problema en la administración no es tanto cuánto dine-

---

[7] El gasto total en educación representó (en pesos corrientes): en 1977, 4.5% del PIB; en 1982, 5.2% del PIB (SEP, 1982, vol. I, p. 490).

ro hay, sino cómo se gasta. En educación, lo que se requiere es liderazgo.

PL: En las delegaciones, sobre todo.

FS: Sí, cuando ya estaba eso bien estructurado. Si ahora hay secretarías de Educación en todas las entidades de la República, y algunas de ellas muy buenas, se debe a aquel esfuerzo económico y político del gobierno del presidente López Portillo, al nombrar delegados en todos y cada uno de los estados.

PL: ¿Qué otras prioridades tuvo la SEP en 1977-1982 que anticipaban las del ANMEB?

FS: A lo que doy más importancia de lo logrado entonces es a la Primaria para Todos los Niños. De todo lo hecho creo que es en lo que pusimos más pasión, amor, recursos y tiempo.[8] En las escuelas más alejadas íbamos a hablar con los instructores comunitarios del Conafe. Eran muchachos que habían terminado la secundaria. Les dábamos manuales especialmente preparados para capacitarlos como maestros de primaria. La responsabilidad social y el amor por la educación les permitió cumplir a satisfacción la tarea que se les encomendó. Tenían, entre otras cosas, que convencer a los papás de que les dieran alojamiento y que permitieran a los niños dejar de trabajar durante las horas de clases. Hubo muchos casos ejemplares de responsabilidad y eficiencia. Su gran instrumento fueron los libros que se prepararon para ellos, su motivación social y su entrega. Cada instructor comunitario que trabajó durante esos años sabe que abrió nuevos horizontes a la vida de decenas y en ocasiones de cientos de niños, hoy mexicanos adultos que, sin ellos y su esfuerzo, no hubieran tenido educación primaria.

El Consejo Nacional de Fomento Educativo ha sido uno de los instrumentos más generosos y eficaces del sistema educativo mexicano durante las últimas décadas.

[8] La cobertura de la demanda de primaria se incrementó: de 85.8% (1976-1977) a 98% (1981-1982). La del primer grado de secundaria: de 78.1% a 87.5%. (La demanda se calcula como: población de 6 a 14 años, menos población de 6 a 14 con primaria terminada, más matriculados de 15 y más años en primaria) (SEP, 1982: vol. I, p. 489).

Cuando la educación primaria llegó a comunidades en las que no había ni 50, ni 20 niños, sino tres, cuatro o cinco, y no era posible asignarles un instructor comunitario, se construyeron las casas-albergue; llegó a haber decenas de ellas, con muchos niños en cada una.

Recuerdo historias que revelan hasta qué punto esas casas tuvieron efectos transformadores en las comunidades más pequeñas, en caseríos muy aislados y pobres del país. Hubo un niño que por primera vez en su vida vio a otro niño al llegar a la casa. Y otros que por primera vez vieron una pelota. Al llegar a esas casas los niños empezaban a socializar.

También estaban los internados indígenas en los que hubo abusos. Eran casas especiales para los niños del programa "Primaria para Todos". Fue una tarea colosal la que se hizo. La aprecio muchísimo. Se debió sobre todo a la dedicación de José Antonio Carranza. Una extensión de este proyecto fue el Instituto Nacional de Educación para Adultos (INEA), con el que se intentó llevar la primaria y la secundaria a las decenas de millones de mexicanos adultos que no habían terminado su educación básica.

En primaria logramos subir mucho su cobertura, llegamos a cubrir entre 1977 y 1982 hasta 98% de la demanda. Había niños que no estaban en la primaria porque sus padres no querían, sobre todo en el caso de las niñas. Pero todos los niños cuyos padres quisieron, tenían la posibilidad de entrar a la primaria. También hubo avances significativos en el nivel preescolar, que duplicó su matrícula.

Lamentablemente, poco después bajaron el esfuerzo, el compromiso y la pasión por llevar la primaria a todos los niños. Bajó al disminuir el presupuesto educativo de 1984-1985 con Miguel de la Madrid en la presidencia. Fue el típico caso de los recortes presupuestales a la educación. Ante cualquier decisión de ajuste presupuestal, lo primero que se preguntan algunos es: ¿Qué cuesta más? ¿Educación? ¿Qué más, Petróleos? Pues a recortar en educación y petróleos. Y así nos ha ido.

¿Qué es primero, la educación o el desarrollo? En alguna

ocasión, cuando proyectábamos el crecimiento de la secundaria, más de una persona que estaba en el grupo de trabajo planteó la inconveniencia de hacerlo. Si no podemos con los egresados de la primara, ¿cómo vamos a impulsar la secundaria, cuando es mucho más caro atender a los alumnos de ese nivel? ¿Y quién va a dar empleo a estas personas? "Ya creas —me dijo uno de ellos— bastante problema con la primaria y ahora quieres impulsar la secundaria. ¿Quién les va a dar la preparatoria y la universidad, que es mucho más cara que la secundaria?"

No me querían dar recursos para la secundaria, a pesar de lo cual se amplió su cobertura. Con ello fue cambiando el índice de la escolaridad nacional.

En 1970 la escolaridad nacional alcanzaba apenas los tres años. Éramos un país, en promedio, de tercero de primaria. Actualmente apenas nos acercamos a ocho años, cuando necesitaríamos al menos 12 para poder competir a nivel mundial. Y también para ir consolidando la participación ciudadana y la democracia. Creo que el cambio democrático del país se debe en gran parte a esto. No podría imaginar el julio de 2000 si no hubiera aumentado la escolaridad por arriba de los siete grados.

Creo que durante el tiempo que trabajamos en la SEP, entre 1977 y 1982, se dio un gran impulso a la oferta educativa, particularmente a la primaria. Lástima que esto no continuó. De hecho, durante el gobierno de Miguel de la Madrid hubo una reducción enorme de recursos, de la que ya hablamos, que frenó el crecimiento de la oferta educativa.

PL: Tu quinquenio también fue muy importante por la creación de instituciones: la Universidad Pedagógica, el Colegio Nacional de Educación Profesional Técnica (Conalep), el INEA, la Ley de Coordinación de Educación Superior, ¿cómo ves ahora esas grandes innovaciones?

FS: La UPN nació como un espacio sindical. Cuando llegué a la Secretaría tuve discusiones muy duras con el sindicato

¿Cómo ves a distancia el poder político que ejerciste?

Solana: Hay tareas que, por difíciles que sean, sales adelante si construyes un proyecto claro y tienes la capacidad administrativa necesaria. Son requisitos del liderazgo. Con ellos puedes distribuir las tareas derivadas de los objetivos, delegar funciones y responsabilidades en el equipo. Si no eres el líder no consigues la suma de esfuerzos en torno a objetivos precisos. Recuerdo a Jaime Torres Bodet: él supo ejercer un liderazgo respetuoso y amable, pero eficaz, a su paso por la SEP.

El problema en la administración no es tanto cuánto dinero hay, sino cómo se gasta. En educación lo que se requiere es liderazgo.

Limón: Desde el inicio de mi carrera me guió la convicción de que el poder es sólo el medio para realizar ideas y alcanzar propósitos. Sabemos que con facilidad puede llevar a perder el sentido de la realidad y al abuso. Por esto me ha parecido muy importante rodearme de personas inteligentes —de preferencia más inteligentes que uno— con quienes confrontar iniciativas y además superar las propias limitaciones; las personas caracterizadas por una moral fuerte son también un estímulo a la moderación; cuando se conforma un ambiente de trabajo así, es más fácil relativizar tus puntos de vista y tener presente tu falibilidad. Aun así te equivocas.

Fui muy afortunado en tener el poder de un secretario después de una carrera larga, pero todavía a una edad que me permitía contar con mucha energía. Siempre vi al poder con cierta distancia pero también sin miedo, sin aceptar todas sus condiciones y en consecuencia renunciando a algunas de sus expectativas. Es muy fácil que el poder ilusione y más fácil es que desengañe. Es bueno cultivar la gran disciplina que te exige pero también mantener cierta capacidad de disidencia. Mucho respeto la fuerza del poder pero también desprecio sus signos externos dirigidos a impresionar, a obtener el sometimiento. La relación con el poder me parece que se resume así: o puedes con él o él acaba contigo.

Pescador: Los secretarios de Educación entran al círculo íntimo del presidente donde se toman las decisiones; desde ahí conocen los asuntos con profundidad; ahí palpan la relación con los poderes Legislativo y Judicial y ven cómo se manejan los hilos del poder, en particular la manera como el gobierno considera a la sociedad. Esto en particular me impresionó: el equipo de gobierno veía a los ciudadanos con cierta displicencia, no como a una sociedad pensante en cuyo nombre se gobernaba. Estando en el gabinete adquieres una idea muy clara del poder; creo que dejó en mí una huella imborrable.

Me parece que esta experiencia perjudica la psicología de muchos políticos cercanos al presidente; un secretario tiene acceso directo e inmediato —casi siempre— al presidente, tiene seguridad aprobada por el Estado presidencial, muchos privilegios, acceso a informes confidenciales, dispone de un amplio margen en el uso de los recursos, se comunica con los gobernadores; cuando visita algún estado o municipio se le recibe como representante del presidente; vive el poder.

Pocos están preparados para esa experiencia y ceden a los halagos; experimentan el poder como la práctica continua de una relación de intercambio de favores: "Yo hablo bien de ti para que tú hables bien de mí, te doy para que me des [...]" y creen que en esto consiste gobernar. En ese medio nunca se habla con la verdad total; hay una simulación que algunos asimilan como si fuese una virtud. Creo que es una forma equivocada de ejercer el poder. Además, en ese entreverado de intereses y de prácticas establecidas, tú mismo te autolimitas, cambias en tu manera de ser, en tus percepciones y aun en tus ideales; lo conveniente suplanta a lo deseable, la visión de corto plazo a la de largo alcance. Yo lo experimenté.

para convencerlo del papel que debería asumir la universidad y de la responsabilidad y autoridad del secretario.

Otro tema que estaba también entre los objetivos en 1978 era el vínculo entre la educación y la producción. Estoy en contra de quienes piensan que la única responsabilidad de la educación es formar trabajadores y empleados eficientes para las empresas. Pero también creo que, en algunas especialidades, debe haber una vinculación entre la escuela y el trabajo. Educar implica mucho más que eso. Se trata de formar personas capaces de realizar con mayor plenitud su vida (libertad, creatividad, responsabilidad, iniciativa personal), al mismo tiempo que son eficientes en su trabajo.

La creación del Conalep tuvo como objetivo vincular más estrechamente la educación técnica media superior con los empleadores. Y se logró con gran éxito. Rápidamente creció en todo el territorio nacional, a través de cientos de planteles, bien instalados, con laboratorios adecuados y en cuyos consejos participaban pequeños empresarios de cada localidad.

El primer director del Conalep fue José Antonio Padilla Segura, quien había sido secretario de Comunicaciones y Obras Públicas y director del Instituto Politécnico Nacional. Aplicó toda su experiencia y esfuerzo para crear una gran institución que ha servido mucho al país.

Años después, en otro momento, se resolvió dar al Conalep la doble salida, la técnica y la profesional; afortunadamente no se le ha retirado la función de ofrecer carreras técnicas profesionales. He visto funcionar Conalep en varias regiones del país. En general siguen trabajando bien y sus egresados consiguen empleo mucho más fácilmente que los de otras instituciones.

Creo que el Conalep merecería un nuevo impulso. Me gustaría que hubiera más Conalep, egresando a jóvenes que siguen ilusionados con la licenciatura, pero que les provoca frustraciones, primero porque pocos la terminan y, después, porque cuando logran terminarla, no consiguen los ingresos ni el reconocimiento que esperaban. Para mucha gente, en una sociedad tan desigual como la nuestra, los Conalep abren un enorme camino para proyectos que vinculen de manera más directa la educación media superior con los requerimientos del mercado laboral.

PL: Sería otra alternativa del reciclaje para maestros: maestros de materias aplicadas.

FS: Sin duda, así lo veo también. Por otra parte, me llama la atención el éxito de esta vinculación que he visto en varios estados y cómo aprecian a los muchachos del Conalep.

En cambio, el proyecto del reconocimiento de las capacidades laborales —Conocer— que años después la sep importó del Reino Unido,[9] en donde también fracasó posteriormente, costó millones de dólares sin haber logrado los resultados esperados.

Respecto del inea, que creamos en aquellos años bajo la dirección de Miguel Alonso, ha tenido dificultades. La más grave ha sido la falta de recursos. En los últimos años el Instituto ha recibido menos de 1% del presupuesto total de la sep. Con tan pocos recursos es imposible atender a los casi 33 millones de mexicanos adultos que no han terminado su educación básica.

El inea podría, con creatividad, ofrecer un gran espacio para resolver el enorme rezago educativo del país si el gobierno se decidiera a duplicar su presupuesto anual durante varios años.

Otra cosa que se hizo bien en aquel periodo fue impulsar y renovar la telesecundaria. Ya existía, pero se le dio un gran apoyo. Se amplió su cobertura y se mejoró la calidad. El doctor Roger Díaz de Cossío, que tantos y tan positivos servicios ha prestado a la educación durante muchas décadas, la dirigió en aquellos años.

El maestro y su formación

PL: Siempre has afirmado que la calidad de la educación depende de la calidad del magisterio. Pero el magisterio mexica-

---

[9] Se refiere al proyecto "Educación Basada en Normas de Competencia" que evalúa y certifica competencias laborales. (Según una nota de prensa, fue cancelado en mayo de 2004). (PLS)

no es un conglomerado de generaciones de formación variada y de motivaciones y vocaciones diferentes. Aumentar los sueldos no garantiza que los profesores mejoren su preparación; aunque les dotes de tecnología y materiales didácticos, no por eso van a ser mejores maestros.

FS: En la formación de los maestros mexicanos influye, obviamente, la problemática social del país. Muchos jóvenes de clase media baja han buscado resolver su problema de ocupación e ingresos, sin tener vocación docente, incorporándose a la escuela normal que les asegura una carrera corta y una plaza para el resto de su vida.

Ese problema social facilita que el sistema, y el SNTE en particular, utilicen, en ocasiones, a algunos maestros como instrumento de sus intereses políticos, en demérito de la superación del propio magisterio y de la educación.

Un tercer factor ha sido la pérdida de la mística de la carrera magisterial. Con todos sus abusos y sus defectos, la Revolución creó una mística nacionalista, una mística social, y muchas generaciones de maestros se formaron en ella entre 1930 y 1970. Cuando llegamos a la SEP aún había profesores herederos de la convicción y el espíritu de los mejores momentos de José Vasconcelos, reforzados posteriormente en los años de don Jaime Torres Bodet.

PL: ¿Consideras que se podrían salvar ciertos valores del normalismo como la vinculación de la educación con la soberanía nacional, la justicia social, la educación laica y la descontaminación del sindicalismo de las prácticas de corrupción?

FS: Sí se puede, con un proyecto educativo. Que la población no esté creciendo tanto como antes y que hayan cambiado las pirámides demográficas hace que hoy sobren maestros. Las escuelas normales dejaron de ser un canal para lograr una ocupación decorosa, aceptablemente remunerada.

Una propuesta para reformar las escuelas normales

Estamos en una situación en que, si no se le da una salida a fondo hoy, en 2004, será un problema en los próximos cinco o 10 años. La única solución que veo a este problema sería una propuesta con los puntos siguientes: cerrar la inscripción al primer año de las escuelas normales hasta que no se equilibre el número de egresados con la necesidad que haya de ellos; ofrecer salidas de corta duración a los estudiantes matriculados; asimismo ofrecer a los maestros de estas instituciones que no fuesen aptos para sus funciones opciones atractivas de reciclaje para funciones hoy necesarias en el sistema educativo; decidir qué escuelas conviene que continúen con el debido rediseño de su oferta de programas académicos, y estimular la apertura de nuevas opciones de formación del magisterio en instituciones de educación superior públicas y privadas.

Es muy difícil formar maestros con carrera a nivel profesional que acepten trabajar en comunidades remotas y en pequeños caseríos. En aquellos años, cuando se les convencía y aceptaban atender a esos niños tan aislados, regresaban a las pocas semanas. Los instructores comunitarios se formaron para sustituir de alguna manera a los maestros que no quieren ir a esos lugares. Naturalmente, los instructores comunitarios pueden dedicar a esa tarea uno o cuando más dos años de su vida, para luego continuar sus estudios superiores. Por eso el programa de formación de instructores comunitarios será indispensable mientras existan decenas de miles de pequeñas comunidades aisladas, en donde el Conafe ha realizado una tarea excepcional.

La carrera magisterial no debe ser ya un proceso de formación que tenga como única salida el empleo en las escuelas normales. Al avanzar en su formación profesional deberían tener siempre opciones para dedicarse a otras actividades, como ocurre en cualquier universidad moderna. Sin duda, uno de los grandes problemas de la educación superior en México es la inflexibilidad de los programas de estudio de las universidades públicas y privadas. Cuando se cuenta con programas flexibles que permiten la movilidad entre diferentes carreras y entre universidades, la formación es mucho más integral, las vocaciones tienen más opciones y la posibilidad de una buena remuneración al terminar los estudios es mayor.

Necesitamos normalistas que tengan más opciones ocupacionales, de modo que al terminar su formación profesional pudieran optar por otras actividades y no quedar atrapados entre la profesión magisterial y el control del sindicato.

Habría que diseñar y aplicar un gran proyecto para formar menos y mejores maestros, y a los que ya están ofrecerles una re-capacitación que les dé opciones ocupacionales en otras áreas.

No van a ser soluciones fáciles.

PL: ¿Ves viabilidad en una negociación sindical de esa magnitud, en concreto con el SNTE? ¿Hay dentro del comité nacional elementos capaces de entender y sentarse a la mesa para negociar una solución de ese calibre?

FS: Esto va más allá del SNTE: hace falta un liderazgo nacional para resolver el problema del corporativismo sindical. Pero me parece que hay condiciones menos malas que antes.

PL: A las normales privadas que están formando a 40% de los nuevos maestros, ¿qué tratamiento les darías?, ¿el mismo?

FS: Hay que advertirles de este problema y recomendarles a todas que ofrezcan licenciaturas completas y se orienten a formaciones más flexibles en sus opciones laborales. En el sistema público podemos formar mucha gente en actividades complementarias al ejercicio directo de la enseñanza. A las escuelas privadas sólo se les pueden hacer recomendaciones.

PL: ¿Hay algún nicho especial para la Universidad Pedagógica Nacional y su red?

FS: Naturalmente que lo hay, en la medida en que hubiese un replanteamiento de fondo en la formación del magisterio.

Televisión y educación: ¿códigos de ética?

PL: En tu primer periodo en la Secretaría, ¿ponderaste el problema que plantea la televisión a la educación? ¿Cómo lo planteabas? ¿Era posible llegar a Emilio Azcárraga con un planteamiento favorable a la educación?

FS: No. Las empresas televisivas son muy poderosas y han tenido durante muchos años un enfoque estrictamente comercial. Hacen pequeñas concesiones, como dedicar un canal de menor audiencia a programas culturales. Pero lamentablemente la información, los valores, los estilos de vida y la cultura que se transmiten por los canales comerciales no ayudan a formar, como algunos desearíamos, a las nuevas generaciones de mexicanos. Obviamente hay excepciones.

Sería una aportación fundamental que el Estado tuviera canales de televisión bien dirigidos y orientados a educar a la población. Los tienen en España, en Francia y en el Reino Unido. En los Estados Unidos existen los canales "públicos", organizaciones privadas que se dedican a hacer televisión de calidad.

Desde luego la televisión comercial, orientada por padres de familia responsables y utilizada con moderación, puede ser un factor de formación y educación de gran utilidad. Una distribución inteligente del tiempo de los niños entre la tarea, la televisión y la computadora estaría formando una generación mucho más informada y alerta que las del pasado.

Más allá de la televisión comercial, estamos inmersos en un nuevo mundo en donde la información y los mensajes nos abruman, al grado de que no hay tiempo para procesarlos, asumirlos y utilizarlos de manera positiva. En este sentido, un objetivo de la educación contemporánea debe ser capacitar a los estudiantes para ayudarles a controlar los flujos de información que les llegan, utilizándolos en su beneficio, y no que los flujos de información los controlen a ellos.

El futuro de la sociedad global dependerá, en buena medida, de que las nuevas generaciones sean capaces de controlar los flujos de información y discernir sus contenidos.

PL: ¿Crees que serían eficaces los códigos de ética y con qué condiciones?

FS: Sin duda. Lo son para las empresas. La Organización para la Cooperación y el Desarrollo Económicos (OCDE) insiste en el manejo de códigos de ética en las corporaciones. Están funcionando después de la crisis que hubo en los Estados Unidos con el escándalo de Enron y de otras empresas, como los bancos que abusaron de los clientes y los acreedores de los deudores.

Actualmente en los consejos de administración de las mejores empresas están en vigor códigos de ética que incluyen sanciones para los consejeros que no los respeten.

También debiera haber códigos de ética que fueran aceptados por los directivos, reporteros, analistas y comentaristas que trabajan en periódicos, radiodifusoras y televisoras. Estos códigos deberían incluir normas de conducta y responsabilidad social concretas y precisas. El Estado podría recomendar y eventualmente exigir el establecimiento de estos códigos como condición para otorgar las concesiones del espectro radioeléctrico.

PL: La vigilancia y evaluación de su cumplimiento tendrían que ser independientes.

FS: Tendrían que serlo, y hay medios para lograrlo. Se podría observar el cumplimiento de los códigos de ética con base en los cuales se hayan dado las concesiones a los medios de difusión. Condicionar las concesiones al cumplimiento de códigos de ética sería más importante que todo lo que actualmente les exige la Secretaría de Gobernación a los concesionarios de radio y televisión.

PL: Recuerda que ya existe el Observatorio Ciudadano de la Educación, una instancia de control social; ya llevamos cinco años trabajando. Platicando con varios investigadores surgió la idea de crear una instancia de contraloría social;

hemos publicado más de 120 comunicados quincenales en *La Jornada*.[10]

FS: Me gusta la idea de presionar al Estado para que la renovación de las concesiones se haga con base en el cumplimiento de un código de ética que implique sanciones. Un código que, por ejemplo, establezca horarios para determinadas imágenes. La televisión llega al hogar de manera total como portadora de violencia en todas sus variantes. La limitación de esas exhibiciones sería una manera de ayudar a recuperar la calidad espiritual de la sociedad.

El servicio civil de carrera

PL: La necesidad de modernizar y hacer más funcional a la Secretaría de Educación Pública es insoslayable. Preocupa la continuidad y actualización de sus cuadros técnicos. Cuando llega un nuevo secretario suele traer gente improvisada a los puestos técnicos. ¿Qué tipo de sistema se podría implantar en una gran secretaría como la de Educación Pública?

FS: Recientemente se aprobó la nueva Ley de Servicio Civil de Carrera, que será aplicada también en la Secretaría de Educación Pública. No me gusta esa ley porque hace permanentes muchos más niveles administrativos de los que hacen falta. En otras épocas había un secretario, pocos subsecretarios, directores generales, jefes de departamento y jefes de oficina. Ahora hay secretario, subsecretarios, coordinadores, muchos directores generales, directores generales adjuntos, directores de área, directores adjuntos, subdirectores y subdirectores adjuntos.

Esta ley se promulgó argumentando razones de modernización administrativa, pero se están congelando miles de puestos burocráticos que no sólo no hacen falta y cuestan mucho dinero, sino que entorpecen la buena administración.

[10] Página web del Observatorio Ciudadano de la Educación: www.observatorio.org.

Lo primero que tiene que hacer cualquier organización que quiera elevar su productividad es reducir lo más posible los niveles que existan entre el director general y el más modesto trabajador. Cuando hay demasiados puestos abajo de un director tiene que inventarse alguna actividad y se entorpece el trabajo. En la SEP, antes de congelar las plazas existentes, conviene reducir niveles.

PL: La multiplicación de niveles parece ir totalmente en contra del propósito de reducir las oficinas centrales y de restructurar esta dependencia; el PNE anuncia un proyecto muy ambicioso con este propósito, que además reforzaría los equipos estatales.

FS: Sería bueno reforzar los equipos estatales, que en varios estados están funcionando mejor. Veo muy positivas, por ejemplo, las reuniones, cada tres meses, de los secretarios de Educación de los estados con el secretario de Educación Pública federal. Yo las tenía con los delegados y eran muy activas y estimulantes para nosotros y para ellos.

Educar es el desarrollo de las personas

PL: Tu idea acerca del desarrollo, como "desarrollo de las personas" y no de cosas ni de riqueza, ¿de dónde viene y cómo la fraguas? ¿La concretas al inicio de ese periodo?

FS: El objetivo fundamental de la educación es el desarrollo de las personas. Que cada una sea capaz de darse a sí misma una mejor manera de vivir y de convivir, de producir, de competir, pero también de ser solidaria. El desarrollo no son solamente los índices económicos.

En el último anuario estadístico del Banco Mundial (2003) somos la décima economía del mundo, un poco abajo de España y arriba de Brasil. Pero en el producto por habitante estamos en el lugar 66 y en el índice de "desarrollo humano" ocupamos, lamentablemente, la posición 55.

No es que crea que el desarrollo de las personas sea ajeno al desarrollo económico y social del país. Lo que creo es que son las personas que se desarrollan las que impulsan el crecimiento económico y social.

PL: ¿Cómo veías desde la SEP las desigualdades sociales y educativas? ¿Sería factible mandar a los mejores maestros a las escuelas más pobres, hablando de desigualdades?

FS: No sería fácil; por ahora se me haría imposible, dadas las inercias sindicales. Pero creo que algo se puede hacer: pagar salarios mucho mejores en las escuelas más pobres de los estados más atrasados del país. Unos maestros recibirían 30% de sobresueldo, otros 20% y los demás 10%. Sería un sobresueldo que se daría a las comunidades más pobres. Claro que se puede.

PL: ¿Qué puede hacer el sistema educativo ante la desigualdad social, realistamente, y hacia dónde vamos en este país donde las desigualdades son crecientes?

FS: Vamos hacia la polarización. La universidad pública era un crisol de las clases sociales. Antes los dirigentes egresaban de la UNAM. Ya no es así. Hoy por hoy, quienes estudian en las universidades privadas de élite y tienen el dinero para pagar estudios en el extranjero, regresan a ocupar los puestos directivos.

Esto tiene que ver también con el debate sobre nuestra identidad como mexicanos, con las respuestas a preguntas como ¿qué es ser mexicano hoy? Mi respuesta ante esta pregunta en la Universidad Iberoamericana fue: "ser mexicano es querer ser mexicano". Esa razón es más importante que compartir otras coincidencias como el idioma, el territorio o la historia.

PL: Sobre las universidades públicas en general, ¿qué comentario harías para el momento actual?

FS: En América Latina la universidad pública está en una situación de alto riesgo, cerca de un momento muy crítico, pero sigue siendo indispensable.

Es un hecho que la universidad pública ha contribuido a la

movilidad social y moderado la desigualdad educativa. Hubo años en que tuvo un papel más amplio en nuestro país. Ahora ha venido a menos en general y se ha reducido su efecto a favor de los grupos sociales de menores ingresos.

Un problema es que los gobiernos siempre han visto en la universidad su alto costo. Prestigia al gobierno que las crea, pero luego le cuestan dinero y, como además son centros de pensamiento crítico y eventualmente de movilización social, le molestan políticamente.

A la educación superior hay que replantearla de manera integral. La principal razón del éxito del sistema universitario estadunidense es la competencia. Desde los principios de su historia Harvard empezó a competir por los apoyos financieros, por los mejores profesores, por los mejores estudiantes y por los premios Nobel.

En cambio en América Latina, en algunos casos, llegan a ser instrumento de los gobiernos, de grupos de políticos o de camarillas de burócratas, académicos o trabajadores sindicalizados de su propio seno.

A la universidad pública en América Latina hay que darle una solución. Y es urgente, porque en los casos en que se ha deteriorado sólo forma cuadros de profesionales de muy baja calidad, que reproducen las condiciones de desigualdad y polarización de las sociedades latinoamericanas.

La solución de las universidades públicas empieza por la seguridad de sus espacios, que tiene que ser responsabilidad de las autoridades encargadas del orden.

En segundo lugar, tiene que asegurarse la calidad de los maestros, para lo cual no bastan los actuales procesos de selección de ingreso. Hay que incluir mecanismos de exclusión de los maestros que no cumplen o no se superan.

En tercer lugar, se debe dar mayor apoyo a los estudiantes (incluidas becas de manutención cuando lo merezcan) y exigirles mejores resultados.

Esa selección no se realiza en las universidades públicas

debido a la contaminación política y la conflictividad social. Esta solución requiere del esfuerzo no sólo de las autoridades universitarias, sino de toda la sociedad y del gobierno. Cuando ocupé la secretaría general de la UNAM se discutió si convenía dedicar parte de los recursos que se recibían a un instituto nacional de becas. El alumno que recibiera una beca podría aplicarla de acuerdo con sus capacidades de estudio y necesidades. Serían becas de matrícula e incluso de sostenimiento. Esta idea podría revivirse. Obviamente se trata de una propuesta que requeriría de financiamiento especial y, por tanto, es un asunto no sólo de las autoridades universitarias sino, sobre todo, de los gobiernos.

Se necesita una decisión de Estado para poner orden en las universidades y asegurarles sus subsidios. Otro problema es el poder político que han cobrado los sindicatos de algunas universidades.

PL: ¿Y las universidades privadas? ¿No crees que sin pretenderlo segregan a una clase social y la hacen sentirse superior?

FS: Creo que para que un proyecto privado crezca en la economía de mercado en que estamos, tiene que haber libertad de acción para las universidades privadas.

PL: Universidades privadas y además extranjeras... Están llegando ya las estadunidenses...

FS: Y comprando las mexicanas o dando cursos al alimón con ellas. Eso no creo que se pueda evitar, dado el proceso de globalización. Lo que sí se puede y debe hacer es establecer una regulación clara en una nueva ley de educación superior.

Reducir el poder del corporativismo sindical

PL: Y para ir cerrando esta charla, Fernando, ¿cómo crees que puede evolucionar ese cogobierno entre el SNTE y la SEP?

FS: Del triunfo de Fox yo esperaba que se moderara el poder del corporativismo sindical. Mientras México no ajuste cuentas con el corporativismo, no logrará la transparencia y la igualdad propias de una democracia más ilustrada y abierta.

PL: ¿Entonces consideras que la decisión de limitar el poder del sindicato tiene que ser del presidente?

FS: Creo que la modernización del sindicalismo en México es una decisión y una operación del más alto nivel.

PL: ¿Qué pasos habría que dar para desmantelar las prácticas sindicales viciadas?

FS: El punto de partida sería que cada sindicato tuviera que arreglarse con el gobierno de su estado, aunque pudiera existir una federación o una confederación nacional de sindicatos de maestros y de educadores de escuelas públicas y privadas.

En segundo lugar, creo que hay que seguir mejorando la capacitación del magisterio y procurando un mejor salario para los maestros, pero que corresponda a resultados.

En el Banco Nacional de México yo, como director general, no era quien más ganaba. En un instituto de investigaciones en los Estados Unidos, Alemania o Inglaterra, quien gana más no es el director sino el mejor investigador, el que más publicaciones o más tiempo tiene.

Debería haber una carrera administrativa en educación, pero eso de que el premio del maestro sea llegar a ser director, supervisor y luego a otro puesto administrativo, acaba con los mejores maestros.

También habría que acabar en serio con las "comisiones". Recuerdo que me encontré al llegar a la SEP con 5 000 a 6 000 comisionados al sindicato que era posible reducir sustancialmente. No sé cuántos haya ahora, pero deben de ser más. Ése es un gran tema, no solamente por su costo, sino por el poder político que implica y por el relajamiento moral que provoca. El comisionado está de tiempo completo para recibir órdenes del secretariado general del SNTE, en vez de estar enseñando o cubriendo otras actividades en la SEP.

La experiencia personal

PL: Tu experiencia personal al haber pasado por la SEP, ¿te cambió en algo, te acercó a los problemas del país, te dio otros criterios de interpretación?

FS: Sin duda. Creo que he tenido mucha suerte en la vida, en muchos sentidos. Me tocó estar en Comercio y en Educación. La satisfacción más inmediata la tuve de mi participación en el Banco Nacional de México, porque ahí tenía resultados medibles cada mes. Pero la más profunda, la más personal, es la que tuve, sin duda, en la Secretaría de Educación y, en particular, en los espléndidos avances que se lograron en la "Primaria para todos los Niños".

Estoy convencido —a lo mejor es una fantasía mía— de que la libertad que tuvo el equipo, la creación de los famosos "comandos",[11] hizo que a millones de mexicanos que tienen hoy veintitantos años les esté yendo mejor en la vida porque tuvieron acceso a la educación primaria.

Tener el privilegio de ser secretario de Educación Pública, haber logrado que hubiera los recursos necesarios, haber apoyado a los funcionarios y maestros en sus logros, fue muy satisfactorio.

También procuré tener contacto no sólo con los funcionarios sino con los maestros en cientos de ciudades y pueblos del país. Mis reuniones con los instructores comunitarios llegaron a ser muy emocionantes. Eran chicos con la secundaria y la preparatoria apenas terminada. Me platicaban sus experiencias, y cómo les cambiaba la vida al estar ayudando a que tuvieran educación niños que, sin ellos, no la hubieran tenido.

PL: Sería un consejo muy importante para todo secretario: llegar a la base, tomar contacto directo.

FS: Algo que quise implantar, aunque no lo cumplieron todos, fue que quienes estuvieran ocupando puestos directivos

[11] Grupos para realizar tareas especiales organizados en la SEP; disponían de recursos y estaban libres de trabas burocráticas que obstaculizaran su accionar.

en la Secretaría dieran o tomaran una clase. Muchos fueron a dar un seminario o una clase en la universidad y varios a la Normal Superior. Si teníamos que reflexionar y tomar decisiones sobre la educación en México era importante que tuvieran la vivencia personal de la experiencia educativa. Algunos lo siguieron, otros no.

Siendo secretario general en la UNAM nunca dejé de impartir clases en ella. Eso me hizo comprender mejor los diversos problemas y adquirí aprendizaje; para los estudiantes también era muy útil. Les hablaba de la universidad con emoción porque la estaba viviendo, les informaba cómo estaban las cosas; hacían suya la universidad.

Ojalá todos los funcionarios de educación pública tuvieran en su código de conducta el compromiso de dar algunas horas de clase. Estarían en contacto con los directores, con los inspectores, con los alumnos, lo cual es muy importante.

PL: ¿Estás optimista o pesimista respecto de los siguientes cuatro o cinco años del país?

FS: Soy optimista por naturaleza. De lograr una buena reforma hacendaria creo que el país podrá librar su crisis. Se podría crecer a 6% para impulsar la economía, el empleo, la educación, la salud, es decir, para volver a situarse en el escenario internacional.

ENTREVISTA CON JOSÉ ÁNGEL PESCADOR
(Realizada el 25 y 26 de febrero de 2003)

José Ángel Pescador Osuna, nacido en Mazatlán, Sinaloa, en 1945, se tituló como profesor de educación básica en la Escuela Normal de Mazatlán (1964); cursó después la licenciatura en economía (ITAM, 1970) y la maestría en economía y educación (Universidad de Stanford, 1978).

Ejerció la docencia en el ITAM (1970-1972), en la UAM (1975-1978), en la UNAM (1984-1985), en la UIA (1986) y en la UCLA (1992).

¿Qué pide un presidente a su secretario de Educación?

Solana: Los presidentes de México no han tenido una "visión de la educación" dentro de un proyecto nacional, "como instrumento para construir una sociedad y un país" (sólo la tuvieron Álvaro Obregón con José Vasconcelos y, en cierta forma, Adolfo López Mateos por influencia de Jaime Torres Bodet).

Para la mayoría de los presidentes había que procurar "no gastar tanto en la educación" y "evitar conflictos".

Limón: A mí (el presidente Zedillo) me pidió responsabilidad y resultados. Le gustó muchísimo el programa; lo leyó con mucha atención como quien conocía bien el asunto... A lo largo del periodo él no estuvo sobre mí, sino que me dejó actuar; ... lo que más le interesaba eran los buenos resultados: indicadores que mostraban que el sistema ampliaba las oportunidades, la introducción de modificaciones favorables a la calidad; la anticipación a los problemas y la solución a los conflictos sin recurrir a las concesiones indebidas. El doctor Zedillo "fue siempre respetuoso y leal con la educación pública".

Pescador: Le pide fundamentalmente que no lo contradiga. (El secretario) tiene que jugar al mantenimiento del sistema y de sus estructuras; es obvio. Ahora, dentro de ese juego, yo me sentí con gran libertad.

Tamez: En ese sentido lo que le puedo comentar son las instrucciones que he recibido del presidente Fox. En primer lugar, mantener operando de manera estable el sistema educativo nacional, vigilando el cumplimiento de los principios establecido en el artículo tercero constitucional. En segundo término, priorizar y poner énfasis en el mejoramiento de la calidad de la enseñanza, sin descuidar los aspectos de cobertura y de equidad. Finalmente, impulsar el federalismo educativo, sobre la base de que la educación es asunto de todos.

En la administración pública se desempeñó en varios puestos, siempre dentro del sector educativo: subdirector de presupuesto en la Subsecretaría de Educación Superior (1977), director del Instituto Nacional de Investigación Educativa (1978), director adjunto de Educación de Adultos (1979-1980), presidente del Consejo Nacional Técnico de la Educación (1980-1983), rector de la Universidad Pedagógica Nacional (1989), subsecretario de Servicios Educativos para el Distrito Federal (1992-1994) y titular de la SEP (1994).

Además ha sido diputado federal por el V Distrito Electoral de Sinaloa (1985-1986), presidente municipal de Mazatlán (1987-1989), cónsul general en Los Ángeles, California, y subsecretario de Población y Servicios Migratorios en la Secretaría de Gobernación (1999).

Es miembro del Colegio de Economistas, del Colegio de Sinaloa y del consejo técnico del Instituto Nacional para la Evaluación de la Educación.

Lo que se pudo hacer y lo que no

"Me pesa haber tenido tan poco tiempo…", reflexiona José Ángel Pescador al evocar su paso por la Secretaría de Educación Pública. Me hubiera gustado impulsar varios proyectos. Intenté favorecer las innovaciones educativas realizadas por los propios maestros en sus escuelas; hicimos, con tu ayuda por cierto, el diseño del proceso para seleccionar las innovaciones y apoyarlas técnica y financieramente, fijamos las bases para que participaran los docentes que quisieran, se difundió la convocatoria, pero no obtuvimos la respuesta adecuada y faltó tiempo para perseverar en esa dirección.

Pero hubo algo más importante que me pesa no haber hecho: el cambio de personal directivo en la Secretaría. Alguna vez lo comenté con Fernando Solana: ¿por qué desde 1978 no se tomó la decisión de cambiar a varios directores de escuela y otros puestos intermedios como los de supervisión escolar, que entorpecían las innovaciones y representaban una continua fuente de injerencia sindical? Los secretarios suelen atender más a incorporar personas de su confianza que a liberarse de otras que van a entorpecer sus acciones, dejando de lado el escalafón administrativo. De 1982 a 1992 se perdieron 10 años que podían haber sido muy diferentes si se hubiera consolidado un grupo calificado y con liderazgo.

Hay ciertamente una reserva: la legitimidad que se requiere para ocupar ciertos puestos, en concreto los de los supervisores, está asociada a la relación de la persona con el magisterio, y esto ha dado lugar a que se formen grupos burocráticos muy poderosos. Un secretario innovador tendría que romper esas tradiciones y cambiar a funcionarios que llevan muchos años y quieren seguir haciendo las cosas a su manera. En este sentido hay experiencias que muestran la dificultad de llevar a cabo cambios sustanciales, como fue el Modelo de la Prueba Operativa que el secretario Manuel Bartlett intentó implantar con personas externas al medio educativo y nunca fue aceptado.

PL: ¿Fue tu llegada al puesto de secretario un paso natural, dada tu trayectoria?

JAP: De alguna manera me había preparado para esa posición: a partir de 1978 e invitado por Fernando Solana, fui ocupando diversos puestos en el sector, algunos de gran responsabilidad.

El impacto del poder

PL: La experiencia de ser secretario, ¿modificó tus apreciaciones sobre el poder político y su ejercicio?

JAP: Definitivamente sí. Los secretarios de Educación entran al círculo íntimo del presidente donde se toman las decisiones; desde allí conocen los asuntos con profundidad; allí palpan la relación con los poderes Legislativo y Judicial y ven cómo se manejan los hilos del poder, en particular la manera como el gobierno considera a la sociedad. Esto en particular me impresionó: el equipo de gobierno veía a los ciudadanos con

cierta displicencia, no como a una sociedad pensante en cuyo
nombre se gobernaba. Estando en el gabinete adquieres una
idea muy clara del poder; creo que dejó en mí una huella imborrable.

Me parece que esta experiencia perjudica la psicología de
muchos políticos cercanos al presidente; un secretario tiene acceso directo e inmediato —casi siempre— al presidente, tiene
seguridad aprobada por el Estado presidencial, muchos privilegios, acceso a informes confidenciales, dispone de un amplio
margen en el uso de los recursos, se comunica con los gobernadores; cuando visita algún estado o municipio se le recibe como representante del presidente; vive el poder.

Pocos están preparados para esa experiencia y ceden a los
halagos; experimentan el poder como la práctica continua de
una relación de intercambio de favores: "Yo hablo bien de ti
para que tú hables bien de mí, te doy para que me des [...]" y
creen que en esto consiste gobernar. En ese medio nunca se
habla con la verdad total; hay una simulación que algunos asimilan como si fuese una virtud. Creo que es una forma equivocada de ejercer el poder. Además, en ese entreverado de intereses y de prácticas establecidas, tú mismo te autolimitas,
cambias tu manera de ser, tus percepciones y aun tus ideales;
lo conveniente suplanta a lo deseable, la visión de corto plazo
a la de largo alcance. Yo lo experimenté.

PL: ¿Los requerimientos del puesto también te modifican?

JAP: Sí; es otra experiencia profunda: no dispones de tu
tiempo, pues estás sujeto a presión continua todos los días.
El tiempo para pensar y reflexionar es casi inexistente. Y eso
que mis antecedentes eran en cierta forma envidiables: desde
mis estudios en la Universidad de Stanford y como académico
en la Universidad Autónoma Metropolitana-Iztapalapa, siempre me consideré cercano a la investigación educativa; mantenía una relación viva con muchos investigadores y me habitué
a considerar la política educativa desde el ángulo del pensamiento crítico; ya en puestos ejecutivos me definía como un

usuario de la investigación educativa. Eso me ayudó mucho, pero la agenda del puesto tiende a reducir tus antiguos hábitos académicos.

PL: Tu paso por la SEP, ¿modificó tus apreciaciones sobre las posibilidades del país? ¿Crees que tenemos remedio?

JAP: Desde luego. La SEP tiene un gran potencial, pero se requeriría un grupo de gente muy calificada que colaborara y apoyara al titular. Creo que hay tres requerimientos que se deben cumplir para realizar una buena gestión en la SEP: voluntad política y liderazgo, un equipo de trabajo bien integrado y una organización eficiente de las actividades.

El puesto de secretario

PL: ¿No se siente un secretario limitado por el presidente? ¿Qué le pide un presidente a un secretario de Educación?

JAP: Fundamentalmente que no lo contradiga; tiene que jugar al mantenimiento del sistema y de sus estructuras, es obvio. Ahora, dentro de ese juego, yo me sentí con gran libertad. Creo que el secretario Zedillo también había disfrutado de gran libertad porque el presidente Salinas sabía perfectamente qué quería en materia económica y el doctor Zedillo respaldaba plenamente su proyecto. Además, Salinas sabía o intuía que necesitaba de la educación para sus reformas. Le falló la primera etapa —los dos años de Manuel Bartlett en la Secretaría— pero hizo encargos muy precisos a Zedillo al designarlo para Educación. Había nombrado antes a Bartlett por dos razones: en pago por favores, pues había sido presidente del Consejo Electoral en la elección de 1988 y por la necesidad de atender con mano fuerte la problemática sindical, pero a los dos años hubo un replanteamiento.

PL: ¿Cómo era la relación con los demás miembros del gabinete, más allá de la rebatiña por los recursos?

JAP: No me tocó la discusión del presupuesto, pero viví

una relación intensa con dos secretarios: el de Hacienda y el de Gobernación, Pedro Aspe y Jorge Carpizo, respectivamente. Hubo buen entendimiento; pudimos tratar conjuntamente y con total franqueza asuntos delicados ante el presidente. También recuerdo especiales relaciones con los titulares de salud y de desarrollo social, Jesús Kumate y Carlos Rojas Gutiérrez, pues Educación hace cabeza del sector de desarrollo social; al interior del gabinete es de donde se esperan iniciativas y decisiones para todo el sector.

PL: ¿Dos logros de tu gestión que recuerdes especialmente?

JAP: Como dije, el tiempo fue muy breve. En primer lugar, creo que fue un buen logro haber podido culminar el proceso de entrega-recepción sin contratiempos a la siguiente administración; es un proceso muy absorbente. Y, en segundo, me dio especial satisfacción haber inaugurado el Archivo Técnico de la Política Educativa en el que se recogieron y clasificaron los documentos y estudios elaborados durante todo ese sexenio. Aunque parece que no ha habido continuidad en este esfuerzo, fue una manera de reforzar la memoria de la SEP y de dejar testimonio de los esfuerzos de muchas personas.

PL: Recuerdo que alguna vez, de modo jocoso, enumerabas las diversas funciones de un secretario de Educación, en orden jerárquico según el tiempo que requieren de él.

JAP: A ver si lo recuerdo. En primer lugar está lo político: las relaciones con el presidente, el gabinete, los gobernadores y muy especialmente el Sindicato; es lo que más tiempo consume. En segundo, el discurso, la imagen, la comunicación; esto demanda también mucho tiempo. En tercero, lo administrativo: el trato con los subsecretarios y el oficial mayor, los nombramientos, la vigilancia, la corrección de irregularidades. En seguida pondría la responsabilidad financiera: es una secretaría que distribuye enormes recursos y hay que atender demandas y estar pendiente de auditorías. En quinto lugar vienen las adecuaciones al marco jurídico y a la normatividad: preparar decretos, comunicaciones, estudiar iniciativas de ley, consultar juristas. Y, finalmente, ¡lo educativo! En efecto, lo sustantivo ocupa el último lugar en el tiempo que un secretario puede dedicarle: el estudio de los problemas, la lectura y discusión de investigaciones, la atención a los datos de las evaluaciones y la visión internacional. Esto hace que se descuide el contacto directo con las escuelas y la relación con los maestros; es una lástima, porque esto es lo que te da autoridad moral.

Prioridades del ANMEB. La federalización

PL: Llegas a la cartera de la SEP al final del "sexenio de los cuatro secretarios"; pese a esos cambios, es evidente que con la firma del Acuerdo Nacional para la Modernización de la Educación Básica y Normal en mayo de 1992 se establecieron políticas prioritarias de gran trascendencia. Tú las conocías perfectamente; incluso habías participado en la negociación de algunas de ellas. Empecemos por la primera: la reorganización federalista de la educación básica. ¿Cómo ves ahora esa medida? ¿Se han cumplido las expectativas iniciales?

JAP: En algunos aspectos se ha ido más adelante, pero en los fundamentales no. Se han rebasado expectativas, por ejemplo, en los organismos que se han descentralizado, o en las responsabilidades y actividades que están emprendiendo muchas autoridades estatales: organizan concursos, producen materiales propios, lanzan programas educativos en áreas como cómputo, se proponen formas de vinculación de las escuelas con la comunidad, etc.; tienen de hecho mayor autonomía. Pero en cambio en lo fundamental, que es la relación política y financiera entre la federación y los estados, no se ha avanzado como se esperaba.

PL: ¿Qué significa que recientemente tres gobernadores (de Tlaxcala, Zacatecas y Oaxaca) hayan declarado que querían regresar la educación básica a la federación?

JAP: Que no se les cumplió la entrega de los recursos que

se les habían prometido; muchos gobernadores contaban con que recibirían recursos crecientes, proporcionados a las demandas crecientes, y se les ha dejado a su propia suerte. En las reclamaciones de los tres gobernadores había también un componente político; son gobiernos bastante opuestos a la actual administración federal; sería difícil imaginar que hicieran lo mismo gobernadores panistas.

PL: ¿Qué dificultades ha encontrado la federalización en el orden financiero?

JAP: Paradójicamente algunos de los problemas se han originado en el esfuerzo por manejar las finanzas con mayor transparencia y reducir la discrecionalidad. Para algunos gobiernos estatales un fondo importante del que podían disponer antes eran las plazas que quedaban vacantes o no se utilizaban; estos recursos se aprovechaban para pago de aguinaldos, bonos de desempeño y otros requerimientos, incluso no educativos. Los gobernadores además aprovechaban la diferencia en la calendarización de pagos que establecían la SEP y la secretaría estatal; entiendo que la administración pasada trató de disminuir estos resquicios de discrecionalidad financiera de los estados. El efecto de estos esfuerzos en muchos casos ha sido que resurjan con mayor crudeza los conflictos políticos, pues no hay recursos para satisfacer todas las demandas. Además, existen todavía diferencias entre las estadísticas que presentan los estados y las de la SEP, por ejemplo respecto del crecimiento del nivel preescolar, lo que provoca desavenencias financieras.

PL: Recordarás que Manuel Ulloa y yo formulamos propuestas para modificar los actuales esquemas de distribución de los recursos federales a las entidades federativas, en un libro que por cierto accediste a presentar cuando apareció.[12] ¿Son factibles esas propuestas?

JAP: Claro que sí. Ustedes ofrecen una metodología viable y ejemplos muy ilustrativos tanto de los efectos de la actual

---

[12] Pablo Latapí y Manuel Ulloa, *El financiamiento de la educación básica en el marco del federalismo*, UNAM, México, 2000.

distribución como de los que tendría la aplicación de otros criterios más equitativos; proponen romper las inercias de los arreglos bilaterales que se vinieron haciendo a lo largo del tiempo entre las entidades y la federación, e ilustran cómo se podría impulsar un proceso de revisión de dichos criterios para reformar gradualmente y con el consenso de los estados los criterios de distribución. Pero esta solución requiere de voluntad política para reunir a la Secretaría de Hacienda y a los gobiernos estatales e iniciar el proceso de reforma, analizando las consecuencias que tendría la aplicación de los nuevos criterios. Ciertamente será necesario traducir los resultados de la investigación de ustedes a un lenguaje más sencillo, al alcance de funcionarios que no son investigadores; pero las propuestas son factibles.

PL: Tengo dos preguntas más acerca del proceso de federalización: una, la reducción de las actuales oficinas centrales; otra, el funcionamiento de las representaciones de la SEP en los estados. ¿Quieres opinar sobre ambos asuntos?

JAP: Estoy convencido de que la SEP debe reducirse, volverse muy pequeña.

PL: ¿Qué tanto es "muy pequeña"?

JAP: Actualmente la Secretaría debe tener unos 120 000 trabajadores, incluyendo la Subsecretaría de Servicios Educativos en el Distrito Federal; habrá que añadir varias dependencias federales del sector, sin considerar los organismos descentralizados. Para llevar a cabo la reducción faltan varios procesos previos: primero, descentralizar por entero la subsecretaría de Servicios Educativos en el Distrito Federal, asunto que ha encontrado serias resistencias. Ni la Subsecretaría de Educación Superior ni la de Básica y Normal son demasiado grandes, o al menos no lo eran hace nueve años. Respecto de la de Planeación y Coordinación, desconozco su tamaño actual, pero con la creación del Instituto Nacional para la Evaluación de la Educación se podría reducir sensiblemente la Dirección General de Evaluación. Habría también que concluir otros procesos bastante avanzados, como el de la descentralización del INEA, el Capfce y el Conafe, así como la Subsecretaría de Educación e Investigación Tecnológica. Por darte un número: pienso que la SEP podría funcionar muy bien con la mitad de su actual personal.

PL: ¿Ves pasos en esta dirección?

JAP: Probablemente se estén dando, pues lo anuncia el Programa Nacional de Educación; lo principal que esta administración dejará, me parece, es avanzar en reformar y modernizar la gestión de la Secretaría, y esto la sociedad lo sabrá valorar.

La calidad: el currículo y los materiales

PL: La segunda prioridad del ANMEB ha sido el avance hacia una mayor calidad educativa; en esta óptica se propuso la renovación de los planes y programas de primaria y secundaria y de los libros de texto gratuitos. En esta línea continuaste lo que estaba en marcha. Pero tengo una pregunta: ¿qué llega al maestro de los esfuerzos por la calidad que se fraguan en la cúpula? ¿Las acciones de la SEP inciden en la práctica educativa cotidiana?

JAP: Al maestro le llegan los materiales, los libros de texto, las guías, películas, videos; es mucho. Le llegan también los cursos de actualización y otras oportunidades que decida aprovechar. Pero me parece que, así y todo, no se logra que estas acciones susciten una relación más viva con la calidad de la enseñanza. Trabajamos desde 1993, en la subsecretaría del Distrito Federal, en un programa sobre calidad, que tenía por horizonte reducir la deserción y la reprobación. El Programa Escuelas de Calidad (PEC) de ahora maneja un concepto más completo, pero también en ese caso dudo que llegue a transmitir a todos los docentes un concepto operativo de calidad y el entusiasmo por ella.

Al maestro le llega lo concreto, no lo trascendente. Uno de los grandes avances para superar esta situación fue la distribución amplia que se hizo del libro de Sylvia Schmelkes sobre la calidad educativa; he encontrado maestros en Sinaloa que lo traen como libro de bolsillo y se valen de su contenido para discutir sobre calidad; este tipo de "puentes" son indispensables para que los docentes descubran por sí mismos lo significativo. Debiera prestárseles mayor atención.

PL: Si el PEC representa "la" estrategia de reforma educativa de esta administración, habría que admitir que contiene muchos elementos que la contraponen a las reformas anteriores: es de abajo hacia arriba, es por libre adscripción de cada escuela, se concreta en un programa elaborado por quienes lo van a desarrollar, considera a la escuela como una unidad y pone recursos económicos a la disposición del núcleo responsable del proyecto escolar. Por estas características, ¿le augurarías mayor éxito que a las reformas anteriores?

JAP: Sí y no. Sí porque están escogiendo a las escuelas más necesitadas, donde es más urgente trabajar por la calidad. No, porque hasta ahora han privilegiado los aspectos materiales —de construcción y equipamiento— sin llegar a lo sustantivo. Con todo respeto repito que lo más importante de este sexenio no pasará por ahí; será la transformación de la gestión. Se ha creado el Consejo de Autoridades Educativas, el Instituto Nacional para la Evaluación, se trabaja en el proyecto de restructuración, y muchas de las metas del programa y del compromiso social se refieren a gestión; es ahí donde esta administración puede tener mayor éxito. Y el PEC podrá ir modernizando la gestión a nivel micro; serían estrategias concurrentes.

Integrar los niveles de enseñanza básica

PL: Dentro de las reformas de gestión más relevantes para la calidad estaría la integración de sus tres niveles. ¿Cómo veías entonces y cómo ves ahora este problema? Se viene arrastrando de sexenio a sexenio.

JAP: La gran dificultad radica en la enorme disparidad de la formación de los maestros (tanto los de un mismo nivel escolar, como entre niveles) y, por tanto, también en sus prácticas pedagógicas. Estamos acostumbrados a que en primaria intervenga un maestro por grupo y en secundaria varios; ¿podríamos reducir los de secundaria, de siete u ocho a dos o tres?

Por otra parte, está el currículo que debe reformarse para asegurar continuidad en ciertas líneas a través de los tres niveles. Con la obligatoriedad de la enseñanza preescolar ha crecido la complejidad. Anteriormente, con la norma de que todos los niños debieran contar al menos con un grado de preescolar (se logró una cobertura de 70% de los niños de cinco años de edad), se venía trabajando en identificar los "puentes" entre preescolar y primaria; se elaboraron guías y otros materiales con este propósito. Pero pensar en un currículo de tres grados será más complejo. Y la transición de primaria a secundaria no les ha preocupado a las normales de ninguno de los dos niveles; cada una trabaja en su mundo. La secundaria sigue mostrando las huellas de su origen "propedéutico", ve hacia adelante, no hacia la primaria.

Otra dificultad surgía de la organización por áreas y por asignaturas, que dificultaba más identificar las líneas curriculares.

Y, por último, los problemas de carácter laboral, pues los profesores de secundaria ganan bastante más que los de primaria; recuérdese también que en primaria predominan las maestras y en secundaria los maestros, o sea que también hay una variable de género. La integración debe considerar todos estos aspectos.

En 1980 se planteó por primera vez en el Consejo Nacional Técnico de la Educación el problema de la integración, y nuevamente en 1982; se hablaba de una educación básica de 10 grados. En el sexenio 1988-1994 se manejaron "11 grados", acercándonos al esquema comprensivo de los países anglosajones.

Creo que se ha aplazado la solución a este difícil problema. Incluso impresiona pensar que la transición del actual modelo a uno integrado llevará muchos años, si no 11, al menos seis empezando en paralelo la reforma de la primaria y la secundaria.

La prioridad más difícil: el magisterio

PL: Mejorar al magisterio, atender sus demandas de remuneración, asegurarle un salario profesional y un sistema de promoción horizontal, han sido las líneas quizá más importantes del ANMEB. Podríamos empezar por la reforma de las escuelas normales, en lo cual tuviste experiencia desde antes como subsecretario y luego como titular. Desde afuera lo que se observa es que si bien la reforma de las normales ha sido prioridad en el sexenio 1988-1994 y en el que le siguió, los avances están muy lejos de lo que se requiere.

JAP: Es sin duda el punto donde es más necesario que el sindicato deje trabajar a la Secretaría con libertad. Preparamos un documento muy preciso (lo buscará) que fijaba los pasos que debíamos recorrer, pero nos faltó tiempo.

Lo primero en el plano político, me parece, es que el sindicato comprenda que la autoridad no puede renunciar a la formación del magisterio, que es una atribución suya y una responsabilidad. La Universidad Pedagógica Nacional es el mejor ejemplo de cómo los intereses sindicales pervirtieron el proyecto y lo sumieron en la mediocridad académica. Si me preguntasen en dónde quiero concentrar mi esfuerzo como secretario de Educación no dudaría: en la formación y actualización del magisterio.

Pero tenemos dos grandes restricciones: una, la gran heterogeneidad del magisterio: hay maestros de muchas generaciones, con formación, capacidades y experiencias diferentes; no sabemos cómo combinarlos. Otra: el tiempo del maestro. En una reunión reciente en Washington sobre la capacitación de maestros bilingües para alumnos hispanos, el principal problema que se reconoció es la carencia de tiempo del profesor para capacitarse; hay que suplirlos mientras se capacitan o encontrar otras soluciones, pero cuesta mucho dinero. Los centros de maestros parecen suponer que el docente dispone de tiempo para preparar sus clases y actualizarse; ese supuesto no se da. Además, está la presión de Carrera Magisterial que sesga los esfuerzos de actualización hacia los efectos utilitaristas de las actividades.

PL: ¿Es inevitable este efecto perverso de Carrera Magisterial?

JAP: Mientras sigan las actuales reglas, sí; el promedio del salario es ahora de cuatro salarios mínimos, lo cual no es equiparable con otras profesiones que exigen licenciatura y tienen requerimientos semejantes; pero de los salarios hablaremos después.

PL: Volviendo a la formación normal, ¿qué ha pasado con la renovación de los "formadores de formadores"?

JAP: Hemos menospreciado nuestra experiencia; creemos poder cambiar personas sin que cambien las instituciones; para bien y para mal. En este caso ha sido para mal. Las escuelas normales se deterioraron gravemente; de poco sirve remover ahora a algunas personas si persisten las costumbres viciadas, los grupos de interés, las resistencias, los compromisos contraídos que obstaculizan la renovación. Por otro lado, no hemos sabido interpretar los movimientos de maestros normalistas que protestaban por el deterioro de sus instituciones.

PL: Acabo de dar una conferencia en una normal de Toluca; después platiqué unos minutos con la directora y las profesoras; pregunté cuántas alumnas tenían. —Son 250— me contestó la directora. —¿Y cuántos profesores? —117, pues al disminuir el alumnado el sindicato no permitió recortar las plazas de los profesores. Esto es, una relación de casi uno a uno, que no tiene ni El Colegio de México. Es una educación carísima y nadie hace nada por modificar la situación.

JAP: Es sintomático; las plazas encarnan el poder del sindicato. Considera el caso de los internados que se mantienen en todas las normales rurales. Hasta los años sesenta estas instituciones funcionaban razonablemente bien, pero los dirigentes sindicales que provenían de ellas se fueron corrompiendo y recurrieron a prácticas clientelares; y la SEP las desatendió, con lo cual el "pre" —el subsidio por cada alumno interno— disminuyó. En ese contexto todos los egresados salen gravados con un compromiso con el sindicato que es su defensa. Piensa que ninguna maestría ni doctorado realizado en cualquier institución que no sea una normal —o quizás haya excepciones— se reconoce para Carrera Magisterial, así sea de El Colegio de México.

He visitado muchas normales rurales siendo presidente del Consejo Nacional Técnico de la Educación; nunca olvidaré el espectáculo de miseria y degradación que ofrecían.

Éste es el contexto en el que tiene que plantearse la reforma de las normales y la renovación de sus profesores.

PL: Quizá por esta razón han fracasado todos los intentos de reforma a fondo.

JAP: Déjame retomar el asunto desde más atrás, pues como siempre sólo la historia nos acerca a la naturaleza de los problemas.

La enseñanza normal es una de las glorias de la educación pública mexicana; desde el siglo XIX surgen las primeras instituciones como una necesidad de la incipiente educación pública, y es en ellas donde florecen los grandes pedagogos del país. Algunas son muy famosas, otras menos; a las de primaria suceden después, ya en el siglo XX, las superiores que preparan maestros para secundaria. Pero ya desde la segunda mitad del siglo XX se observa la dificultad de que se adapten a las condiciones cambiantes. Todavía en los sesenta, en mis estudios de normalista en Sinaloa, los maestros representaban una tradición orgullosa de sí misma; su papel social estaba bien definido como una profesión intelectual respetada; por esto vestían

¿Fue acertada la decisión de los diputados de que el gasto en educación vaya aumentando de modo que en 2006 equivalga a 8% del PIB?

Limón: El incremento en el porcentaje no se traduce mecánicamente en el mejoramiento de la educación. El debate primordial debiera ser en torno a metas de cobertura, logros en la calidad; asegurar las acciones necesarias para alcanzar esos objetivos.

Debió establecerse en la reforma que los recursos quedaban vinculados a programas precisos y en apoyo de una visión integral del desarrollo educativo. El debate no puede limitarse en manera alguna al objetivo del 8%, especialmente cuando existen tantos retos que requieren respuestas.

Pescador: Esa decisión puede verse como un paso inicial, pero hay que hilar más fino. Debería añadirse: "en todo momento el Estado garantizará que no disminuya el gasto público en educación en términos reales".

de traje y corbata y eran muy cuidadosos de sus modales y lenguaje. Pero con la expansión del sistema educativo en los sesenta empezó la improvisación por la presión para hacer frente a la creciente demanda de profesores. Los buenos servicios del Instituto Federal de Capacitación del Magisterio (IFCM) que operaba desde los cuarenta y sirvió a la profesionalización de muchos maestros ya no fueron suficientes.

Además, el normalismo se consolidó como una ideología que combinaba tres elementos: la capacitación magisterial, la asociación gremial y política de los profesores que promovía la lucha por su remuneración y un conjunto de tesis como la defensa del artículo 3º, de la educación laica y gratuita, la vinculación de la educación pública con la soberanía del país y la justicia social. Esto favoreció enormemente al sindicato, que ya se había fortalecido a través del IFCM, pues en el esquema de esa institución recibían un aumento salarial de una sexta parte

por cada año cursado. En las normales los beneficios obede-
cían a otro esquema: se obtenía la plaza inicial automática y se
familiarizaba a los estudiantes con la fuerza del sindicato para
obtener favores y para su promoción. Las normales resintieron
la competencia de las normales particulares que de hecho formaban a más profesores que las públicas, pese a que no otorgaban la plaza inicial.

Ya en los setenta era clara la crisis por la politización: en
las normales rurales surgían los líderes agrarios que realizaban
labor política en las comunidades y en los estados; en las urba-
nas empezó el deterioro porque las protestas de los maestros
se sumaban a los movimientos contestatarios de todo tipo,
como el de los ferrocarrileros, o a Othón Salazar.[13] Así las normales se constituyen como punto nodal de la red nacional del
poder sindical; en ellas se fraguan las estrategias para relacionarse con la autoridad y el seguimiento de la gente para premiar a los leales y castigar a los desleales; también aquí se cultivan los antagonismos y los resentimientos.

En los ochenta la SEP decide abordar su reforma: se frag-
menta la Escuela Normal Superior, dividiéndose en cinco unidades (entre otras la de San Luis Río Colorado y la de Querétaro)
y, poco antes, se crea la Universidad Pedagógica Nacional. La
SEP además empieza a regular la matrícula. El secretario Reyes
Heroles hace un diagnóstico negativo y opta por establecer un
bachillerato pedagógico primero, para otorgar después rango
de educación de tercer nivel a la normal y elevar sus exigencias; esto no logra sus objetivos, entre otras razones porque
disminuyen los recursos que se le asignan.

Por otra parte, tampoco la UPN logra recuperar la formación inicial del magisterio; el proyecto inicial de la SEP es desvirtuado por el sindicato, el cual utiliza a la institución como
plataforma de poder. La UPN absorbe la actualización y el mejoramiento, y para esto multiplica maestrías que sirven para

[13] Othón Salazar, líder del magisterio disidente desde los cincuenta; fundó el
Movimiento Revolucionario del Magisterio.

efectos escalafonarios o de CM, pero no logra incidir significati-
vamente en elevar la calidad de la docencia o en desarrollar la
investigación. Ha quedado marcada por este sello sindical, lo
cual se manifiesta en los repetidos conflictos por razones políticas y en la sucesión de rectores.

Es hasta el sexenio 1994-2000 que se lanza el Programa
Nacional de Actualización de Profesores, tomando ideas que
habíamos desarrollado poco antes. Pero, aunque hay excepciones, tengo la impresión de que los Centros de Maestros no son
todavía eficaces y la actualización sigue siendo bastante limitada; se deja a voluntad de los maestros tomar lo que quieran,
sin proporcionarles suficiente orientación, por lo que escogen
los cursos o actividades que significan menor esfuerzo o dan
más "puntos".

Sostengo que CM como sistema de actualización debe estar
plenamente en manos de la autoridad, sin que intervenga el
sindicato. Como está, no se ha comprobado su eficacia para
elevar la calidad de los maestros ni de su enseñanza; todo
mundo se queja de los cursos que se imparten, aunque en los
últimos años algunos mejoraron.

PL: Pero saltaste el sexenio 1988-1994; ¿qué se hizo por
mejorar la formación magisterial?

JAP: En los últimos seis meses sólo preparamos documentos propositivos y terminamos un diagnóstico exhaustivo. Se
documentó la falta de preparación de muchos profesores de
las normales, incluso algunos que no tenían título; se constató
la endogamia, reforzada por los intereses sindicales y el exceso de cargas administrativas; las bibliotecas casi no existían,
las condiciones materiales eran desastrosas; los egresados
salían sin dominar las asignaturas que deberían impartir; en
suma, la mediocridad. Del diagnóstico quedaban claras dos
cosas: los planes y programas eran obsoletos, ni siquiera se
habían ajustado a las reformas de los de primaria en 1992-
1993; y continuaban las resistencias a las innovaciones necesarias.

Con base en ese diagnóstico tuvimos muchas reuniones con los dirigentes sindicales, pero no conseguimos nada: el SNTE tiene como principio que todo asunto relacionado con formación y actualización de los maestros debe ser aprobado bilateralmente; siempre sostuve que eran asuntos exclusivos de la autoridad; así terminó el sexenio.

PL: ¿Tiene CM alguna posibilidad de transformación?

JAP: Sí, si hay voluntad política para establecer un acuerdo bien trabajado con el SNTE o para lograrlo unilateralmente. Así se hizo la desconcentración impulsada por Fernando Solana: el sindicato nunca la aceptó, pero fue suficiente el apoyo de los gobernadores y la buena selección de los delegados en los estados. Después, en el sexenio de Miguel González Avelar y Jesús Reyes Heroles, hubo un retroceso porque se concedieron al Sindicato casi todas las delegaciones. Pero creo que es posible terminar con este concubinato establecido en la era priista, y que el Estado mexicano recupere sus atribuciones en este asunto tan importante para la calidad de la educación.

PL: Parece ser que la formación magisterial y CM no serán objeto de las evaluaciones que realice el nuevo Instituto Nacional para la Evaluación (INEE); ¿por qué?

JAP: Así es por el momento; pero en el Consejo Técnico del Instituto acordamos que era un tema que quedaba pendiente de discusión. Personalmente creo que ningún aspecto del sistema educativo relevante para la calidad debe sustraerse a las evaluaciones del INEE.

Sabemos que el sindicato tratará de intervenir en las actividades del INEE, y además tiene el recurso de negociar directamente con el secretario las modificaciones a la Dirección General de Evaluación, lo que está por precisarse.

Lo que debe preocuparnos es la calidad real de nuestros maestros. Recuerdo que en 1993, al introducirse los exámenes a los alumnos en relación con CM, se aplicaron en secundaria exámenes muy semejantes a sus profesores, y los resultados —caso de secundaria—, en promedio, fueron muy decepcionantes; eran casi iguales a los de los estudiantes. Esto nunca se dio a conocer. No podemos seguir así.

Los salarios del magisterio

PL: ¿Los maestros ganan poco o mucho o lo justo?

JAP: Ganan poco. Por 20 horas el docente de primaria gana poco si se considera la naturaleza de su profesión. Es cierto que son sólo 20 horas, que tiene seguridad laboral, amplias vacaciones y buenas prestaciones, y que con frecuencia está mal preparado o cumple con limitación sus obligaciones. Lo incorrecto es que sean salarios homologados, independientemente del trabajo por desempeñar. Además, deberíamos pagar de tal manera que se evitara que los maestros recurriesen a un segundo trabajo, a veces enteramente alejado de la educación, lo que los lleva a abandonar a sus grupos. Otro referente es el del monto de los salarios de otras ocupaciones en el país; desde este punto de vista, los salarios magisteriales no son tan bajos.

PL: Es un problema muy complejo, pero a fin de cuentas otros países han encontrado soluciones mejores. En el caso de México, ¿los salarios magisteriales no se han predeterminado porque se considera que esa gran masa salarial debe servir de anclaje para el control de la inflación? ¿No estamos ante una decisión fundamental, de carácter macroeconómico, que regula los salarios de toda la burocracia y condiciona los aumentos en las remuneraciones de toda la fuerza de trabajo?

JAP: Por supuesto. Hacienda ve así el problema y esa es la razón suprema que fija los "topes" para las negociaciones. Lo que Hacienda se rehúsa a aceptar es la necesidad de resarcir el deterioro acumulado que sufrieron estos salarios en los años de la hiperinflación; no basta que ahora se otorguen aumentos equivalentes a la pérdida anual de poder adquisitivo, y se incrementen 5 o 6%.

PL: ¿Hacienda decide los topes para las negociaciones del 15 de mayo?

JAP: Así es, y esos topes regularán las negociaciones de otros sindicatos.

PL: En esta perspectiva salarial, ¿es posible pensar en recuperar las escuelas de "jornada completa" que implicarían un considerable aumento de las remuneraciones?

JAP: Alguna vez hicimos estimaciones; se requería un aumento de 60% adicional globalmente en la masa salarial. Pero hay que realizar análisis finos para ver el efecto de las dobles plazas existentes y las posibilidades de compactarlas, la disponibilidad de los inmuebles y varias implicaciones administrativas; sería un ejercicio de ingeniería financiera. Pero no representaría necesariamente duplicar la actual masa salarial. Se debe aprovechar la experiencia de escuelas de jornada completa que funcionan en varios estados como Sonora y Baja California; ahí se vería que no se requiere un incremento de 100%.

Creo además que, si de verdad aspiramos a implantar la jornada completa, debemos aprovechar el no crecimiento de la demanda de primaria en el país; en secundaria es distinto. Esto evidentemente puede disminuir los costos de reformar las primarias al aprovechar a maestros que van quedando liberados de sus grupos; esto aliviaría los costos.

PL: Aquí deberíamos tratar de la participación social como parte del ANMEB; pero prefiero dejarlo para más adelante, al analizar las actuaciones del SNTE.

El ANMEB y las políticas de Estado

PL: ¿Cómo entiendes una "política de Estado?

JAP: Entiendo por políticas de Estado decisiones que se asumen para el largo plazo y cuya ejecución se garantiza con los recursos necesarios. Antes del ANMEB las había, aunque no se les llamara así: la expansión del sistema escolar que se siguió durante décadas, las implicaciones cuantitativas que tenía para la formación de maestros o la construcción de planteles. Lo que falló fue la atención a la calidad; por esto se aceptó en determinado momento que la plaza fuera "de 20 horas", lo cual implicaba que el maestro sería de media jornada y podría desempeñar dos plazas con el evidente impacto en la calidad educativa.

En el actual PNE aparecen varias políticas de Estado claras, al presentarse una visión del desarrollo educativo a 2025.

Las cuatro grandes políticas que establece el ANMEB son efectivamente de Estado. Su continuidad se debió antes que nada a que llegó a la presidencia el doctor Zedillo; si hubiese sido otro el presidente, el Acuerdo probablemente se hubiera abandonado cuatro años después. El hecho es que esas políticas han sido refrendadas y ha habido una afortunada continuidad de más de 10 años.

PL: Te has referido a uno de los factores que determina una política de Estado: la decisión del Ejecutivo Federal. Pero hay otros dos, cuando menos: el Congreso de la Unión y las fuerzas sociales que presionan en determinado sentido. ¿Cuál ha sido su papel en el caso del ANMEB?

JAP: Las fuerzas sociales han sido favorables tanto respecto del federalismo, como de las demás prioridades. En cuanto al Congreso, además de mantener sin modificaciones la LGE de 1993, creo que ha comprendido que hay que dar tiempo a que maduren las orientaciones establecidas.

El "discurso" del secretario

PL: ¿De dónde surge el "discurso" de cada secretario? Hasta ahora, cada sexenio "se colorea" con un eslogan o con ciertos elementos novedosos. ¿Es enteramente libre un secretario de imprimir determinado sello a su administración?

JAP: El margen es pequeño. Un secretario inteligente sabe,

para empezar, que no debe identificarse con una corriente determinada, pues provocaría antagonismos de quienes no la comparten. Tiene que ser pragmático. Sin embargo, algunos secretarios, como Torres Bodet o Solana, lograron "filtrar" por debajo de la mesa visiones educativas o filosóficas más particulares, y fue muy beneficioso.

PL: ¿Sería posible hoy un Vasconcelos?

JAP: No. Hoy los Vasconcelos, los grandes pensadores, se dan en el ámbito académico, no en la política; es nuestro sistema. Lo que necesitamos es un presidente de gran visión y cultura profunda; entonces sí un secretario inteligente puede poner en sus labios orientaciones acertadas para la educación. El problema es que ordinariamente ningún secretario de Estado debe rebasar la inteligencia del presidente, o al menos no manifestarlo en público.

PL: ¿Quiénes elaboran los discursos presidenciales?

JAP: Suelen ser personas inteligentes y preparadas —hablo de los últimos sexenios— que conocen los problemas, se documentan y manejan con finura el lenguaje; afinan el pensamiento del presidente y lo adaptan a los diversos públicos. Aunque permanecen en el anonimato, tienen gran importancia para la imagen del presidente.

En educación hay que reconocer que la segunda etapa de Carlos Salinas de Gortari, una vez que decidió sustituir a Manuel Bartlett, fue muy fructífera; hubo muy buen entendimiento entre el presidente y el secretario Zedillo, y se recuperó el tiempo perdido.

PL: Lo preocupante es si el "discurso" del secretario llega al maestro. Los secretarios pasan, pero los maestros permanecen.

JAP: Generalmente los maestros escuchan ese discurso con actitud pasiva y cierta indiferencia; les llega más el discurso del sindicato, más pragmático, que apela a sus necesidades concretas. El sindicato dispone de una estructura nacional para atender al maestro en sus requerimientos cotidianos; la autoridad queda siempre más distante. Pero ese clientelismo sindical ha tenido un alto costo para el bien de la educación. ¿Cuál fue el discurso de Reyes Heroles? La "revolución educativa", pero se desmoronó al no lograr sacar adelante la descentralización. ¿Cuál la tónica de González Avelar? Dejar libertad absoluta a los dirigentes sindicales que manejaban las delegaciones. ¿Cuál el de Bartlett? La Prueba Operativa que nunca pudo rebasar la oposición sindical. ¿Cuál el de Zedillo? Regresar al enfoque del III Informe de Carlos Salinas y aplicar las ideas de la modernización a la educación. Solana, después, no quiso innovar, sino afianzar lo que encontró; y a mí me tocó aprovechar lo hecho y ampliarlo en la medida de lo posible. ¿Cuál el de Miguel Limón? Buscar la continuidad en lo sustantivo y manejar con habilidad las negociaciones para minimizar los conflictos; es muy buen operador político.

PL: Relacionado con el tema de las políticas de Estado está el de la legislación educativa. ¿Qué reformas legales te parece que sería importante promover?

JAP: Una agenda legislativa actual comprendería cuatro puntos: *a)* Una ley de educación superior, que es urgente; debería incluir los aspectos de financiamiento. *b)* Un apartado sobre evaluación en la LGE; lo que trae es muy elemental y ya insuficiente para comprender al INEE y conciliar sus funciones con las de otras dependencias u organismos. *c)* Precisar la estructura de la Secretaría, de conformidad con lo que comenté de que debe ser una secretaría chica; la descentralización debería terminarse y las relaciones con los gobiernos estatales normarse de manera clara. *d)* Crear instancias que capten orgánicamente los resultados de la investigación educativa, instancias no burocráticas, bien articuladas con el mundo de los investigadores; quizás un Instituto destinado a alimentar con buenas ideas a la SEP para guiar sus innovaciones.

PL: El PNE habla de un consejo de especialistas, que por cierto aún no se ha establecido (aunque se anunció para 2002).

JAP: En esa línea hay que acercar a todos los funcionarios,

sobre todo a los de más alta jerarquía, a la lectura de artículos especializados, al menos en resúmenes.

PL: ¿Alguna otra reforma legal?

JAP: Más trascendente que lo estrictamente legal es a veces lo administrativo. Un ejemplo: me parece una aberración que el sistema se organice con base en "plazas" diferenciadas en tiempo y remuneración, que obliga a los profesores a saltar de una escuela a otra para completar 42 horas a la semana. En el sexenio 1988-1994 se intentó uniformar los incentivos y prestaciones en todos los estados; se prepararon los estudios pero nunca se tomaron las decisiones. El secretario Zedillo se centró en la reforma de los contenidos y en promover la evaluación; era muy obstinado; pero en otros aspectos no se avanzó.

Volviendo a las "plazas", si alguien quiere que le "compacten" sus horas, requiere ganarse el favor del sindicato o de una autoridad muy superior; lo mismo para conseguir un nombramiento; se requiere pertenecer a la camarilla y entrar al juego de los compadrazgos; hay alumnos reprobados que "pasan" por ser sobrinos del líder local; irregularidades que vienen de muy antiguo y habría que erradicar.

O considera la educación tecnológica que, para mí, es un verdadero espejismo: una burocracia cerrada, amarrada con los compromisos de los directores de escuela, autoridades intermedias y superiores, que protege los intereses creados e impide toda renovación. Se ha construido un sistema rígido, autoritario, vertical, que hace a un lado las directivas del secretario. Por ejemplo, exigen a los alumnos 800 o 1 000 pesos como cuota, organizan sus rifas al margen de la ley, etc. Se requeriría un *ombudsman* para defender los derechos de los alumnos...

El poder sindical

PL: Te has referido varias veces al sindicato, pero quisiera pedirte que profundizaras en el tema por su trascendencia.

¿En qué consiste su poder, en última instancia? Si el poder es "capacidad de otorgar beneficios" y "capacidad de causar perjuicios", ¿qué predomina en el del SNTE?

JAP: Ambas cosas: premia y castiga.

PL: ¿También a la autoridad?

JAP: Primero a sus afiliados. Tiene una membresía muy homogénea y disciplinada. Aunque haya habido disidencias (que le han restado aproximadamente 18% de sus miembros), co octa base aparentemente monolítica lo que le ha dado fuerza al negociar con la autoridad; tiene representatividad. Cuando los líderes dicen "los maestros quieren esto... o se oponen a aquello", quizás no sea verdad; lo que sí es verdad es que los maestros apoyarán esa demanda o rechazarán una medida de la autoridad cuando la conozcan.

El sindicato mantiene comunicación estrecha con su base, precisamente al administrar sus recompensas y castigos que se aplican muy selectivamente; se lleva récord del comportamiento de cada afiliado y se analizan sus lealtades; los dirigentes no permitirán que en una delegación se elija a un docente muy independiente; se premia la subordinación y se castiga la crítica.

Además, el sindicato atiende la preparación política de quienes van destacando; renueva sus élites.

PL: ¿De qué maneras puede un secretario presionar al sindicato?

JAP: Hay una carta que nunca se ha querido jugar; las cuotas sindicales, que son deducidas del salario y están en manos de Hacienda, la cual pasa mensualmente el cheque a la dirigencia nacional. Es una manifestación de la complicidad aceptada por el sistema político. Se trata de cantidades muy respetables: las cuotas representan 1.5% del salario. Son recursos que se invierten en muchos negocios, entre otros una enorme imprenta que hace periódicos y permite al sindicato imprimir sus boletines con extraordinaria rapidez.

Otra manera serían las auditorías. Y otra las movilizaciones para presionar al sindicato a transformarse; éste es un

camino largo, pero viendo hacia atrás, gracias a esa movilización se consiguió, por ejemplo, que el SNTE apoyara los puntos
sustanciales del ANMEB, o se respete la libertad de votar de los
afiliados y se organicen eventos internacionales en los que se
escuchan posiciones y experiencias sindicales diferentes.

Dentro de la SEP se puede presionar al SNTE con el retiro de
los "aviadores". Recuerdo que al llegar a la dirección de Educación de Adultos encontré que quienes cobraban sin trabajar eran
cerca de 400, sobre un total de 1 200 trabajadores; 30%. La mayoría eran "comisionados" al SNTE o al PRI; incluso había irregularidades como trasladar esos nombres a nóminas de la frontera
norte para que disfrutaran del sobresueldo que ahí se asigna.

También dentro de la SEP hay que mencionar los casos de
nombramientos de directores de escuela, que suben por escalafón, aunque la última palabra es de la autoridad sindical; y
esto no se ha modificado. El escalafón horizontal de CM ha dis-
minuido las presiones, pues un buen maestro puede ahora
ganar igual que un director. Otro caso se da en las escuelas
normales: a cuantos son admitidos a un doctorado se les da un
puntaje alto para que puedan ser directores de secundaria;
imagina la fuerza que adquiere así el SNTE en todas las secundarias. Son ejemplos de los privilegios adquiridos, en los que
la autoridad podría tocar intereses de los dirigentes gremiales.

PL: ¿Cómo es que coexisten otros sindicatos, por ejemplo
en el Estado de México? ¿Hay convivencia pacífica?

JAP: Completamente. En Veracruz siete sindicatos funcionan con el beneplácito del sindicato nacional. Si hay conflicto,
el caso viene a México.

PL: En resumen, ¿la SEP es cogobernada por el SNTE?

JAP: En algunas áreas sí; hay otras que se sustraen; pero en
cuanto a ascensos y cambios, definitivamente sí. En una secretaría más pequeña y más autónoma se separaría todo el movimiento de maestros del control sindical, como debe ser.

La transformación de la SEP

PL: En esta realidad es donde hay que pensar en la posibilidad de que la SEP se transforme. ¿Quién puede lograrlo?

JAP: Con el apoyo del presidente de la República, del secretario de Educación Pública y colaboradores que conozcan las entrañas de la Secretaría. Sería una decisión de primer nivel que requiere de un acuerdo con el SNTE. Hay muchas confusiones y reglas no escritas; se debe poner en claro cuáles son las normas, cuáles los verdaderos derechos de los trabajadores y cuáles las atribuciones irrenunciables de la autoridad educativa. Y aterrizarlo en lo casuístico.

Así se recuperaría la dignidad de los maestros y su potencialidad para una reforma a fondo de la educación; tenemos una idea vaga de lo que pueden hacer los docentes, y por eso se preparan las reformas desde el centro para que ellos las ejecuten; reconocerles su autonomía respecto del sindicato —en todo lo ilegítimo— se traduciría en potenciar su creatividad pedagógica.

PL: Con la alternancia se perdió una oportunidad de oro de que la SEP adoptara una actitud distinta en su trato con el sindicato; no se hizo al inicio y la oportunidad pasó. ¿Crees que en el tiempo transcurrido el sindicato se repuso?

JAP: Sí; incluso tiene ahora una presencia mayor. Muchos lo dicen: "Las decisiones más importantes no se toman en Argentina sino en Venezuela". La maestra Elba Esther está ahora confundiendo funciones y partidos en un juego muy audaz; pero está incurriendo en el mismo error que Carlos Jongitud; debería retirarse, centrarse en el trabajo político y cuidar más sus declaraciones. Su actuación al presentarse el Compromiso Social y posteriormente la *Guía de Padres* conlleva un protagonismo muy confuso; pero son actuaciones que muestran que el SNTE está incursionando en nuevas áreas.

Otras fuerzas políticas

PL: Un secretario tiene que tratar y negociar con otras fuerzas políticas. ¿Cuáles son?

JAP: En mi experiencia, ni a los empresarios ni a los obreros y campesinos organizados les interesa verdaderamente trabajar en una reforma de la educación; intervienen en alguna coyuntura y ya. A la Iglesia y a los particulares sólo les preocupa su libertad y también los contenidos en temas discutibles. Los gobernadores sí constituyen una presión fuerte; plantean demandas relativas a todos los niveles del sistema educativo; piden muchos recursos, lo mismo un Conalep que otra universidad o atender el analfabetismo.

La Iglesia no tiene —o no tenía entonces— injerencia directa sino a través de organismos como la Unión Nacional de Padres de Familia o alguna organización empresarial; pero más que obstaculizar las acciones del secretario lo que procuran es obtener algún interés específico, por ejemplo en los libros de texto.

Otra fuerza que se debe atender son los sindicatos universitarios. La Asociación Nacional de Universidades e Instituciones de Educación Superior (ANUIES) ha sido una experiencia afortunada tanto para hacer avanzar los aspectos técnicos como para negociar los políticos; ha sido un espacio legítimo donde se puede debatir con madurez, sin desgaste de la SEP y en beneficio del sistema de enseñanza superior.

Todavía es necesario hilar más fino en las relaciones entre la ANUIES y la SEP para que la primera sea su espacio de resonancia; hay aún universidades públicas en las que los recursos no se manejan con transparencia; esa revisión habría que extenderla a otras áreas, no sólo a la educación superior.

PL: ¿Viviste incidentes significativos en el trato con estas fuerzas?

JAP: Varios, principalmente por declaraciones mías a la prensa. En dos ocasiones hubo reacción del presidente Salinas: una vez porque declaré que los libros de texto eran "perfectibles", lo cual no le pareció conveniente, y me lo dijo; otra, porque señalé públicamente la dimensión del rezago de los adultos sin instrucción, sobre lo cual el presidente me preguntó: —¿Dijiste eso, Pescador? —Sí, señor presidente, porque así es. —¿Pero sabes quién va ser el próximo presidente de la República?: será quien fue antes secretario de Educación.

Decididamente, aprendí que las formas son muy delicadas. En el mundo académico se valen los matices; en el político no, y una crítica a una situación se interpreta como crítica a una persona.

Esto sucedió en los últimos días del sexenio, cuando consideré —con 50% de probabilidad— que continuaría como secretario en la SEP, y así lo pensaban muchas personas, pues estuve vinculado a las reformas de 1992 que era obvio que el presidente Zedillo continuaría. Sin embargo, prevalecieron otros intereses y no fui designado.

En otra ocasión un periodista sesgó mis declaraciones, creo que sin intención, y me hizo aparecer como si criticara de "deficiente" la educación normal; el sindicato protestó. Pero ninguna de estas experiencias se asemejan a las que viví cuando siendo presidente del Conalte critiqué al entonces gobernador de San Luis Potosí y "líder vitalicio" del SNTE.

PL: Me pregunto si la habilidad negociadora no conduce necesariamente a una visión demasiado pragmática y estrecha, cerrando el paso a visualizar cambios más audaces.

JAP: No lo creo. También para esos cambios más audaces se requiere aprender a negociar. Reflexionando sobre la actual administración de la SEP, tengo la impresión de que hay una asimilación consciente de las políticas y estilos establecidos en la administración de Miguel Limón. Sospecho que Zedillo y Fox debieron tener conversaciones muy a fondo sobre lo que se podía hacer en el sector educativo, y este gobierno decidió mantener las mismas líneas de política como en otras áreas de la vida nacional: la política económica, la social, la del campo; sólo en política exterior hubo un cambio de rumbo transitorio.

El SNTE en operación

PL: Me gustaría que ejemplificaras las maneras de actuar del SNTE en casos concretos, por ejemplo en la negociación del AN-MEB, en cuanto participaste en ese caso.

JAP: Eran cuatro asuntos fundamentales: la descentralización, la renovación de planes, programas y libros de texto, los asuntos que concernían directamente al magisterio y la participación social. Cuando regresé de mi primera estancia en el consulado de Los Ángeles participé marginalmente en las negociaciones. Se trató también de otros cambios mayores, por ejemplo la reforma de los supervisores, que no fue posible instrumentar.

Hay que entender los límites de las negociaciones. El Sindicato no podía aceptar una descentralización que lo fragmentara; hubiera sido su muerte; por esto se le garantizó la titularidad nacional. Fue un arreglo, abierto a pasos ulteriores. Ahora, por ejemplo, se empieza a decir que el SNTE procederá a abrir su contabilidad y el manejo de recursos, y que propondrá que todos los ascensos a puestos directivos sean por oposición y por preparación académica; sería grandioso. Si lo hubiesen hecho hace 15 años el ambiente magisterial sería muy distinto.

Probablemente el secretario Zedillo esperaba que, en la nueva situación, los gobiernos estatales prosiguieran el proceso de descentralización en sus aspectos políticos, lo que sólo se dio a medias. También respecto de la descentralización en el Distrito Federal, se esperaba que fuese sólo un retraso transitorio, y que pronto se ejecutaría; hacerla entonces hubiese sido un gran golpe; viendo hacia atrás, creo que fue una debilidad de la SEP. En suma, cedimos ante el SNTE en que conservara la titularidad en la revisión salarial en todos los estados y nos conformamos con la obligatoriedad de la secundaria.

PL: ¿Podrías hacer un balance de los asuntos que se negociaron para el ANMEB entre la SEP y el SNTE?

JAP: En las negociaciones se mezclaban tanto los compromisos que contendría el ANMEB como las reformas jurídicas que implicarían.[14] Resumiría así los logros del sindicato: consiguió la titularidad de la revisión salarial anual (lo cual implica ahora que haya dos y hasta tres negociaciones en los estados); que no se desconcentrara la educación básica en el Distrito Federal (la buena experiencia que se estaba obteniendo en Iztapalapa les preocupaba mucho); los términos fundamentales de Carrera Magisterial (que habrían de seguirse afinando después); su intervención en el Programa Nacional de Capacitación, Actualización y Superación del Magisterio en Servicio; la descarga de funciones administrativas a los maestros; y asegurar que no se sancionara a los maestros por los delitos tipificados.

Los logros para la SEP fueron, ante todo, que se aceptara la descentralización de la educación básica y normal; esto era con mucho lo principal; y la obligatoriedad de la enseñanza secundaria, junto con su reforma, que implicaba el cambio de áreas a asignaturas y la distribución de la carga horaria. También insistió en la necesidad de que los profesores tuvieran conocimientos sólidos de lo que debían enseñar, según los planes y programas.

PL: ¿El asunto de la participación de los padres de familia en las escuelas y en general el de los Consejos de Participación Social también entró en las negociaciones?

JAP: Por principio el SNTE se oponía a todo tipo de injerencia de los padres de familia. Zedillo y el entonces subsecretario de Educación Básica, Gilberto Guevara Niebla, presionaron mucho; hicieron estudios históricos de este asunto (por ejemplo, el modelo propuesto por Vasconcelos), dieron a conocer las experiencias internacionales sobre participación social en las escuelas y, además, insistían en que la LGE incluyera el diseño de los Consejos de Participación Social en los niveles de escuela, municipio, estado y nacional. Si ves cómo quedó esto en la LGE, se observa que queda como "recomendación" ("aten-

---

[14] Véase el capítulo I (supra), sobre el contexto histórico en que se dan las negociaciones del ANMEB.

derán", "procurarán", etc.). Por eso en la práctica los Consejos no han funcionado.

PL: El ANMEB también menciona concesiones al magisterio en materia de vivienda...

JAP: Éste era también un punto muy importante para el sindicato —y se incluyó en el capítulo de "revaloración del maestro— por razón de que el fondo de vivienda de los maestros ha sido y sigue siendo un recurso económico fundamental de los dirigentes sindicales y se ha prestado a negocios fabulosos; así se aseguró que continuara el control sindical sobre esos recursos.

PL: En suma, las negociaciones del ANMEB recogieron muchos asuntos que se venían discutiendo entre la SEP y el SNTE y lograron aterrizarlos.

JAP: Tendrías que irte al contexto de los años anteriores: a los acuerdos que tomó el SNTE en su Congreso de Nayarit y también al trabajo que realizó la Fundación para la Cultura del Maestro, cuyo director, Olac Fuentes, logró convencer a la maestra Elba Esther de introducir propuestas "académicas" bien fundadas, a favor de la calidad, en sus demandas. Así surgieron primero las *Siete propuestas,* y luego las *Diez propuestas* que se publicaron en 1994.[15]

PL: ¿Qué destacarías de tus realizaciones al frente de la Subsecretaría de Servicios Educativos del Distrito Federal?

JAP: Ahí tuve que limitarme a "desconcentrar" en las delegaciones y tomar sólo una delegación, la de Iztapalapa, para realizar la descentralización en forma de experimento. Tuve conversaciones con Manuel Camacho y con su secretario de gobierno, Marcelo Ebrard, así como con el secretario de Finanzas y con la secretaria general del SNTE, y llegamos a esta decisión a principios de 1993. La idea era seguir con otras delegaciones: Gustavo A. Madero, Azcapotzalco, Cuauhtémoc, Xochimilco, Benito Juárez y otras; mi proyecto comprendía 80% de la

[15] SNTE, 1994.

población del Distrito Federal, y todo estaba listo para realizarse en seis meses: unidades, estructuras, personas, etc., pues cada delegación tiene sus propias características.

Pero sobrevino una reacción muy sorpresiva del SNTE: se admiraron de que Iztapalapa funcionara bien, que los maestros recibieran su pago a través de la delegación y que los grupos disidentes aceptaran los cambios; comprobaron que el SNTE se hacía menos necesario en la atención a las necesidades de los maestros y perdía la base de su poder tradicional. Por sus reclamaciones el presidente tomó la decisión de frenar el proceso, ante la inminencia de las elecciones de agosto. Si el proceso hubiese culminado, la siguiente administración hubiera encontrado este asunto resuelto.

Efectivamente, como muestran varios estudios, en Iztapalapa se logró rápidamente un gran éxito: disminuyeron los conflictos, a pesar de ser una zona particularmente difícil. Creo que el caso ejemplifica cómo se procede en las negociaciones: se avanza hasta donde se puede; luego surge un desacuerdo y el proceso se frena.

El comportamiento ulterior del Sindicato

PL: Al ver que el ANMEB se materializaba y, al año siguiente, al ver que se aprobaba la nueva LGE, ¿cómo reaccionó el Sindicato?

JAP: La dirigencia nacional que había seguido por dentro las negociaciones aceptaba estos resultados, pero en los estados hubo grupos y dirigentes que se alarmaron; creyeron que era el principio del fin. Sostengo que fue inteligente, además de hábil, de parte de la maestra Elba Esther, asumir como suyos los acuerdos de Nayarit y los propósitos de la SEP; Olac Fuentes jugó en esto un papel importante. Los problemas surgieron en la relación con los gobernadores que vieron en la descentralización sólo la oportunidad de manejar mayores recursos y aprovecharlos libremente. Ante ellos la SEP hubo de insistir, primero, en que la negociación salarial quedaba en sus manos; segundo, en que había espacios de negociación en donde cada gobernador negociaría con las secciones sindicales. A algunos gobernadores no les satisfacía que la negociación salarial estuviese reservada a las autoridades centrales y que, sobre la base de esos resultados, tuviesen que negociar con las secciones sindicales de su entidad y satisfacerles otras demandas. Esto fue lo que estancó la descentralización.

Los gobernadores no pedían refuerzo de personas calificadas para apoyarlos en sus negociaciones; a la mayoría sólo le interesaba controlar los recursos financieros descentralizados. Ahora, a 10 años de distancia, nos percatamos de que hubiese sido muy importante preparar los cuadros de negociadores, de administradores y de técnicos pedagógicos de los estados; así se hubieran consolidado mejor los sistemas educativos estatales. De hecho había una experiencia muy valiosa de formación de cuadros a lo largo de los 14 años que duró la desconcentración (1978-1992); hasta hoy se está atendiendo la formación de estos cuadros, y no en todas las entidades federativas.

PL: Sólo conociendo estas circunstancias de la política interna de la Secretaría se puede uno explicar las luces y sombras de la descentralización. ¿En el caso de la negociación de CM y de la participación social hubo circunstancias semejantes?

JAP: En CM, en una primera etapa, el avance fue rápido, sobre todo en los aspectos normativos. Manejé esas negociaciones para el Distrito Federal y trataba directamente con la profesora Elba Esther Gordillo o con sus representantes Humberto Dávila y Sergio Esquivel. Había oposición dentro del SNTE, pero la maestra era muy firme; conocía bien al sindicato y sabía mover los hilos.

Ya como secretario me propuse mantener una relación respetuosa hacia los dirigentes del magisterio, como la había mantenido Fernando Solana en los meses anteriores, y tratar de avanzar hasta donde fuese posible. Era preferible a "llevarnos un frentazo", como sucedió a Manuel Bartlett y a Jesús Reyes

Heroles. El propio presidente Salinas me dio instrucciones de llevar una buena relación con la maestra, y tuvimos muchas coincidencias al discutir nombramientos de directores de escuela y otros asuntos; la Fundación SNTE —que Elba Esther apoyaba porque quería "estar en la vanguardia"— nos sirvió también como espacio de discusión en el que se reconocían deficiencias de los maestros e injerencias del sindicato.

Específicamente respecto de los asuntos del ANMEB, la maestra Elba Esther conocía bien los riesgos en que incurría y los aceptó; vio ahí oportunidades. En especial en la CM vio la oportunidad de concretar sus demandas de "salario profesional" y "promoción horizontal". De nuestra parte, queríamos el escalafón horizontal y la evaluación del magisterio. Ahí se dieron las convergencias. Creo que si se compara lo que logramos, con todas sus deficiencias, con los sistemas de evaluación y promoción que existen en otros países, podemos estar satisfechos.

Lo que nos falló en el diseño de CM fue precisar correctamente algunos factores de la evaluación, sobre todo lo que se llamó el desempeño profesional, y aceptar que fuese el consejo técnico de la escuela el sujeto evaluador, lo cual desvirtúa la evaluación. Además, inmediatamente se movilizó el SNTE para aumentar su presencia en todos los organismos de CM; presionaron para que ingresaran al sistema también los supervisores y los técnicos; todo esto debilitó a CM.

Hubo otras resistencias: la Coordinadora Nacional de Trabajadores de la Educación tildó de "elitista" la CM. Creo que el hecho de que se ha generalizado hasta 80% del personal en servicio y de que los emolumentos económicos han significado un importante complemento al salario hace ver que la crítica no era procedente; un profesor de categoría BC o C logra ingresos equivalentes a una doble plaza y dispone de tiempo para estudiar y preparar sus clases.

PL: No hay duda de que CM ha servido para mejorar los ingresos de los maestros, ¿pero no ha fracasado como sistema para evaluarlos?

El sistema educativo ante las grandes desigualdades sociales

Limón: Al sistema educativo no le corresponde resolver el problema de la desigualdad social, pero sí contribuir a su solución... Contando con los apoyos necesarios, la educación amplía las oportunidades para acceder a la escuela, para permanecer en ella, para aprender efectivamente y obtener una preparación que te sirve para todo en la vida.

Pescador: Probablemente a muchos secretarios el impacto de la educación sobre las desigualdades no ha llegado a preocuparles. Casi ninguno ha estado en contacto con el sistema educativo real; no visita las escuelas más pobres y alejadas. Ven operar el sistema desde sus oficinas; todo el día sus subordinados les entregan informes satisfactorios, o se asoman a la realidad a través de los gobernadores. En suma, creen que el sistema opera razonablemente bien.

Las reacciones ante las desigualdades dependen de la sensibilidad por la justicia. En mi caso, por haber sido maestro rural y luego economista, desarrollé mayor sensibilidad a las desigualdades sociales...; esto me dio una perspectiva diferente; nunca me conformaba con los indicadores. Creo que es mucho lo que se puede hacer por la equidad social desde la educación; lo primero es no remitir el problema a otras secretarías; lo segundo, tener ideas claras de lo que conviene hacer y precisar estrategias.

Solana: ¿A dónde vamos? Vamos hacia la polarización. Antes la universidad pública era un crisol de las clases sociales; hoy ya no es así.

Hoy quienes estudian en las universidades privadas de élite y tienen dinero para pagar estudios en el extranjero regresan a ocupar los puestos directivos.

JAP: Tienes razón. Fallan los instrumentos que se aplican, falla el sujeto que hace la evaluación y, por otra parte, no hay capacidad para exigir que se remedien las deficiencias que se comprueban. Por esto no ha contribuido en lo sustancial a elevar la calidad de la docencia. La realidad es que en la escuela el director tiene mayor compromiso con el sindicato que con la autoridad; cuando conviene se hace a un lado la normatividad y prevalecen otros mecanismos a costa del aprendizaje de los alumnos.

PL: Volviendo a la participación social, ¿no quedaron los Consejos establecidos sólo en el papel, en muchos casos, por desconocimiento de la gran diversidad de situaciones en que opera la relación de la comunidad con la escuela?

JAP: Por supuesto. La idea era un tanto utópica y se asumió que "la sociedad" los apoyaría porque deseaba participar en la escuela. La posición del sindicato fue tajante: las escuelas pertenecen a los maestros y no se permitirá que se abran a otras influencias. De nada servía argumentar la racionalidad democrática o las tesis de Dewey sobre la relación entre escuela y sociedad. Quedaron los Consejos establecidos en la ley pero su implantación fue muy débil; no teníamos mecanismos, por ejemplo, para seleccionar a los padres de familia que mejor pudieran funcionar en los nuevos organismos; el sindicato no cumplía con designar a los maestros que lo representaran. En muchos lugares los Consejos fueron el centro de la impugnación, más que CM o los libros de texto de historia. Sin duda, de todo el ANMEB ha sido la participación social el punto más rezagado.

PL: ¿Cómo comparas ese esfuerzo por movilizar a la sociedad con lo que ahora está haciendo el programa de Escuelas de Calidad otorgando recursos económicos a los Consejos de Participación Escolares para que ejecuten el proyecto escolar formulado por la propia escuela?

JAP: Me parece que el esquema actual va a tener efectos inmediatos en el mejoramiento de las condiciones materiales de la escuela, y esto será muy visible. En nuestro esquema anterior el esfuerzo iba dirigido a mejorar la relación entre la escuela y la comunidad; se aspiraba a cambiar la manera en que se toman las decisiones, a romper el verticalismo de la autoridad; creo que era más avanzado.

PL: ¿Qué recomendarías hoy a la SEP para promover la participación de la sociedad a nivel de las escuelas?

JAP: Sugeriría tres cosas. Primero, ser muy cuidadosos en definir qué instancias van a participar; no deben ser membretes, sino agentes de la comunidad genuinamente interesados en apoyar a la escuela. Segundo, aprovechar el momento actual en el que parece haber mayor receptividad del sindicato. Si hablan de rendir cuentas, de presentar sus estados financieros a las bases, de democratizar su funcionamiento, entremos por ahí. Tercero, más allá de lo político, en lo propiamente social, retomar la participación como punto central del Compromiso por la Calidad. Algunos estudios de campo y experiencias revelan que existen muchos maestros deseosos de que se participe, de que se discuta con ellos sobre su escuela; me encantaría consagrarme a promover esta causa.

Financiamiento: el debate sobre el 8%

PL: ¿Qué opinas sobre la decisión del Congreso de establecer la meta de 8% del PIB para la educación?

JAP: Puede verse como un paso inicial, pero hay que hilar más fino. Debería añadirse: "En todo momento el Estado garantizará que no disminuya el gasto público en educación, en términos reales". O dejar sentado que a todo crecimiento del PIB se mantendrá la misma proporción para asegurar el crecimiento del gasto asignado a la educación.

PL: Además, en el *Diario Oficial* esta decisión quedó registrada de manera ambigua: no está claro si se refiere al gasto nacional o al gasto público.

JAP: Obviamente debe referirse al gasto público, sin mengua de que los particulares aporten más recursos.

PL: ¿Crees saludable que el Congreso definiera límites al gasto privado?

JAP: No; debe quedar abierto. Es verdad que el reciente incremento de la proporción de gasto privado en educación superior está provocando controversias. Pero creo que si los particulares quieren incrementar sus inversiones en educación hay que verlo como beneficioso; en cada momento histórico las apreciaciones pueden variar; ahora la globalización y las perspectivas de la "sociedad del conocimiento" se traducen en motivaciones para la inversión empresarial. Lo que el Estado debe vigilar es que esta inversión no agudice las desigualdades sociales; es asunto de ética social. Y vigilar también la calidad de las instituciones privadas, sobre todo del nivel superior.

PL: ¿Sugieres algún criterio respecto de la proporción conveniente de gasto privado en cada nivel escolar? ¿Ves riesgos de "privatización" en sus actuales incrementos?

JAP: No; eso está abierto. Me parecen bien los criterios del PNE de este sexenio; si se cumplen sus metas estaremos muy lejos de privatizar el sistema. El gobierno ha reafirmado que la educación pública seguirá siendo gratuita y laica; está muy bien. Lo que hay que supervisar es qué beneficios está aportando al sistema educativo la educación de los particulares. Algunos temen que al aumentar esta participación el sistema se vuelva más excluyente, pero no es necesariamente cierto; tampoco el hecho de que se cobren algunas cuotas en escuelas básicas o de nivel medio implica riesgos de privatización. El error en el caso de la UNAM estuvo en que se pretendió modificar una situación ya muy arraigada en este asunto que ahí es tradicionalmente sensible.

Lo que debe preocupar es el desequilibrio de calidad entre algunas escuelas privadas y las escuelas públicas; es obligación del Estado asegurar que las públicas mantengan una calidad semejante a las mejores privadas; y la evaluación nos va a servir mucho para aclarar estos mitos.

La SEP sí debiera exigir, para dar el Reconocimiento de Validación Oficial de Estudios (RVOE), requisitos claros de calidad; no lo está haciendo respecto de muchas universidades privadas; debiera también evaluar.

El verdadero problema de la "privatización" no está en que cobren algunas cuotas; está en los intereses que protegen las universidades.

PL: ¿Promoverías que se modificara el artículo 3° en cuanto establece que "el Estado atenderá y promoverá" otros tipos de educación, entre ellos la superior?

JAP: No; los tiempos políticos no lo permiten. La gratuidad de la educación superior y la obligación financiera del Estado con ella no se tocará en la agenda legislativa por algunos años. "Atender" y "promover" son verbos que eluden el problema que está detrás de los repetidos conflictos de la UNAM. Y los diputados prefirieron legislar sobre la obligatoriedad de la enseñanza preescolar en vez de entrar a este terreno.

PL: ¿Corresponde a las universidades públicas alentar hacia normas más claras?

JAP: Creo que en los últimos años han hecho grandes adelantos para adecuarse a las exigencias del tiempo; han impulsado procesos internos de evaluación, elevado los grados académicos de su personal, abierto sus contabilidades a la Secretaría de Hacienda; quizá dentro de pocos años tengamos esquemas y criterios más claros para la distribución de los recursos públicos a las instituciones, tomando en cuenta también los ingresos propios que generan por becas-crédito, colegiaturas diferenciadas y contratos de investigación y de servicios. Así se definirían mejor las obligaciones financieras del Estado hacia ellas.

PL: ¿Y el impulso a la investigación en aquellas instituciones que decidan fomentarla?

JAP: Nuestros legisladores aún no han comprendido que

la investigación debe ser financiada con fondos públicos en las universidades; cuando legislan en esta materia los diputados y senadores sólo piensan en la docencia y desconocen la experiencia de los países más adelantados.

PL: ¿Crees que se discrimina a las universidades privadas en la distribución de los recursos?

JAP: Nos faltan criterios más claros para distinguir en qué sería justo incluirlas y en qué estaría el Estado beneficiando intereses propiamente privados. Yo estaría dispuesto a abrir el estudio de los estímulos del Sistema Nacional de Investigadores (SNI) y de los concursos de proyectos de investigación cuyos términos fija el gobierno. Pero hay resistencias ideológicas; se desvirtúan algunos términos: dices "eficiencia" y te acusan de productivista, dices "competitividad" y te acusan de subordinarte al mercado; nos falta sentido común. ¿Por qué impedir o ver con hostilidad que una familia que puede hacerlo envíe a sus hijos a una institución de paga, aunque en ello jueguen su papel las motivaciones de clase?

En el caso de la investigación lo cuestionable es que se resten recursos públicos a las instituciones públicas para entregarlos a las privadas. En el fondo lo que debe vigilar el Estado en sus políticas de subsidio a la educación superior es el efecto redistributivo de sus erogaciones.

PL: ¿Este tipo de decisiones financieras corresponden al secretario o a Hacienda o al presidente?

JAP: Al secretario. Pero tiene que "vender" su idea a Hacienda y al presidente. Hacienda exige observar los topes; rara vez discute los modos. Recuerdo años antes en el caso de la UAM, en la negociación salarial del nivel superior que me correspondió (y en la del magisterio de enseñanza básica con el SNTE), el sindicato sabía que el tope establecido por Hacienda era 7%; lo que discutimos era la manera de distribuir ese aumento, dando más a los niveles inferiores para disminuir la inequidad. Había una cuota fija y un porcentaje decreciente; no sé si se haya continuado con este esquema. En el caso del SNTE, el tope ya estaba acordado, pero el presidente quiso dejar un margen adicional para las reservas de cm; era el último año y había dinero. Pero, repito, el secretario puede tomar posiciones y seguir sus propias políticas.

Las desigualdades sociales

PL: Tú conoces, como investigador que fuiste del tema, que los límites en que la educación puede contribuir a la equidad social son bastante estrechos. A pesar de esto, ¿no aterra a un secretario de Educación comprobar el efecto casi insignificante de sus esfuerzos por lograr mayor equidad?

JAP: Probablemente a muchos secretarios esto no ha llegado a preocuparles. Casi ninguno ha estado en contacto con el sistema educativo real, no visita las escuelas más pobres y alejadas. Ven operar el sistema desde sus oficinas; todo el día sus subordinados les entregan informes satisfactorios; o se asoman a la realidad a través de los gobernadores; en suma, creen que el sistema opera razonablemente bien. Incluso muchos maestros tienen una actitud general de satisfacción si en su escuela se cumple con las clases, se llenan a tiempo los formularios, se aplican los exámenes y se cumple con el artículo 3°; además, la pobreza de su escuela es en muchos casos semejante a la de su casa y su pueblo; ésos son sus referentes. Y también los padres de familia, en su mayoría, aceptan la escuela como es.

Son los investigadores, unos pocos funcionarios y algunos empresarios formados en instituciones privadas caras quienes se cuestionan la pobreza de la escuela pública. Y las reacciones dependen de la sensibilidad por la justicia. En mi caso, por haber sido maestro rural y luego economista, desarrollé mayor sensibilidad a las desigualdades sociales; en el posgrado me consagré a estudiar el efecto redistributivo del gasto en educación, como recuerdas; esto me dio una perspectiva diferente; nunca me conformaba con los indicadores.

Creo que es mucho lo que se puede hacer por la equidad social desde la educación. Lo primero es no remitir el problema a otras secretarías; lo segundo, tener ideas claras de lo que conviene hacer y precisar estrategias.

PL: En concreto, ¿tienes fe en los programas compensatorios?

JAP: Me tocó su arranque; el Programa para Abatir el Rezago Educativo (PARE) se inició en 1992. Era un modelo que se promovía en toda América Latina. Seguí con gran interés su primera evaluación, creo que la dirigió Justa Ezpeleta. Lo que falló fueron las responsabilidades de los Estados que no siempre se cumplieron, y la injerencia de los supervisores para controlar el pago de los estímulos económicos.

El gobierno de México había tomado muchas decisiones para promover la equidad antes de que se reglamentara el capítulo de la LGE en esta materia. Un ejemplo puede ser la apertura del Conalep desde 1978 para desalentar la presión hacia el nivel superior, es verdad, pero a la vez para abrir una posibilidad realista a quienes presumiblemente no terminarían una licenciatura.

PL: En las discusiones sobre esto, ¿se presentaban los costos unitarios de cada modalidad, en los que claramente aparece el trato discriminatorio para las modalidades destinadas, por ejemplo, a los indígenas?

JAP: No. Se revisaban los montos agregados, pues cada director vela por la parte que le está encomendada. No hay conciencia de la desigualdad en quienes operan cotidianamente el sistema; en los debates en el Congreso de la Unión sobre la LGE se vio claramente que costaba trabajo entender el capítulo sobre las desigualdades también a los diputados del SNTE. Esta escasa conciencia de muchos funcionarios la comprobamos, recordarás, en un seminario del Programa Nacional Indicativo de Investigación Educativa del Conacyt organizado por ti, en el que dialogamos funcionarios e investigadores.

PL: El grupo poblacional más castigado en este país es el

indígena. ¿Preocupa en la SEP el racismo de la sociedad mexicana?

JAP: Creo que somos más racistas que los ciudadanos de otros países como los Estados Unidos, contra lo que creemos; tenemos el racismo asimilado en el lenguaje y muchas formas culturales.

Hasta recientemente se han iniciado programas orientados a fomentar la tolerancia, la convivencia en la diversidad, en suma, valores humanos, pero el efecto de estos programas depende de su asimilación por los docentes. Y dependemos sobre todo de la acción de los medios de comunicación.

PL: ¿Preocupan a un secretario las visiones a largo plazo, por ejemplo respecto de las diferencias regionales en el país? ¿Vamos hacia tres Méxicos —norte, centro y sur— cada vez más distantes?

JAP: Creo que la mayoría se queda en el nivel de las diferencias socioeconómicas y de rendimiento escolar; se procura atender las necesidades de las entidades más rezagadas. Pero ver las diferencias regionales como problema a largo plazo, creo que muy pocos secretarios lo hacen. Incluso pienso que muchos de los funcionarios que llegaron con Salinas creían sinceramente que México podría llegar a ser como los Estados Unidos en poco tiempo a condición de abrir la economía y democratizar la vida política; eran neoliberales ortodoxos convencidos. Recuerda los "mitos geniales" de mi amigo Pedro Aspe. La importancia de la cultura no se comprende.

PL: Por otro lado, las desigualdades sociales son reforzadas por cierto tipo de escuelas privadas elitistas que por su costo están reservadas a las clases más pudientes.

JAP: Se ha dado por supuesto o se toma como dado que las familias tienen libertad para enviar a sus hijos a la escuela de su preferencia, si pueden pagarla. Como ni política ni jurídicamente es posible restringir esta libertad, este tipo de elitismo no se plantea como problema de política educativa. No se ponderan las consecuencias sociales a largo plazo; y para las instituciones creo que el aislamiento al que confinan a sus alumnos no es efecto de una decisión deliberada, simplemente se da. Es más grave en el nivel superior porque en la básica los niños y jóvenes tienen otras vías de socialización más amplias.

PL: ¿No hay una especie de trampa: se hacen exclusivas porque buscan calidad y eso eleva su costo, pero esa calidad priva a los alumnos de la visión total del país?

JAP: Creo que lo que les sucede es que buscan el mercado, la competencia; lo formativo no entra en su decisión. Aunque la UNAM sea mejor como institución, la percepción general en esas clases sociales es que el Tec o el ITAM son las puertas del éxito. La formación de valores en ellas es muy deficiente, incluso en universidades que se dicen cristianas e intentan poner por obra un ideario congruente con su visión religiosa; en éstas las experiencias de servicio social resultan bastante ficticias; se cumple el requisito, nada más; es un servicio social sin espíritu de servicio. Pero, volviendo al punto, a la SEP no le preocupa este tipo de educación superior.

La educación y la economía informal

PL: Desde otro ángulo, el sistema educativo también refuerza las desigualdades sociales porque no prepara para el trabajo real a aquellos egresados que acaban en el sector informal de la economía. ¿No preocupa a un secretario que más de la mitad de los egresados de la educación básica tengan que arreglárselas en ese mercado laboral informal, sin que la escuela los haya preparado para esto?

JAP: Se ve como un problema de la economía, no de la educación. Y si no hay preguntas, no hay respuestas. Lo que preocupa es que el sistema funcione sin perturbaciones.

PL: ¿Sería realista organizar programas de educación práctica para aquellos que van a desertar o acaban de desertar?

JAP: Siempre ha habido intentos de proporcionar respuestas pragmáticas a la necesidad de trabajar prematuramente: Centros de Enseñanza Ocupacional, a finales de los cincuenta (para enseñar a coser a las mujeres), Centros de Acción Educativa (grupos informales para el aprendizaje de manualidades), Misiones Culturales y luego los Centros de Capacitación para el Trabajo Industrial (Cecati) y para el Trabajo Agrícola (Cecata) y otras fórmulas; pero se les vio siempre como instrumentos de defensa, no como soluciones estructurales. Y se les considera como responsabilidad de las secretarías del Trabajo y de Economía; tampoco conocemos con qué eficacia funcionan.

PL: ¿Qué opinas de lo que empieza a hacer el INEA con las plazas comunitarias?

JAP: Es muy bueno, pero no es la solución sustantiva. El acceso a la tecnología en un país como México seguirá siendo muy limitado por mucho tiempo, precisamente entre quienes más requerirían de esta solución; las plazas comunitarias las aprovecharán sectores que están más cerca de la raya de la verdadera necesidad; y al INEA a fin de cuentas no se le va a medir por el éxito en esto, sino por la vara de los 5.8 millones de analfabetos, que son los más pobres, y por la certificación de la primaria y secundaria de los cerca de 30 millones de rezago.

La evaluación

PL: Me gustaría preguntarte acerca de varias innovaciones de la presente administración, si quieres opinar sobre ellas. En primer lugar, la evaluación: fuiste designado miembro del Consejo Técnico del INEE. ¿Qué recomendarías a este naciente instituto?

JAP: Se me ocurren varias recomendaciones, en el momento presente (febrero de 2003). Primera: que la junta directiva dé la mayor libertad al director general para que tome sus decisiones. Segunda: que funcionarios de la SEP o de los estados, sean o no miembros de la junta directiva, no ventilen en la opinión pública sus críticas al Instituto, pues causan desconcierto y levantan sospechas; sólo se abonan las fuerzas que quisieran que el INEE fracasara. Tercera: que se trabaje en capacitar a los periodistas de la fuente de educación, como entiendo que ya se empezó a hacer. Cuarta: que se precise ante la sociedad qué hará el INEE: ¿qué va a medir?, ¿va a evaluar a escuelas singulares?, ¿va a evaluar a los maestros y directores?, ¿cómo difundirá los resultados? Está también pendiente que explique con claridad su relación con la SEP (y no sólo repita que "coadyuvará y colaborará" en las evaluaciones que ésta haga), de modo que quede claro cuál es su aportación específica. Y quinta: que participe en todos los foros nacionales e internacionales sobre evaluación. Estoy seguro de que el INEE puede ser la realización más importante de esta administración, mucho más que el PEC, las universidades tecnológicas o las plazas comunitarias. Los logros en calidad vendrán sobre todo del INEE. Además, creo que la Dirección General de Evaluación deberá reducirse, pues el INEE asumirá prácticamente todas sus tareas.

PL: Se rumora también que pronto se anunciará una gran reforma de la enseñanza secundaria.

JAP: No conozco los trabajos; sólo lo que ha aparecido en la prensa respecto de la formación cívica y ética e, incidentalmente, de geografía, pues se ha estimulado a algunas editoriales a producir materiales en este campo; además, profesores de las academias de matemáticas analizan algunas repeticiones en los currículos de secundaria y preparatoria. Ojalá se haga una reforma adecuada y se reformen congruentemente los planes y programas de las normales superiores.

PL: Otra innovación reciente, no de la SEP sino del Congreso: la obligatoriedad del nivel preescolar; se ha criticado el hecho y las metas y plazos que establecieron los legisladores.

JAP: Este asunto tiene muchos ángulos. La cobertura, el financiamiento, la capacitación de las educadoras y las ventajas políticas que obtuvo el SNTE con esta decisión. Uno hubiera esperado que las autoridades de la SEP hiciesen un pronunciamiento expresando su reacción o haciendo ver las implicaciones; hubo silencio.

La decisión fue muy precipitada. Su racionalidad preponderante fue de geografía electoral: el presidente de la Comisión de Educación del Senado, José Natividad González Parás, lo vio como carta favorable para ganar la candidatura al gobierno de Nuevo León; lo logró con el apoyo sindical.

La maestra Elba Esther tiene —siempre ha tenido— una especial intuición sobre la importancia de la enseñanza preescolar y ha consentido mucho a las educadoras. Sin duda que en esta decisión vio la obtención de gran número de plazas adicionales. No creo que los legisladores hayan estudiado bien el asunto ni siquiera revisado los datos de la transición demográfica a mediano plazo; tampoco los numerosos estudios sobre la incidencia del preescolar en el rendimiento en primaria; ni consideraron los altos costos implicados. Preveo que el efecto real a largo plazo será la proliferación de instituciones particulares de preescolar para atender la demanda; vendrán repercusiones por el carácter lucrativo de éstas y obstáculos para admitir niños en primer grado de primaria que no hayan cumplido con el nuevo requisito obligatorio. Y no hemos hablado de la capacitación de las educadoras ni de las nuevas instituciones que serán necesarias.

En suma, efectos lamentables. Pero para los legisladores pesó más la popularidad de la medida, pues creen que a la mayoría de la gente le parecerá un avance. Un año de preescolar bien trabajado bastaba para conseguir tres objetivos: *a)* evitar la reprobación en primaria; *b)* facilitar que los niños adquieran las habilidades fundamentales de lectoescritura, y *c)* promover cierta socialización introductoria que facilite la transición a la primaria.

PL: El caso ejemplifica las tensiones entre Legislativo y Ejecutivo, no sólo por la razón de que el primero obstaculice al segundo (que es lo más visible), sino porque le imponga obligaciones que acarrearán efectos perversos.

JAP: Esa segmentación se está dando en todos los sectores. En educación lo percibimos como problema, pero igual se está dando en salud, en desarrollo social o en materia hacendaria, y en esos sectores no lo han percibido así. Si hubiese más acercamiento entre los legisladores y el Ejecutivo, con ánimos de buscar lo mejor para el país, creo que la atención del Congreso se hubiera centrado en asuntos más urgentes, como es la ampliación de la enseñanza media y de la superior.

Televisión y educación

PL: ¿Crees que a los secretarios de Educación les ha preocupado la influencia de la televisión comercial en la niñez y la juventud?

JAP: Creo que sí, crecientemente. Les llega la información por la prensa extranjera que lo comenta mucho y la presión por las quejas de algunos padres de familia. Pero en general desconocen la magnitud del impacto.

PL: ¿No se lavan las manos diciendo que los medios dependen de la Secretaría de Gobernación?

JAP: En parte sí. Viven una contradicción: quisieran cambiar las cosas pero, como políticos, se sienten obligados con los medios de comunicación; necesitan que los traten bien. A lo más les piden que difundan algún mensaje o apoyen una campaña. Ver el sesgo estructural que inducen o discutir con ellos los valores que transmiten, no.

PL: ¿Se intentó alguna vez, que sepas, reformar el artículo 74 de la LGE que establece que los medios de comunicación deben contribuir a los fines de la educación nacional y conformar sus programaciones por los criterios que establece esa ley?

JAP: Por supuesto que no, ni creo que se vaya a intentar en la actual administración; no hay señales de que quieran comprar ese boleto. No imaginas las broncas que hubo en 1993 para que se aceptara ese inocuo artículo; se negociaron términos como "coadyuvar" o "contribuir" con ánimos de no herir la libertad de expresión. Cuando mucho, intentarán algo en los medios electrónicos que dependen del gobierno e impulsarán acciones desde el Instituto Latinoamericano de Comunicación Educativa (ILCE); todo eso será marginal.

PL: ¿Sería posible intentar establecer ciertos requisitos a los periodistas —una licencia, como propone Karl Popper— para asegurar la vigencia de un código de ética y retirarla definitivamente a la primera transgresión?

JAP: Tampoco. Se acepta el carácter comercial de los medios, sin ver más allá; tan es así que dejaron pasar la oportunidad de renegociar 12.5% del tiempo sin que se considerara para nada la educación.

El nuevo conocimiento y la política educativa

PL: ¿Cómo juzgas la investigación educativa que se realiza en el país? ¿Fue útil para tus decisiones? ¿Los temas que tratamos los investigadores son los relevantes o vivimos apartados de la realidad?

JAP: No. Creo que en conjunto los investigadores van a la vanguardia, se preocupan por temas trascendentales en el panorama mundial. Se ha logrado consolidar la actividad de investigación, aunque esté todavía concentrada en pocas instituciones, y se está promoviendo una cultura de investigación. ¿Qué les recomendaría? Tener "traductores" de los resultados de las investigaciones que los difundan en lenguaje sencillo. Recuerdo que esta idea la manejamos en un seminario en Cocoyoc hace más de 20 años, convocado por el Programa Nacional Indicativo de Investigación Educativa del Consejo Nacional para la Ciencia y la Tecnología (Conacyt) que dirigías.

PL: ¿Se requieren decisiones del secretario en esta materia?

JAP: Se requiere sobre todo la actitud de estar atento a lo

que se estudia y publica, además de asegurarte de que se cuenta con instancias intermedias para aprovechar la investigación; ésta es una de las principales fuentes de innovación; e invitar a los investigadores a acompañar con su visión independiente proyectos novedosos, como el PEC.

Lo urgente y lo importante

PL: Suele haber cierta tensión en los altos puestos ejecutivos entre lo urgente y lo importante. ¿Cómo procurabas, en tus diversos puestos, que lo urgente no cancelara lo importante?

JAP: Ésta debe ser una preocupación cotidiana, principalmente del secretario. En la SEP lo urgente es siempre lo político, porque no admite dilaciones y tiende a invadir todo el campo de atención. Hay que aprender los diversos "tiempos": uno es el tiempo para atender un plantón o un conflicto en un estado, y otro el del estudio y las decisiones bien maduradas. Lo curioso es que no puedes resolver lo importante si no atiendes simultáneamente lo urgente.

Se me ocurre un ejemplo. Cuando se establecieron los primeros libros de texto gratuitos (1960), surgieron dificultades; al principio inquietudes de la industria editorial, de maestros que eran autores de los textos en uso y de grupos conservadores; luego vinieron las impugnaciones más fuertes a los contenidos en historia y ciencias naturales. La reforma de los libros de texto era lo importante; los conflictos, lo urgente; se atendieron ambas cosas, y sólo así salió.

Otro ejemplo sería el proceso de desconcentración en la época de Fernando Solana: se mantuvo con firmeza el propósito, pese a muchas oposiciones promovidas sobre todo por el "líder moral" Carlos Jongitud. Y en general Solana tenía siempre presentes los "cinco objetivos y 12 programas", que era lo importante, en medio de todo lo urgente.

Un secretario tiene que transmitir las prioridades todos los días y no poner trabas para que la gente hable con él; tiene que escuchar a todos directamente. Solana visitaba las escuelas en sus giras, sin previo aviso, y hablaba con los maestros y directores. Una comparación: no es lo mismo hablar con el director del Metro que abordar este transporte y vivir la experiencia de los pasajeros. Yo con frecuencia lo uso, por comodidad, para ir al centro. Ahí ves a las 6:30 de la mañana a los albañiles soñolientos, los estudiantes tempraneros y empobrecidos, a las mujeres de limpieza; o ves —aunque no me lo creas— a una mujer que va distribuyendo en las estaciones a niños vendedores de dulces; ése es su trabajo y está perfectamente organizada. Ésta es la vida real de nuestra ciudad; lo mismo tienes que hacer para entender las escuelas.

PL: ¿Tiempo para estudiar?

JAP: La actividad intelectual del secretario es lo que debe alimentar su desempeño: encargar a tiempo estudios que hacen falta, discutir el planteamiento adecuado de cada problema, idear soluciones innovadoras. Ya que llegas a la solución que parece la mejor, organizas y programas, para implementar y luego evaluar. El proceso es muy conocido, pero el impulso intelectual es su detonador.

Entrevista con Miguel Limón Rojas
(Realizada el 26 de marzo y 2 y 3 de abril de 2003)

Miguel Limón Rojas, nacido en el Distrito Federal en 1943, fue secretario de Educación Pública del 23 de enero de 1995 al 30 de noviembre de 2000.

Licenciado en derecho por la Universidad Nacional Autónoma de México, realizó estudios de doctorado en la Universidad de Aix-Marseille a finales de los sesenta, inició su vida profesional como académico en la UNAM, habiendo obtenido mediante examen de oposición la titularidad de la cátedra de derecho constitucional. Más adelante, en la Universidad Autónoma Metropolitana-Azcapotzalco fue tam-

*bién profesor, jefe del Departamento de Derecho y director de la Divi-
sión de Ciencias Sociales.*

*Tras una breve estancia como subdirector general de Documen-
tación del Informe Presidencial, ocupó varios puestos en el sector
educativo: asesor del secretario de Educación Pública, Fernando
Solana (1978), secretario académico de la recientemente creada
Universidad Pedagógica Nacional (1978-1981), director general de
Profesiones y subsecretario de Planeación Educativa (1982-1983).
En el gobierno de Miguel de la Madrid coordinó la Comisión de
Educación del Plan Nacional de Desarrollo y fue director general
del Instituto Nacional Indigenista (1983-1988); en el de Carlos
Salinas de Gortari se desempeñó como subsecretario de Población y
Servicios Migratorios (1989-1993) en la Secretaría de Gobernación.
Fue presidente del Capítulo Mexicano de la Sociedad Internacional
para el Desarrollo y miembro representante de México en la Subco-
misión para la Prevención de Discriminaciones y la Protección de
Minorías de la Organización de las Naciones Unidas. Durante 1994
fue procurador del Medio Ambiente en la Secretaría de Desarrollo
Social.*

*Antes de ser designado titular de la SEP por el presidente Ernesto
Zedillo ocupó brevemente la cartera de Reforma Agraria.*

Actualmente dirige el despacho de estudios y consultoría Valora.

Cómo se ve el pasado

PL: Ser titular de la Secretaría de Educación Pública debe ser
una experiencia especial. ¿Qué huella dejó en tu persona el paso por la Secretaría?

¿Modificó tus percepciones sobre el país, sobre el camino
que sigue en su desarrollo, sobre sus posibilidades?

ML: Sería inconcebible que una tarea de tanta intensidad
no hubiera dejado en mí impactos y emociones que durarán
toda la vida. Fue como si todo el recorrido anterior hubiera adquirido el mayor sentido al llegar a la Secretaría, pues el des-

empeño al frente de ella me permitió asumir el mayor reto que he enfrentado por la importancia que la educación tiene para un país como el nuestro. Nunca podré olvidar la enorme responsabilidad que sentí al estar al frente de una tarea a la que tantos mexicanos han entregado su mayor esfuerzo. Para mí fue un gran privilegio intentar honrar mediante el trabajo la causa de Vasconcelos y de Torres Bodet. Había tenido la oportunidad de tratar a los antiguos maestros que trabajaron para ese proyecto, y las conversaciones con ellos fueron de gran importancia para mi formación, para mi visión de la educación.

Servir a la gente desde la Secretaría fue la gran oportunidad de contribuir a la formación de mejores seres humanos, de buenos ciudadanos más preparados para la vida, para la convivencia, de ampliar el espacio de las oportunidades. Por ello asumí la tarea con todo entusiasmo. En el trayecto encontré estímulos y satisfacciones en medio de una realidad adversa. Desde luego que ese cargo amplió e hizo más profunda mi idea del país. Me dio una idea clara de lo que México ha podido hacer a lo largo de unas cuantas décadas, pero también me permitió constatar los límites, las urgencias y los plazos que habrán de vencerse para dar viabilidad a una nación tan abrumada por la desigualdad y por los problemas que derivan de ésta.

PL: Recuerdo que en el capítulo que escribes en la memoria del sexenio hablas precisamente de tus "insatisfacciones".[16]

ML: Sí, porque el final del sexenio es el encuentro con los límites de lo que pudiste hacer: compruebas los límites que tuviste en los frentes sociales, político, financiero. Compruebas los límites de tu propia capacidad. El final no llega de golpe, lo vas viendo venir, lo calculas para medir los plazos a que están sujetas tus acciones, pero de todas formas con el final concluye tu oportunidad.

Las insatisfacciones pueden corresponder en mi caso a dos categorías: una primera que tiene que ver con aquello que esta-

[16] *Memoria del quehacer educativo 1995-2000*, vol. I, SEP, México, 2000, p. 41.

bas obligado a buscar aun cuando la posibilidad fuera muy remota; en este caso yo tenía toda la intención de intentar comprometer al conjunto de la sociedad haciendo ver que un gran resultado sólo se podía lograr con una cuota de compromiso de cada quien; emprendí muchas iniciativas y lo que obtuve fue lejano en relación con lo que me había propuesto. Otro género de insatisfacciones tiene que ver con reformas que eran posibles, necesarias y que no se hicieron porque el tiempo, la energía y la capacidad se quedaron concentradas en otros proyectos o en la atención de necesidades que fue imperioso atender.

PL: ¿Hay algo que ahora sientes que hubieras querido hacer y que no hiciste?

ML: Debo decirte que me pesó mucho no haber podido hacer más para resolver el problema de la UNAM. La iniciativa que originó el problema no se inició en la Secretaría. Ésta respetó y apoyó a la UNAM en el ejercicio de su autonomía. Es justo recordar que desde muchos años atrás había una inquietud extendida en el sentido de que todos aquellos que estuvieran en condiciones de hacerlo debían contribuir a sufragar los costos de su educación; no con el fin de privatizar sino de fortalecer la educación pública. Llevarlo a cabo implicaba contar con una estrategia, contar con un conocimiento de los obstáculos, de los grupos de alumnos y de profesores que se organizaron al interior de la institución para impedirlo. La Secretaría hizo las prevenciones necesarias y brindó todos los apoyos que le fue posible ofrecer, pero la solución no estaba en nuestras manos.

ML: Me habría gustado hacer mucho más en el ámbito indígena; habría deseado ensayar aún más caminos para mejorar el aprendizaje, adicionales a las reformas que venían en marcha, principalmente en lo que se refiere a matemáticas y español. Había una ruta bien trazada que se estaba recorriendo, conducida por personas competentes y muy conocedoras, pero me parece que, en paralelo, debí haber sido aún más insistente en la búsqueda de otras posibilidades innovadoras,

que aceleraran el mejoramiento y que, de tener éxito, se multi-
plicaría. También me hubiera gustado impulsar innovaciones
en el nivel preescolar, dada la importancia que éste tiene en el
desarrollo posterior del niño.

PL: Se ha criticado que en tu sexenio no se publicaron los
resultados de algunas evaluaciones externas. ¿Quieres comen-
tarlo?

ML: Habida cuenta de la crítica expresada, parece evidente que debimos haber publicado los resultados del Tercer Estudio Internacional de Matemáticas y Ciencias (TIMSS, por sus si-
glas en inglés). Fue un asunto que discutimos mucho en grupo
y me parecieron muy fuertes los argumentos que se referían a
los inconvenientes de publicar los resultados, pues señalaban que
el proceso no tenía la suficiente consistencia y subrayaban
que eso nos iba a estropear las condiciones para continuar adelante con los procesos de evaluación. Esta omisión impidió
apreciar la importancia de otras decisiones en esta materia:
aceptamos la evaluación practicada por la OCDE, en cuya aplicación colaboramos y desde luego aceptamos el carácter público de los resultados; asimismo publicamos en el informe de
labores de 1999 los resultados de las pruebas que se habían
aplicado en las escuelas primarias y secundarias del país.

El inicio del sexenio. El PDE

PL: Llegaste a la Secretaría recién iniciado el sexenio del presidente Zedillo, en enero de 1995, tras una breve gestión de menos de dos meses de Fausto Alzati; esos meses habías estado
como secretario de Reforma Agraria atendiendo los problemas
del reparto de tierras e indemnizaciones en Chiapas, en una situación extremadamente difícil. En el medio educativo tu nombramiento fue bien visto por la experiencia que tenías y tu fa-
ma de negociador hábil y eficaz.

Recuerdo, cuando empecé a colaborar contigo a mediados

Las funciones que exige el puesto de secretario de Educación

Pescador: En la SEP hay una tensión entre lo urgente y lo importante. Lo urgente es siempre lo político porque no admite dilación y tiende a invadir todo el campo de atención. Hay que aprender los diversos "tiempos": uno es el tiempo para atender un plantón o un conflicto en un estado y otro el del estudio y las decisiones bien maduradas. Lo curioso es que no puedes resolver lo importante si no atiendes simultáneamente lo urgente.

Alguna vez enumeré, de modo jocoso, las diversas funciones de un secretario de Educación, en orden jerárquico según el tiempo que requieren de él.

–En primer lugar está lo político: la relación con el presidente, con el gabinete, los gobernadores y muy especialmente el Sindicato; es lo que más tiempo consume.

de ese año, que la primera gran tarea fue la preparación del Programa de Desarrollo Educativo (PDE) del sexenio. Teníamos reuniones muy amplias, en pequeño grupo, una o dos veces a la semana, y me sorprendía ver el esmero y atención personal que dedicabas al proceso; corregías personalmente los documentos, insistías en matices, precisabas las metas con datos muy realistas y nos hacías muchas preguntas. ¿Consideras que valió la pena ese gran esfuerzo?

ML: Creo que fue un tiempo muy bien invertido, primero porque para mí era la oportunidad de comprender más hondamente la realidad educativa, y desde una visión como secretario, distinta de las que había tenido previamente. Pero además ese proceso nos llevó a mí y al grupo de colaboradores más cercanos a compartir las ideas fundamentales de un programa que construíamos juntos; el equipo se formó a partir de esas discusiones sobre conceptos, valoraciones, estrategias. Queríamos plantearnos metas ambiciosas pero realizables; había que precisarlas y discutirlas muy a fondo.

–En segundo, el discurso, la imagen, la comunicación...

–En tercero, lo administrativo, el trato con los subsecretarios y el oficial mayor, los nombramientos, la vigilancia, la corrección de irregularidades.

–Enseguida, la responsabilidad financiera: es una secretaría que distribuye enormes recursos y hay que atender demandas, auditorías y aun negocios.

–En quinto lugar, la atención al marco jurídico y a lo normativo.

–Y finalmente ¡lo educativo! Efectivamente, lo sustantivo ocupa el último lugar en el tiempo que un secretario puede dedicarle: el estudio de los problemas, la lectura y discusión de investigaciones, la atención a los datos de las evaluaciones y la visión internacional.

Comprobamos, andando el sexenio, la utilidad del Programa. Al evaluar periódicamente nos referíamos siempre al documento; fue una referencia constante. Se lograron las metas cuantitativas a pesar de la caída presupuestal de 1995; en algunos campos las rebasamos, como en el de la aplicación de la informática al aprendizaje. Ahí se dieron circunstancias inesperadas muy favorables. También fuimos más allá de lo inicialmente previsto en el tema de los valores, aunque costó mucho trabajo tanto en lo conceptual como en asegurar su factibilidad política.

PL: Me gustaría profundizar un poco más en tus decisiones iniciales. Llegas a la Secretaría con un buen conocimiento del sector; has colaborado con Fernando Solana cuyo estilo de trabajo aprecias y respetas —te lo escuché decir varias veces—, y sin duda recuerdas que él realizó la planeación inicial de manera muy pragmática haciendo a un lado el plan que Porfirio Muñoz Ledo había elaborado durante 1977, el cual era muy completo pero quizá demasiado ambicioso. Pero en tu caso hay la circunstancia de que el presidente que te designa ha sido secretario de Educación y existe ya el Acuerdo Nacional para la Modernización de la Educación Básica y Normal (ANMEB) firmado tres años antes, que establecía las grandes prioridades para el desarrollo educativo. ¿Qué márgenes tenías? ¿Aceptaste por convicción o por necesidad esas orientaciones?

ML: La experiencia de Solana y la que me toca vivir como secretario corresponden a circunstancias muy diferentes; en él tuve un buen ejemplo, además de que aprendí de su método de trabajo. Estaba siempre preocupado por los resultados; por eso insistía tanto en los objetivos, los programas y las metas; solicitaba y propiciaba las evaluaciones; sin duda en mi formación influyó ese sentido práctico y la facilidad para delegar y confiar en los colaboradores; era muy respetuoso y estimulaba la participación.

Por otra parte, el ANMEB representó para mí una gran ventaja; el acuerdo y la LGE implicaron serias reformas a la educación; esa plataforma permitiría avanzar por caminos de los que yo estaba convencido desde hacía tiempo; sus grandes orientaciones, la descentralización y la atención prioritaria al magisterio eran aciertos evidentes. Para mi gestión fue de gran beneficio que la educación se encontrara ya federalizada.

PL: Es obvio que al ser designado por Ernesto Zedillo primero titular de Reforma Agraria y enseguida de Educación Pública eras hombre de su confianza y pertenecías a su círculo más inmediato. Por otra parte, que él hubiese ocupado la cartera de la SEP podía verse como una limitante molesta para tus decisiones. ¿Cómo fue tu relación con el presidente, dados estos antecedentes?

ML: No había tenido una relación cercana con Ernesto Zedillo. Lo conocí cuando fue secretario de Programación y Presupuesto, y me apoyó en las acciones de protección a los migrantes a través del Programa Paisano cuando fui subsecretario de Gobernación; también conoció y simpatizó con lo que se hizo con el Grupo Beta en Tijuana. No tuve mayor relación con él antes de su gobierno. Ya en mi cargo de secretario fue siempre muy respetuoso de mi trabajo. Había una gran ventaja en que él conociera bien la Secretaría, pues estaba familiarizado con los problemas y tenía conocimiento de los diversos ámbitos de un sector tan complejo.

PL: El presidente Zedillo representaba continuidad con las políticas de modernización impulsadas por Salinas. Hay un concepto que suscitaba y sigue suscitando polémica en relación con la "modernización" de Salinas: el de neoliberalismo que se aplicaba principalmente a las políticas económicas, pero se proyectaba también hacia las sociales y educativas; en ciertos medios se consideraba que la reducción del Estado, la disminución del gasto social y la prioridad que se daba al capital privado traerían consecuencias contrarias a la justicia social. En educación, la modernización salinista se percibía como contraria a las tesis tradicionales que ha encarnado la educación pública y un riesgo de privatización. Me pareció que veías críticamente las tesis neoliberales; por ejemplo, en la educación superior nunca permitiste que los aspectos instrumentales se sobrepusieran a los formativos. ¿Es correcta esta percepción?

ML: Durante mi gestión todo lo que se hizo fue para favorecer a la educación pública: se aumentó su cobertura con especial énfasis en lo que se refiere a los grupos marginados y los apoyos presupuestales a la educación canalizados a través de la SEP crecieron 20% en términos reales a lo largo del sexenio, no obstante la caída provocada por el problema financiero de diciembre de 1994. A pesar de ese crecimiento moderado fue posible introducir innovaciones debido a que el presupuesto había crecido de manera muy considerable durante los años anteriores. El quehacer educativo del país demandaba y continúa exigiendo responsabilidad por parte del poder público. Nunca tuve una indicación en sentido contrario.

En lo que se refiere a los contenidos educativos, efectivamente no se me habría ocurrido que lo formativo debiera sacrificarse en función de lo instrumental. La formación integral ordena prioridades y permite compatibilidades, por ello lo relativo a los valores ocupó nuevos espacios dentro de la formación técnica profesional. El saber hacer es indispensable, pero la educación es mucho más que eso, se trata de formar mejores seres humanos. Desde el Programa de Desarrollo Educativo había una base conceptual clara en este sentido.

PL: De hecho las grandes orientaciones de la educación nacional no resintieron sesgos "neoliberales" en tu periodo.

ML: Fueron esas grandes orientaciones las que dieron rumbo a nuestras acciones de manera permanente. En un país con tan marcadas desigualdades no podría minimizarse el papel del estado en la educación.

PL: En esta línea, ¿nunca percibiste en las negociaciones con organismos internacionales, como el Banco Mundial o el Banco Interamericano de Desarrollo, alguna pretensión de imponer ciertas orientaciones, por ejemplo, de retraer el apoyo del Estado o de promover formas de privatización?

ML: No, nadie pretendió imponérmelo como condición. Creo que la importancia creciente que se reconoce a la educación como factor de desarrollo, su papel en la "sociedad del conocimiento", ha sido un triunfo de los humanistas, de los filósofos, de los educadores. Los economistas insisten mucho en la relación entre educación y generación de riqueza.

PL: Lo que molesta en algunos economistas de la educación es, desde luego, la denominación de "capital humano" por su analogía con el monetario, pero sobre todo su ideal educativo: un "éxito" en el que las competencias que producen dinero predominan sobre otras, como el juicio, el sentido ético o los valores de solidaridad.

ML: Quizá recuerdes algún discurso en el que expresé mi desacuerdo con el término de "capital humano" que me ha parecido inadecuado. Por otra parte, no puede desconocerse la importancia de la educación en las posibilidades de crecimiento de una economía, sólo que el fin último es el desarrollo integral de las personas y de la sociedad.

PL: Recuerdo un discurso tuyo en la Conferencia Internacional de Ministros de Educación en Ginebra, por 1998.

ML: Sí. Independientemente de que se desee hacer énfasis en el desarrollo de uno de los factores de la producción, no debe ubicarse lo humano al nivel del capital.

El ANMEB. La federalización

PL: El ANMEB establecía cuatro grandes prioridades: la descentralización de la educación básica (y la consiguiente reorganización del sistema educativo), la promoción de la calidad que implicaba renovar los planes y programas y los libros de texto, la atención al magisterio y la participación social. Quisiera pedirte que las comentaras, empezando por la federalización. ¿La percibías personalmente como la gran prioridad?

ML: Por muchos años se había comentado en el medio educativo la imperiosa necesidad de descentralizar la educación. Era ya un proceso en marcha. Había sido impulsado por Fernando Solana, al desconcentrar la educación básica. El gran paso lo pudo dar el secretario Ernesto Zedillo en 1992: los recursos federales se transfirieron a los gobiernos de los estados, lo que dio lugar a mayor transparencia en las asignaciones financieras y una clara conciencia de las desigualdades entre las entidades federativas, respecto del monto de las obligaciones financieras que cada una tenía. Pero más allá de la transferencia financiera, las entidades asumieron la responsabilidad política, se pretendía acercar las decisiones a la realidad, facilitar una mejor operación para que todo esto se tradujera en mayor atención y calidad en las escuelas. Me correspondió avanzar en la consolidación de ese esquema. Pude constatar en los gobernadores un interés mucho mayor al que tenían antes de la federalización. Un secretario de educación estatal era una figura mucho más fuerte que la de un delegado.

PL: ¿Cómo ves ahora la situación financiera en la que te correspondió desempeñarte?

ML: Durante la gestión del secretario Zedillo se había incrementado notablemente el presupuesto destinado a la educación. La crisis financiera de 1995 impidió mantener este ritmo. No obstante, en los años siguientes fue posible superar esa caída, recuperar el salario real de los maestros y apoyar innovaciones. Administramos los escasos recursos de la mejor manera posible y ello nos permitió seguir ampliando la cobertura en los niveles básicos, sobre todo en la secundaria mediante el apoyo del *Progresa* y desde luego en los niveles medio superior y superior; en todos los niveles se crearon programas orientados a elevar la calidad: libros de texto gratuitos para secundaria con la participación de los gobiernos locales, el desarrollo de los medios electrónicos para facilitar la tarea del maestro, el establecimiento de los centros para la capacitación de los maestros, el equipamiento de las universidades estatales, el apoyo al desarrollo profesional de los profesores en las universidades públicas, la operación del Fondo para el Mejoramiento de la Educación Superior (Fomes) y otros; se redujo de manera considerable el rezago en el equipamiento que pesaba sobre los planteles de educación tecnológica. Debo destacar la eficacia de la Subsecretaría de Planeación y Coordinación para hacer valer ante la Secretaría de Hacienda el interés de la SEP y además cuidar y distribuir los recursos de manera ordenada; mantener la racionalidad en la elaboración y el ejercicio del presupuesto nos permitió sustentar las prioridades. La Subsecretaría de Educación Superior tuvo mucha claridad para destinar los recursos a la ampliación de la cobertura y al mejoramiento de la calidad. El Conafe administró con gran eficacia los programas compensatorios.

A pesar de todo hizo falta mucho más dinero; habría deseado incrementar en mayor medida el salario de los maestros de todos los niveles y atender otras tareas a las que es indispensable asignar recursos como la rehabilitación de la infraestructura, el equipamiento, los laboratorios, los programas de becas, entre otras cosas.

La meta de 8%

PL: Recientemente los diputados establecieron que el gasto educativo deberá ir aumentando de modo que en 2006 alcance un monto que equivalga a 8% del PNB. ¿Te parece una buena noticia?

ML: Siempre será una buena noticia saber que la educación podrá contar con más recursos. Tan importante como eso es saber en qué se gastarán. De llegar a existir éstos, deberán destinarse a la atención de las prioridades más relevantes. Debió establecerse en la reforma que los recursos quedaran vinculados a programas precisos y en apoyo de una visión integral del desarrollo educativo. El incremento en el porcentaje no se traduce mecánicamente en el mejoramiento de la educación. El debate primordial debiera ser en torno a metas de cobertura, logros en la calidad; asegurar los recursos necesarios para alcanzar esos objetivos. Por ejemplo, en 2006, siguiendo las tendencias que llevamos, quedarán importantes metas por alcanzar, como sería la de lograr para la educación secundaria, la media superior y la superior los niveles de cobertura promedio de los países que forman parte de la OCDE con una calidad satisfactoria. Al incorporar los incrementos marginales progresivamente hasta el mencionado 8%, el gasto promedio real por alumno en el sistema público se habrá elevado en alrededor de 40% respecto de los niveles actuales y entonces el crecimiento de la cobertura será difícilmente financiable. El debate no puede limitarse de manera alguna al objetivo de 8%, especialmente cuando existen tantos retos que requieren respuestas.

PL: ¿Qué significa que recientemente tres gobernadores hayan amenazado con regresar la educación básica a la federación? ¿Fue una advertencia de que la federalización está en riesgo?

ML: No; eso tuvo que ver con reclamos financieros; fue una forma de llamar la atención y de presionar.

PL: ¿Algo coyuntural?

ML: Así lo creo; estoy seguro de que si se pidiera a los gobiernos estatales su opinión sobre las facultades que ahora les asigna la ley en materia educativa, casi la totalidad preferirá mantener las atribuciones que hoy tienen, aun cuando es previsible que continúen expresiones de insatisfacción respecto de los recursos con que cuentan para la educación. El tema de las relaciones laborales también provoca insatisfacciones. La federalización tal como hoy se encuentra vigente no lo resolverá todo. Es indispensable que cada quien cumpla con la parte de responsabilidad que le corresponde: la autoridad central, la estatal y el sindicato.

PL: Recordarás que Manuel Ulloa y yo analizamos, en un libro reciente,[17] los criterios con que se asigna a los estados los recursos federales para la enseñanza básica; mostramos que a ocho años del funcionamiento de la descentralización se habían mantenido las mismas pautas de distribución sin que existieran criterios objetivos y consensados por todas las entidades; hasta ahora han prevalecido arreglos bilaterales, fruto de negociaciones históricas, que regulan los montos que se asignan. ¿Crees que se puede avanzar hacia el establecimiento de criterios más equitativos válidos para todos?

ML: Ustedes fueron atinadamente críticos en este tema. Lo que siempre les respondí fue que los criterios que aplicábamos eran los históricamente construidos, y que la Secretaría no tenía otra posibilidad ni disponía de recursos suficientes para llevar a cabo otro tipo de distribución. Parte muy importante de esta estructura desigual tiene que ver con la decisión asumida, en distintos momentos por muchos estados, de asignar recursos propios a la educación; aportaciones

---

[17] *El financiamiento de la educación básica en el marco del federalismo,* Centro de Estudios sobre la Universidad (UNAM)/Fondo de Cultura Económica, México, 2000.

de este tipo no fueron hechas por otras entidades; en algunos casos por tratarse de las más pobres y en otros porque no tuvieron la misma voluntad para impulsar sistemas estatales. Esto marcó las diferencias que hoy caracterizan el mosaico nacional tal como se encuentra. Ante esta realidad lo que hacíamos era distribuir los recursos con la mayor equidad posible y con transparencia. Por otra parte, revisar la equidad en el trato de la federación con los estados implica ir más allá de la esfera educativa. Me parece relevante subrayar que en la distribución de los recursos y en todos los demás apoyos que se otorgaron no operó ningún criterio de distribución por razones de carácter político o personal; en la transparencia del manejo de los recursos se avanzó mucho, compartimos esta información con los diputados miembros de la Comisión de Educación.

PL: ¿Nunca se intentó que Hacienda revisara estos criterios?

ML: El asunto se planteó en varias ocasiones a iniciativa de gobernadores, pero sobre todo fue tema de discusión en las reuniones de gobernadores y secretarios de estado encabezadas por el presidente que tenían lugar los días 5 de febrero de cada año.

La relación con los estados

PL: ¿Sería correcto decir que el recientemente establecido Consejo de Autoridades Educativas existía ya de hecho en tu periodo, dado que se llevaban a cabo numerosas reuniones con los secretarios estatales?

ML: Se celebró un promedio de cinco reuniones por año; fueron muy participativas. Se les consultó sobre muchos asuntos, temas, programas propios del ámbito federal y muchas veces se incorporaron sus puntos de vista. Por ejemplo, para introducir el Programa de Formación Cívica y Ética se recogieron sus sugerencias y experiencias. También se les expresó claramente la negativa de admitir programas que no se ajustaran al artículo 3° y a la LGE; se les consultó sobre los temas relativos a la evaluación; se tomó en cuenta su opinión acerca de las estrategias para implantar programas de carácter general o para preparar el presupuesto anual. Se les sugirió cómo utilizar la información estadística en la planeación local. Funcionaba de hecho un mecanismo equivalente al de un consejo de autoridades estatales.

Financiamiento a gobiernos de partidos de oposición

PL: Te correspondió una etapa en la que los partidos de oposición fueron multiplicando su presencia en los gobiernos de varias entidades federativas; era una situación inédita para una secretaría federal que distribuye sumas enormes de dinero a los estados. ¿Cómo se manejó esa distribución ante gobiernos de signo partidista distinto?

ML: Al paso del sexenio se fue conformando un mosaico plural, el cual no alteró los patrones de distribución: fuimos equitativos sin excepción. La SEP no se guió por criterios partidistas para relacionarse con los gobernadores. Me pareció que esto contribuyó a conformar un precedente de gran trascendencia a favor de las políticas de Estado en materia educativa por encima de las luchas por el poder.

Al presidente le satisfacía visitar estados gobernados por la oposición en los que se constataban avances educativos. Y por supuesto jamás recibí instrucción de favorecer o de castigar a alguna entidad por el signo partidista de sus autoridades. La educación es un bien nacional y como tal debe cuidarse.

Calidad. Cómo se generan las innovaciones educativas

PL: La segunda gran política del ANMEB se centra en la elevación de la calidad de la educación y para esto propone la reno-

vación de los planes y programas de estudios de primaria, secundaria y normal, y la elaboración de nuevos libros de texto,
actualizados y pertinentes. ¿En qué contexto conceptual se
ubicaba la discusión sobre la calidad? Tengo la impresión de
que una de las fuentes de nuevas ideas en educación son los
canales de comunicación con el exterior (conferencias internacionales, programas apoyados por organismos multinaciona-
les, como los compensatorios, etc.); es por esos canales, aunque
no exclusivamente, como llegan al país ciertas ideas fundamentales que orientan o catalizan las políticas. Pongo tres
ejemplos: la importancia de la gestión, sobre todo a nivel local,
no la teníamos hace 20 años y hoy es un concepto central, por
ejemplo en el Programa de Escuelas de Calidad. Segundo: la
idea de la escuela como unidad operativa fundamental; hace
10 años nadie la destacaba como la instancia decisiva para la
calidad de la educación. Otra idea fundamental ha sido la de
la participación de los padres de familia y la comunidad. ¿Crees
que las ideas de este tipo venían de alguna manera envueltas
en programas de corte internacional como los compensatorios,
y que a través de ellas tomaron la fuerza que hoy tienen?

ML: Claro que es muy importante la relación con especialistas de todo el mundo y el conocimiento de experiencias exitosas de otros países. Hay contacto permanente entre los responsables de la educación del continente y ese contacto es
fuente de aprendizaje. En la UNESCO me tocó escuchar a Jacques
Delors en la presentación del informe de la comisión que él
presidió, y siempre tuve presente ese referente conceptual que
me parece de gran utilidad para los tiempos que estamos
viviendo. Durante esos años empezó a cobrar fuerza la presencia de la OCDE en los temas educativos. Hicimos lo necesario
para tener una participación consistente en ese foro. Como he
mencionado, nos sometimos a la evaluación en el PISA (Program
for International Student Assessment), a sabiendas de que el
resultado sería insatisfactorio. Por otra parte, fueron de gran
interés algunos contactos bilaterales con ministros de todo el

mundo. Recibimos especialistas en distintas materias, de quienes obtuvimos aprendizajes valiosos. En 2000, en la reunión de la UNESCO celebrada en Senegal, me correspondió presentar un informe en nombre de América Latina sobre el estado de la educación básica en nuestro continente. Nuestro Proyecto de Educación para la Vida fue objeto de mucha atención por parte de especialistas de las distintas regiones del mundo.

La conceptualización de la escuela como unidad central del sistema educativo la venía trabajando el grupo responsable de la investigación educativa en la Secretaría. Había llegado a ciertas conclusiones respecto de las circunstancias o factores que influyen en el éxito de la educación, teniendo en cuenta a la escuela como una unidad, subrayando el liderazgo del director, la buena organización, la participación y corresponsabilidad entre los docentes, el apoyo de los padres, la importancia de la planeación y la evaluación. Esto nos llevó a trabajar con el Proyecto de Gestión Escolar.

Educación en valores. Formación cívica y ética

PL: En relación con la renovación de los planes y programas de estudio, me parece que la gran aportación original de tu sexenio fue la incorporación de la asignatura formación cívica y ética al currículo de la enseñanza secundaria.

ML: Efectivamente, desde la elaboración del programa dejamos constancia de la necesidad de fortalecer el papel formativo de la escuela; hablamos de educar en valores, particularmente los que señala nuestra Constitución, valores humanos fundamentales que dan base a una vida democrática.

Empezamos a trabajar por varios caminos. Fueron muchas las personas consultadas para orientarnos en un terreno en el que no teníamos suficientes antecedentes; un primer equipo lo dirigiste tú; conocimos experiencias de otros países y recibimos apoyos importantes; invitamos a Fernando Savater a discutir con nosotros; recuerdo que sus exposiciones nos dieron seguridad, certeza de que era posible armar una asignatura que a partir del laicismo propiciara una buena formación.

Nuestros objetivos eran claros: contribuir a que los jóvenes se formaran una moral sólida; robustecer la moral social alentando el desarrollo de la conciencia y el respeto a los derechos humanos; fortalecer la cultura democrática. Formamos un equipo pequeño que fue adelantando conceptos y enfoques para ser discutidos.

No fue fácil resolver los problemas que el tema nos planteaba por varias razones: primero, porque es un tema que impacta directamente en el ámbito de las ideologías, las maneras de ver el mundo, de comprender la sociedad y de apreciar al ser humano; en segundo lugar, porque el programa debía evitar caer en el riesgo de dictar supuestas verdades o imponer dogmas, y esto tampoco es fácil de impedir en nuestro contexto cultural; el reto era construir desde un enfoque laico un cuerpo de principios e ideas que atendiera estos objetivos. Una vez estando claras las advertencias y los riesgos, el equipo de trabajo procedió a elaborar los proyectos que se fueron discutiendo con especialistas, autoridades, maestros, y que finalmente se convirtieron en programa.

PL: ¿A qué se puede atribuir que anteriormente la formación en valores y sobre todo en valores morales se hubiera diluido y sólo quedara el civismo?

ML: En el origen de la escuela pública había una profunda preocupación por la formación moral individual y social; la orientación del maestro estaba asociada al ideal de libertad, al valor del respeto a la dignidad humana, a la solidaridad, a la importancia de los buenos hábitos, a las virtudes necesarias para la convivencia, a la formación de la responsabilidad. En el pasado esto tenía plena presencia en la escuela pública, pero se fue diluyendo con el tiempo, con la extensión de la corrupción, con los malos ejemplos de la autoridad, con los modelos de éxito que se promueven en el seno de la sociedad. En el ámbito curricular se introdujo una deformación del auténtico civismo que se tradujo en prácticas memorísticas, repetitivas, en el aprendizaje de biografías de personajes públicos y de políticos en turno, en la repetición mecánica de disposiciones legislativas; se perdió de vista lo relevante para la formación de la persona en torno a los valores esenciales. Lo verdaderamente importante se fue dejando de lado; se fueron diluyendo los grandes valores universales que son el patrimonio moral de la humanidad, y que deben servir de brújula a todo ser humano para orientar sus decisiones.

PL: La asignatura resultó con tres componentes fundamentales, como recuerdas: la formación ética, la atención a algunos problemas del desarrollo del adolescente (sexualidad, salud, drogadicción) y la educación cívica, entendida en sus dos elementos básicos: la identidad nacional y el conocimiento del funcionamiento de las instituciones del país. Al definir así la estructura de la asignatura, ¿se siguió algún modelo de otro país que presentara esta configuración de temas?

ML: No. Buscamos la bibliografía más actualizada y compartimos nuestras reflexiones con especialistas de varios países: España, Inglaterra, Francia y Japón. Una preocupación era que el programa no se redujera a una serie de enunciados o a la sola exposición de principios morales, sino que se relacionara con las experiencias y preocupaciones de los adolescentes, con sus sentimientos y dudas. Pero el diseño fue original; fue resultado de un arduo trabajo.

PL: La gran duda que persiste es cómo funciona en la práctica esta nueva asignatura. La actual administración prometió una evaluación cuyos resultados se darían a conocer en 2002, pero no se han publicado. ¿Cómo ves el problema de formar maestros en áreas tan importantes pero tan distintas de las demás del currículo y tan delicadas?

ML: No es menor el tema del desempeño del maestro en esta asignatura, no sólo por el contenido sino por el método del que requiere para ser correctamente impartida. Para capacitar a los profesores preparamos un equipo que trabajó con los grupos de los estados; pero desde luego es necesario un esfuerzo continuo y prolongado para llegar a todos los maestros y lograr el objetivo. Habrá que evaluar la práctica de la asignatura y mejorar en lo que sea necesario.

PL: ¿Se intentó reformar el civismo en la enseñanza primaria?

ML: Lo teníamos presente, pues es obvio que debe haber continuidad en estas líneas formativas a través de los ciclos escolares, pero el tiempo sólo permitió, en esta materia, actuar sobre los contenidos de secundaria. El tema era más urgente en este nivel, no obstante en primaria se logró avanzar en lo relativo a la educación sexual; creo que lo más importante se pudo hacer y es posible continuar a partir del modelo, la concepción, la conformación de los componentes y la metodología.

PL: Esta preocupación tuya por la formación moral y en valores fue algo más general; apareció ya en los nuevos libros de ciencias naturales de quinto y sexto grados; también en el programa conjunto de la sep con la Secretaría de la Defensa Nacional, en el Modelo de Educación para la Vida del inea y en los *Libros de papá y mamá* que publicó después el Crefal. Fue una preocupación más general. ¿A qué se debía?

ML: Desde tiempo atrás estaba convencido de que la educación debía tomar una posición activa en este terreno. Me parecía urgente ofrecer algo a los jóvenes y a los padres de familia. A mi juicio era imperioso atender esta necesidad. Empezamos por renovar la educación sexual desde la primaria porque teníamos muchas evidencias de que los niños requerían urgentemente atención en este campo. Estábamos conscientes de que son terrenos delicados porque hay muchos prejuicios que interfieren en el planteamiento y en la solución de los problemas y había que tener eso en cuenta; asumimos que se requería una reforma profunda e integral. También publicamos un libro dirigido a los maestros que atiende los problemas que enfrenta el profesor en el salón de clase; tratamos de proporcionarle elementos con lenguaje respetuoso para manejar estos temas ante los alumnos.

PL: ¿Las reacciones que provocó esta reforma fueron las que esperabas?

ML: Hubo polémica, como se esperaba. Algunas posiciones conservadoras se negaban a que se trataran estos temas en la escuela, sosteniendo que debían reservarse al ámbito familiar; discutimos abiertamente estas objeciones, dialogamos con personas, con actores sociales y con especialistas y sostuvimos que la mayoría de los padres de familia no atiende estas necesidades con sus hijos e hijas y que la escuela cumple una función esencial; sostuvimos que si se preparaba a los maestros y se disponía de materiales adecuados, se podría ayudar a los alumnos a resolver sus dudas y a formarse el criterio que les permitiera enfrentar las situaciones por las que atraviesan. Dediqué mucha atención al ofrecimiento de explicaciones. La mayoría de quienes expresaron preocupaciones quedó convencida de que la actitud de la Secretaría era responsable y respetuosa.

La educación sexual no se restringió a la primaria; se llevó a la secundaria en los nuevos planes y programas y en la Formación Cívica y Ética, y también al programa que concertamos con la Secretaría de la Defensa Nacional con la participación del INEA; tuvimos la fortuna de que su titular aceptara que el servicio militar tuviera un componente educativo para facilitar a los jóvenes conscriptos adelantar en su formación; se estableció también un programa de formación en 20 temas vinculados con valores. Logramos que en la elaboración de estos contenidos participaran personas que mostraban gran interés, tal fue el caso de los integrantes del consejo de la Comisión de Derechos Humanos del Distrito Federal; recuerdo que tuviste una participación muy notable en todas esas sesiones; hubo ahí una afortunada convergencia de energías y de saberes que enriqueció los trabajos. La forma de presentación se cuidó mucho para que los materiales fueran atractivos para los jóvenes; se debe tener presente que muchos de ellos son hijos de padres que no completaron su escolaridad básica y proceden de hogares donde este tipo de información no se proporciona. Debo mencionar, por otra parte, que el Conalep introdujo contenidos sobre estos temas y se apoyó en el mismo equipo de la Secretaría.

Los *Libros de papá y mamá* que elaboramos con el Crefal obedecieron a la misma preocupación; trataban del respeto a la mujer, de la igualdad de género, de la educación de los hijos, de la economía familiar, de la necesidad de combatir la violencia en la familia (particularmente sobre la mujer y los hijos), de la importancia de la comunicación entre los miembros de la familia, de la prevención contra las adicciones y de cómo enfrentarlas, de comprender por qué los jóvenes caen en las drogas, etc. Tratamos de responder a necesidades evidentes de la sociedad en estos campos tan importantes. No era sólo una preocupación mía, sino de muchos, que recogía una clara necesidad social a la que no se había dado respuesta. Me gustaría conocer el grado de eficacia que estas acciones pudieron alcanzar.

Reforma de las escuelas normales

PL: La tercera línea de políticas del ANMEB se refiere al magisterio, y en ella ocupa un lugar central la reforma de su formación y actualización. ¿Cómo valoras la reforma de las escuelas normales que se concretó en el Programa para la Transformación y el Fortalecimiento Académicos de las Escuelas Normales que se puso en marcha a partir de 1996?

ML: La reforma de las normales representó una tarea compleja en diversos sentidos. Me parece que tuvo claridad conceptual y un esfuerzo considerable de instrumentación acompañado de recursos. La Subsecretaría de Educación Básica puso en ella mucha atención. Si ahora se revisa ese programa, y en particular las reformas curriculares que se emprendieron, me parece que se podrá comprobar que estaban bien fundadas. Hubo un trabajo arduo con los maestros de las normales; no fue un programa impuesto sino que recogió las sugerencias e intentó captar las necesidades reales del proceso formativo desde las exigencias que en la práctica enfrenta el maestro. Ahora bien, con toda seguridad los resultados habrán sido desiguales según las condiciones de cada institución; quedarían muchas cosas por hacer; se trata de un camino largo, que además requiere continuidad y perseverancia para llegar a resultados satisfactorios que siempre serán provisionales. Los nuevos planes y programas se acompañaron de la atención a las instituciones: se mejoró notablemente su infraestructura y se les dotó de bibliotecas y equipos electrónicos con el fin de que el proceso formativo de los futuros profesores se apoyara en los mejores recursos.

PL: Sin embargo, se critica que no se tocó la planta de los "formadores de formadores" que en muchas instituciones está muy anquilosada.

ML: Hay de todo. Hay mucha gente valiosa que tiene conocimientos, experiencia y vocación. No puedes hacer de un día para otro un cambio completo, de haberlo intentado así, no se habría podido avanzar; hubo un gran cuidado en todo el proceso.

La participación social

PL: El cuarto propósito del ANMEB es impulsar la participación de la sociedad en la educación. Puede decirse que desde 1993, cuando aparecen los Consejos de Participación Social en la LGE, ha sido uno de los temas pendientes en la agenda nacional. La implantación de los consejos ha sido muy accidentada y poco exitosa, con algunas excepciones, por supuesto. Recuerdo que ya en 1994 se frenó su organización porque, en el contexto de las elecciones de ese año, se recelaba que el Partido de la Revolución Democrática (PRD) pudiese aprovechar esas

> *De los cambios que se deciden ¿qué le llega al maestro de aula? ¿Las acciones de la* sep *inciden en la práctica educativa cotidiana?*
>
> *Pescador:* Al maestro le llegan los materiales, los libros de texto, las guías, películas, videos; es mucho. Le llegan también los cursos de actualización y otras oportunidades que decida aprovechar. Pero, así y todo, no se logra que estas acciones susciten una relación más viva con la calidad de la enseñanza.
>
> Al maestro le llega lo concreto, no lo trascendente.

estructuras para hacer labor partidista. ¿Qué pasos se dieron en tu periodo para organizar y reactivar estos consejos en todos sus niveles?

ML: Es una antigua preocupación la de cómo lograr la presencia y el apoyo de los padres de familia, cómo interesar más a la sociedad en lo que hace la escuela. Pero no es un tema fácil; existen resistencias en el sistema educativo para admitir la intervención de agentes externos; existen también experiencias que dejaron saldos negativos por no tener claras las reglas básicas de esa participación o por ineptitud de algunos funcionarios; se llegó a afectar la vida de las escuelas de modo inconveniente. Hay también una actitud en parte del magisterio en el sentido de que la escuela es un territorio exclusivo.

Lo que hicimos finalmente en 1999 fue organizar el Consejo Nacional de Participación Social y fomentar que en los estados se organizaran los estatales. Esto implicó muchas consultas con los secretarios de educación de las entidades, con los gobernadores, con el sindicato y con otros sectores; diseñamos un órgano que, a mi juicio, significó una aproximación correcta y un primer paso para fomentar la participación de la sociedad. Su composición es perfectible pero debe resaltarse que fue aceptado por las autoridades de todos los estados; recuerdo tu crítica al señalar que había un número muy elevado de funcionarios que representaban a las autoridades; si bien esto es cierto, nos pareció que en una primera etapa era necesaria esta participación de la autoridad para asegurar que hubiera buena aceptación y se facilitara un proceso creciente de participación de otros actores sociales.

PL: Más importantes son, en cierto sentido, los Consejos de Participación Social en los niveles escolar y municipal. ¿Qué se intentó y qué se logró para reactivarlos o establecerlos? ¿Qué obstáculos se encontraban?

ML: Se hicieron recomendaciones a las autoridades estatales para avanzar en este sentido. Para estimular a las autoridades estatales se promovió muy activamente la participación de los padres de familia en las escuelas apoyadas por los programas compensatorios. Se crearon 30 000 asociaciones en las distintas regiones del país, facultadas para entregar a los maestros los estímulos correspondientes. No fueron pocas las dificultades para establecer esta modalidad, pero es evidente que dio poder a la comunidad sobre la actividad del maestro.

PL: Entiendo que al negociarse el ANMEB el asunto de la participación social encontró mucha resistencia de parte del sindicato, pero que finalmente se logró que lo aceptara. ¿En tu periodo hubo resistencias u obstaculizaciones a su funcionamiento por parte del sindicato?

ML: Procuré un esquema que fuera aceptable, que no fuera rechazado y al mismo tiempo representara un avance aun cuando no fuera lo ideal; hubo que dialogar y discutir con el SNTE para atender sus preocupaciones. El principio del que partíamos era mejorar el funcionamiento de la escuela, de modo que la participación de agentes externos se tradujera en apoyo a la superación. Para lograr este propósito era indispensable partir de acuerdos, y eso fue lo que se hizo.

Políticas de Estado. El discurso

PL: Quiero volver a las grandes orientaciones que imprimiste a tu tarea desde el inicio. Siempre me ha intrigado cómo proceden los secretarios de Educación para conformar su discurso; en el pasado, en cada sexenio se inventaba un discurso novedoso; había que romper con el anterior y etiquetar lo nuevo como "reforma educativa" o "revolución educativa", o con otro eslogan. Sin esa etiqueta un secretario sentía que no cumplía lo que de él se esperaba. ¿Qué espacios tiene un secretario de Educación para imprimir un sello personal a su periodo?

ML: Yo tuve toda la libertad para hacerlo. Como has recordado, desde tiempo atrás me había venido formando una idea en relación con los grandes temas y había venido aprendiendo sobre los asuntos específicos. Tenía en consecuencia una noción de lo que era deseable y además posible para ese tiempo. Así llegamos a la elaboración del programa. No me pesó la continuidad; por el contrario, como he expresado, me pareció una ventaja que hubiera procesos iniciados sobre bases correctas.

Si no me serví de ninguna etiqueta fue porque no lo creí necesario; me preocupan más el fondo y los resultados. Las etiquetas pueden ser espectaculares, pero también hay desconfianzas fundadas hacia ellas; preferí que nos diéramos a la tarea, la cual era muy clara: una parte venía del ANMEB y otra fue expresada en el programa. Desde hace mucho tiempo tengo la convicción de que al inicio de un periodo llega el responsable con un impulso innovador, pero éste tiene mejores posibilidades si se conocen las restricciones y además se tiene noción del valor derivado de esfuerzos anteriores. Aceptar la continuidad de lo valioso es condición para acertar en la creación de lo nuevo. Si en toda acción política importa combinar continuidad con innovación, en el ámbito educativo esto es particularmente importante por la naturaleza misma de la materia.

PL: ¿Qué pide un presidente a un secretario de Educación?

ML: A mí me pidió responsabilidad y resultados. Al doctor

Zedillo le gustó muchísimo el programa. Lo leyó con mucha atención, como quien conocía bien el asunto. Ni le quitó ni le añadió nada; ni siquiera en el discurso, que tiene un estilo distinto del suyo; estaba muy contento y me lo expresó sin reservas. A lo largo del periodo no estuvo sobre mí, sino que me dejó actuar; examinaba los documentos que le llevaba, comentábamos las situaciones, pero lo que más le interesaba eran los buenos resultados: indicadores que mostraran que el sistema ampliaba las oportunidades; la introducción de modificaciones favorables a la calidad; la anticipación a los problemas y la solución de los conflictos sin recurrir a concesiones indebidas. Recuerdo su satisfacción, por ejemplo, cuando le presenté el programa para apoyar a los estudiantes de secundaria con textos gratuitos, o el plan del examen único para la enseñanza media superior en la zona metropolitana de la ciudad de México; en este último caso le advertí que encontraríamos resistencias y oposiciones, pero me alentó a seguir adelante porque no era justo dejarle ese paquete a la Universidad Nacional. Cuando le hablé de las innovaciones en materia de educación sexual, lo mismo; estaba consciente de los problemas que habría que enfrentar, pero respetaba mi ámbito de acción y simpatizaba con la iniciativa. Otro ejemplo: cuando se venían los procesos de negociación salarial del 15 de mayo me manifestaba todo su apoyo y, a petición mía, daba instrucciones a las demás instancias del gobierno de no intervenir para que fuera sólo el secretario de Educación quien condujera las negociaciones y el manejo de los problemas. Fue siempre respetuoso y leal con la educación pública.

El poder en la SEP. *El* SNTE

PL: ¿Cómo se movía el poder en la Secretaría? ¿Con qué fuerzas políticas tenías que tratar?

ML: Con mucho, la principal era el sindicato.

PL: Te planteo mi pregunta provocativamente: si se mantienen en los años siguientes las mismas relaciones entre la SEP y el SNTE, ¿crees que dentro de 15 años se habrá podido alcanzar una educación de calidad? ¿Pueden conciliarse las concesiones hechas con una buena educación? ¿No tiene el sindicato injerencia en atribuciones sustantivas de la Secretaría que van mucho más allá de sus legítimas facultades? Los críticos dicen que "cogobierna" la educación.

ML: El sindicato es una realidad con la que tiene que trabajar el secretario de Educación; políticamente es compleja y admite diversos enfoques para ser atendida; varía también según las circunstancias de cada sexenio y por el perfil y las metas de cada secretario.

Desde mucho antes de ser nombrado sabía lo que el sindicato representaba para la Secretaría; conocía entonces mis restricciones, pero a pesar de ellas pensaba que era mucho lo que se podía hacer en el marco de una relación respetuosa. Habría entonces que poner gran voluntad en la construcción de esa relación para lo cual era menester tener claridad de lo que se podía ofrecer y de lo que se debía admitir. Había que sacrificar el querer lograrlo todo a cambio de obtener mejoras y beneficios sustantivos en la educación aprovechando el esquema de la federalización. Los términos quedaron establecidos desde un principio y se mantuvieron durante todo el periodo: ofrecí todo respeto y colaboración en lo relativo a sus legítimos derechos y a cambio pedí y obtuve el respeto necesario para que la Secretaría ejerciera sus atribuciones. Hablamos siempre en términos suficientemente claros; les aseguré que conmigo no tendrían necesidad de ejercer presión para que se les reconociera lo que les correspondía, y que al mismo tiempo solicitaba su colaboración para realizar el programa que nos habíamos planteado. Sin dejar de existir en todo momento una gran tensión, no experimenté imposiciones ni tampoco recibí instrucción alguna de hacer concesiones; éstas tampoco me fueron planteadas. Siempre me preocupaba que pudieran presentarse situaciones extremas que no habría estado en disposición de admitir, pero eso no ocurrió.

A pesar de todo, me habría gustado ir más allá y realizar, de común acuerdo, un mayor número de correctivos. Me parece que llegué hasta donde era posible. La estabilidad que se tuvo corresponde además a un momento muy favorable y ayudó el conocimiento que uno del otro teníamos; por otra parte, había conciencia de la buena disposición del presidente a favor de la educación. Creo que también pude demostrar que yo estaba empeñado en hacer todo lo que me correspondía para evitar problemas innecesarios. Como ya dije, no nombré a ningún funcionario encargado de atender al sindicato, lo hacía personalmentey después los asuntos se derivaban a las áreas correspondientes.

La Subsecretaría de Planeación y Coordinación actuaba muy de cerca conmigo en estas tareas. Esto me permitía explicar con toda claridad mis limitaciones, cuando era el caso, y resolver ágilmente todo aquello que lo ameritaba. Nunca me bloquearon un programa, ni un libro, pero tuve el cuidado de hacerlos participar, de recibir sus sugerencias, de reconocerles el lugar que les correspondía y de que estuvieran siempre informados de la marcha de los programas. Nunca hubo medios indebidos para obtener respuestas, tampoco me lo solicitaron. Puse todo mi interés y mucha atención en evitar conflictos; esto me permitió contar con mucho más tiempo para el trabajo sustantivo.

Esto no quiere decir que no hayan existido problemas de diverso orden en distintos estados de la República; así como había gobernadores que asumían su responsabilidad y sabían tratar al sindicato, hubo otros que tenían dificultad para comprender temas que afectaban la relación bilateral. Había también líderes locales con quienes era muy difícil llegar a acuerdos, particularmente cuando se trataba de ambiciones desproporcionadas. Desde luego habrá que recordar los movimientos generados por la disidencia en torno a las revisiones salariales y subrayar las limitantes que la Secretaría tenía para impedir las movilizaciones generadas en el ámbito local y que, además de los propósitos políticos de carácter intrasindical, planteaban exigencias de incrementos salariales muy por encima de las posibilidades reales del Estado.

Para el futuro creo que esta relación tiene que ir evolucionando más rápidamente a fin de dar cabida sin restricciones a las exigencias de la calidad educativa. Para corregir los problemas habrá que tomar en cuenta un factor muy importante que explica algunos de los males que persisten al interior del sistema educativo: el crecimiento explosivo que tuvo la matrícula, combinado con la improvisación que rigió el ingreso al magisterio obedeciendo a pautas inconvenientes y contrarias a la vocación y al profesionalismo. Hoy enfrentamos en muchas escuelas los resultados de esa improvisación. Tenemos que encontrar métodos y caminos para superar esas dificultades.

PL: Un problema concreto son los profesores comisionados por la SEP a favor del SNTE, que son muy numerosos. ¿Se trató alguna vez con el SNTE con ánimos de regularizar esa situación?

ML: No, yo no lo hice; valoré las posibilidades reales que tenía de obtener resultados, y a cambio decidí avanzar en otros frentes en los que había urgencia y posibilidades de mejorar.

PL: Otro caso es el de la acumulación de plazas. Se habla de situaciones muy irregulares, incluso extremas. La SEP ni siquiera sabe cuántos maestros hay; sabe cuántas plazas paga, pero no cómo se distribuyen y acumulan. ¿Tampoco este asunto llegó a discutirse con los dirigentes sindicales?

ML: Si la SEP y las autoridades estatales saben a qué maestros pagan, también saben cuántas plazas están activas. Lo cierto es que no siempre se hace coincidir el registro de cada maestro con el lugar donde realmente está ubicado. Para ordenar esto se creó un sistema de administración de personal (SIAP-SEP) cuya implantación fue impulsada por la Secretaría, el cual permitió importantes avances en un buen número de entidades. En consecuencia, la efectividad varía de un estado a otro. Nosotros dábamos las pautas generales: brindábamos los apoyos necesarios para impulsar los cambios, pero también marcábamos restricciones para impedir lo que era indebido ante las presiones de secciones locales. Las autoridades de los estados se comportan de manera diferenciada. En algunos se logró avanzar en el reordenamiento, incluso abriendo las plazas vacantes a concurso, a fin de que fueran ocupadas por los egresados de las normales y dejaran de formar parte de un manejo oscuro. Aplicamos seriamente restricciones para continuar abriendo plazas innecesarias en la primaria y esto obligaba a las autoridades estatales a la aplicación de nuevos procedimientos. Desde luego que hubo casos en que la autoridad estatal efectuó concesiones indebidas para evitarse problemas frente a presiones que a veces eran extremas.

Nuevamente, pensando en el futuro, es indispensable el logro de acuerdos que continúen sustituyendo las prácticas viciadas; que la escuela tenga mayor capacidad de organizarse sin el agobio de las burocracias administrativa y sindical, sin obstáculos innecesarios ni presiones indebidas y contando con mecanismos que le aseguren el apoyo de la autoridad y la disponibilidad de los medios que requiere. Es en la escuela donde se lleva a cabo la educación y es ella la que debe tomar gran parte de las decisiones que la afectan. Para avanzar por ese camino ahora se dispone de mayor información, de métodos con los que antes no se contaba y de una gran presión por parte de la sociedad que ya no quiere escuchar sólo explicaciones.

PL: Pero hay también estructuras arriba de la escuela que la afectan, como la supervisión. Se conoce que la red de supervisores agrupa a personas que anteponen su lealtad al sindicato sobre la debida a la autoridad, por lo que se encubren problemas y se esquiva la normatividad. ¿Qué opinas a este respecto? ¿No deberían ser de confianza los puestos de supervisor?

ML: En rigor sí, pero de nuevo hay grandes diferencias de

lugar a lugar. En muchas ocasiones los supervisores se cargan hacia el sindicato por inacción de la autoridad o por rutina. Muchas veces ni siquiera se intenta trabajar con los supervisores. Es un tema de urgente atención; hicimos algunas cosas en el Distrito Federal donde la Secretaría tenía responsabilidad directa en la prestación del servicio; dedicamos mucho esfuerzo a que la burocracia entorpeciera menos a las escuelas, y a que éstas dispusieran de mayores recursos para realizar lo que se proponían. La supervisión formó parte de este propósito general. Algunos problemas se vuelven de difícil solución, como el de supervisores de edad avanzada que han perdido el entusiasmo por su tarea y que en el mejor de los casos se concretan a reproducir rutinas, pero existen numerosos casos de maestros cuya experiencia y ascendencia es de gran utilidad para emprender acciones de mejoramiento. Con ciertos recursos y con la colaboración del sindicato podría revitalizarse una función que hoy trabaja muy por debajo de la necesidad educativa.

PL: Otro asunto que requirió grandes negociaciones con el SNTE fue Carrera Magisterial, aunque se había diseñado desde 1993.

ML: Ahí la presión del sindicato era muy clara: la aceptación del número creciente de profesores y más altas categorías para tener acceso a los beneficios de CM. En 1998 se hizo una revisión y una simplificación importante sobre los procedimientos para acceder a ella y se modificaron los mecanismos de determinación de puntaje para medir más objetivamente el desempeño del maestro. En particular el "factor aprovechamiento escolar", es decir, el rendimiento académico de los alumnos, adquirió un peso más significativo: pasó de 10 a 35 puntos, de tal manera que se convirtió en el factor de más peso. Se trabajó mucho en perfeccionar los instrumentos para medir el aprovechamiento escolar y el conocimiento de los maestros. Es indispensable revisarla en todo aquello que sea necesario para mejorar, para que sea un instrumento más poderoso a favor del desarrollo de los maestros y un impulso relevante para la calidad.

Te repito que procuré manejar las relaciones con los dirigentes sindicales con cordialidad, esmero y respeto. Además, el presidente me cumplió muy cabalmente la solicitud que le hice: que nadie metiera mano en los asuntos de la Secretaría, que no hubiera interferencias, incluidos desde luego los temas que tenían que ver con el sindicato. El presidente mismo se abstenía de atender asuntos por encima del secretario. Eso tiene un enorme valor e implicaciones prácticas de la mayor importancia.

PL: ¿Cuál sería el camino, cuáles los acuerdos que habría que ir estableciendo con el SNTE para lograr una relación más constructiva?

ML: Como dije, la relación con el sindicato es dinámica; nuevas circunstancias abren nuevas posibilidades o también pueden dificultar más las cosas; lo importante es construir de manera consistente, evolucionar más rápidamente a un escenario que permita dar respuesta sin restricciones a las exigencias sobre la calidad. Avanzamos mediante la evaluación en el conocimiento del estado en que se encuentran las escuelas. Hoy se sabe con nombre y domicilio cuáles son las escuelas donde se concentran las circunstancias más adversas: aquellas en las que se reúnen maestros menos cumplidos y menos calificados, que tienen directores inadecuados y supervisores que tampoco cumplen con su tarea. Sin tener esa información no sería posible avanzar de manera general, fundada y sistemática.

PL: ¿Y a dónde se mandaría a esos maestros mal calificados?

ML: Ése sería objeto del acuerdo entre autoridades y sindicato; la atención al problema exige desde la aplicación de medidas que permitan subsanar las deficiencias mediante la capacitación hasta la sustitución por maestros calificados. El sindicato deberá aceptar que la calidad favorecerá su prestigio.

PL: ¿Otros ejemplos de esos acuerdos?

ML : Uno más es el que mencionamos anteriormente: continuar la mejoría de CM en lo que es necesario para estimular el esfuerzo del maestro.

PL: Eso sería difícil. Cabe recordar las críticas que hace Alberto Arnaut al sindicato por, según él, haber "expropiado los derechos profesionales a los maestros".[18] Toda iniciativa de mejoramiento profesional, todo proyecto que surja del magisterio para mejorar su formación o actualización tiene que ser canalizado a través del sindicato para tener éxito; y ahí se le procesa o bloquea, según convenga a los intereses que maneja la organización gremial. Los profesores no tienen autonomía para organizarse ni para tratar directamente con la autoridad.

ML: La autonomía de los maestros para organizarse es un asunto que sólo compete a ellos. La autoridad debe tener claro cuáles son los asuntos que necesariamente deben ser tratados con la organización y aquellos otros que corresponden a las funciones de la Secretaría. Los dirigentes sindicales perciben con agudeza las posibilidades de convergencia entre lo que mejora la calidad y sus intereses gremiales; es aquí donde hay que construir los acuerdos. También comprobamos que a veces la falta de responsabilidad está del lado de la autoridad cuando no asume sus funciones por desconocimiento de la materia, o porque carece de aptitud o interés para aprenderla y atenderla. Es importante diferenciar esto de otro capítulo que es el de las concesiones indebidas "para llevar la fiesta en paz".

PL: ¿Y las situaciones de abuso o de delito?

ML: Las hay; casos de abuso contra maestras o alumnas, de negocios turbios o de simulaciones. La autoridad debe ser intransigente para rechazar situaciones indebidas. Sí es posible ir corrigiendo situaciones que resultan de las malas prácticas. En todo esto es indispensable que participen responsablemente la autoridad federal y las autoridades estatales. Es necesario combatir los casos particulares cuando tenga lugar alguna irregularidad; por otra parte, deben ponerse en funcionamiento

---

[18] Alberto Arnaut Salgado, *Historia de una profesión. Los maestros de educación primaria en México 1887-1994*, CIDE, México, 1996, pp. 215 ss.

esquemas y mecanismos que permitan superar las prácticas indebidas. Un ejemplo importante es el de la asignación de plazas
mediante concurso en el que participan los egresados de las
escuelas normales; esto llegó a ponerse en funcionamiento en
algunos estados.

PL: ¿Qué efectos tuvo la federalización en el comportamiento del sindicato y cómo la ves a futuro?

ML: Como he expresado, la federalización fue favorable en
muy diversos sentidos a la educación. Permitió el acercamiento de las autoridades a la realidad educativa y con ello mejor
atención de la materia. Desde luego esto fue diferente de entidad a entidad; intervenían diversos factores históricos, políticos, la voluntad de los gobernadores no siempre era la misma,
la habilidad de los secretarios para trazar estrategias, su determinación para sostener decisiones; también los liderazgos
variaban de lugar a lugar y la combinación de los componentes
arrojaba resultados distintos. Pero son procesos cambiantes;
continuamente entran en escena nuevos secretarios estatales,
nuevos gobernadores y nuevos dirigentes sindicales. También
en estos aspectos se requiere buscar la continuidad de los logros y tener líneas claras para no retroceder en ningún aspecto.
Habría que contar con una estrategia especial para el caso de
aquellos estados que presentan problemas de mucha mayor
complejidad que el promedio: Guerrero, Oaxaca, Michoacán,
Chiapas. En estos casos no es suficiente el esquema que opera
para el conjunto. Esa estrategia exigiría acuerdos políticos excepcionales, apoyos financieros especiales dirigidos en sentido
distinto de los que hasta hoy se han otorgado.

Relación con el Congreso

PL: Pasemos a otros actores políticos: con el Congreso de la
Unión te tocaba relacionarte dentro del esquema del dominio
del partido oficial y el control presidencial.

ML: No me tocó una presencia mayoritaria de la oposición en el primer trienio, aunque ésta fue muy activa. Desde septiembre de 1997 la Comisión de Educación estuvo presidida por la oposición. En todo caso se trataba de una instancia que había que atender con esmero, asegurar que los informes de la Secretaría fuesen consistentes y bien fundados, y que los datos anuales se pudieran cotejar de manera congruente con los programas iniciales. De efectuarse un análisis podría comprobarse que se transparentó mucha información. Los diputados expresaban demandas de la sociedad que era importante escuchar o señalaban carencias en el presupuesto que debían ser consideradas. Los diputados comentaban críticamente algunos programas y planteaban objeciones o exigencias que como secretario era necesario responder. En todo caso, tener presente la rendición de cuentas frente al Congreso y saberte obligado a contar con respuestas suficientes era un estímulo para cuidar aún más tus actuaciones.

¿Y los empresarios y la Iglesia?

PL: Con otros actores: la Iglesia, los empresarios, ¿qué negociaciones hubo?

ML: No hubo propiamente negociaciones; sí conversaciones y reuniones de información e intercambio de ideas. En cuanto a la Iglesia, la Secretaría de Gobernación organizó reuniones de varios miembros del gabinete con los obispos; esto fue al inicio del gobierno. Me externaron su preocupación de que la educación sexual, hasta entonces muy limitada, atendiera exclusivamente a los aspectos físicos y reiteraron la importancia de que la información fuera acompañada de contenidos valorables. Cuando se publicaron los libros de ciencias naturales de quinto y sexto con nuevos contenidos y nuevas imágenes, si bien hubo expresiones de rechazo por parte de algunos grupos, la mayoría de las autoridades eclesiásticas no los objetaron.

PL: Poniendo esto en perspectiva histórica, dado que en 1992 y 1993 ya se había modificado el artículo 3° en los temas relacionados con el 130, puede suponerse que los obispos católicos estaban satisfechos, pero, ¿no te pareció que se recrudecieron sus exigencias algunos años después, sobre todo su demanda de enseñanza religiosa en la escuela pública?

ML: Esta ha sido una demanda que reaparece cíclicamente, cuando alguna coyuntura les parece favorable. Sigo convencido no sólo de que el laicismo es un presupuesto básico de la educación pública sino, además, de que en este terreno la racionalidad debe prevalecer. Me parece que quienes plantean estas demandas no piensan en las consecuencias que tendría el establecimiento de clases de religión en las escuelas públicas; esto incidiría en la médula de la educación y además daría lugar a graves divisiones en el seno de los planteles. Debemos aspirar a que los métodos educativos ayuden al alumno, conforme a su edad, a encontrar sus propias verdades, y no imponerle una visión determinada. La escuela pública es punto de encuentro de muchas creencias; ahí se inicia la convivencia plural y esto es parte de la formación de los alumnos.

PL: Cuando se ve que el sistema educativo español acepta la enseñanza religiosa en la escuela pública bajo ciertas condiciones, se cae en la cuenta de todo lo que esto implica para la propia Iglesia: preparación de maestros de religión, supervisión de su calidad, evaluaciones, elaboración de libros de texto, etc.; es todo un aparato. En nuestro caso hay que recordar que serían más de 700 000 grupos escolares a los que habría que atender. ¿Y los empresarios qué demandas planteaban?

ML: Con los empresarios tuve varias reuniones interesantes a lo largo del sexenio. La primera fue con el Consejo de Hombres de Negocios, quienes mostraron interés en conocer el Programa de Desarrollo Educativo que habíamos elaborado. Hubo muchas más, con los dirigentes de las diversas organizaciones y con representantes de ese sector sobre diversos temas.

Expresaron preocupación por los temas relacionados con la calidad y fueron muy claros en la intención de avanzar en la vinculación entre el sector productivo y las instituciones de educación tecnológica. En un buen número de regiones del país hubo avances notables en el tema de la vinculación. Un ejemplo muy importante fue el de la capacitación basada en normas de competencia (Conocer), puesto en marcha conjuntamente con la Secretaría del Trabajo y que involucró a numerosos grupos empresariales del país, así como a un número igual de sindicatos. Otra área del sector educativo con la que colaboraron fue el INEA, pues varias empresas participaron en las tareas de esta institución. A decir verdad, me habría gustado que su compromiso en la educación de los adultos hubiera tenido mucha mayor fuerza. El programa *Ver Bien para Aprender Mejor* logró la atención y participación de algunos empresarios que hicieron donativos importantes y se dieron a la tarea de solicitar la cooperación de la sociedad. Se hicieron responsables del manejo de los recursos.

La soberbia del poder

PL: ¿Cómo se ve a hora, a distancia, el poder político que ejerciste?

ML: Desde el inicio de mi carrera me guió la convicción de que el poder es sólo el medio para realizar ideas y alcanzar propósitos. Ya sabemos que con facilidad puede llevar a perder el sentido de la realidad y al abuso. Por esto me ha parecido muy importante rodearme de personas inteligentes —de preferencia más inteligentes que uno— con quienes confrontar iniciativas y además superar las propias limitaciones; las personas caracterizadas por una moral fuerte son también un estímulo a la moderación; cuando se conforma un ambiente de trabajo así es más fácil relativizar tus puntos de vista y tener presente tu falibilidad. Aún así te equivocas.

Fui muy afortunado en tener el poder de un secretario después de una carrera larga, pero todavía a una edad que me permitía contar con mucha energía. Siempre vi al poder con cierta distancia, pero también sin miedo, sin aceptar todas sus condiciones y en consecuencia renunciando a algunas de sus expectativas. Es muy fácil que el poder ilusione y más fácil es que desengañe. Es bueno cultivar la gran disciplina que te exige, pero también mantener cierta capacidad de disidencia. Mucho respeto la fuerza del poder, aunque también desprecio sus signos externos dirigidos a impresionar, a obtener el sometimiento. La relación con el poder me parece que se resume así: o puedes con él o él acaba contigo.

Desigualdades educativas y sociales

PL: Pasemos a otro gran tema: ¿qué corresponde hacer al sistema educativo ante las grandes desigualdades sociales del país? ¿Es suya la responsabilidad por la equidad social, o es de la política económica?

ML: Sabemos que al sistema educativo no le corresponde resolver el problema de la desigualdad social, pero sí contribuir a su solución. Contando con los apoyos necesarios la educación amplía las oportunidades para acceder a la escuela, para permanecer en ella, para aprender efectivamente y obtener una preparación que te sirve para todo en la vida. También debe esperarse que el sistema educativo contribuya a repensar los modelos que la sociedad promueve aun cuando es de reconocerse que en este sentido la organización económica y social le impone grandes limitaciones.

PL: La LGE, entre sus aciertos, incluye todo un capítulo sobre la equidad, asigna a la SEP explícitamente la función de compensar las desigualdades educativas y establece provisiones para el trato desigual a los desiguales. Poco después de promulgada empezaron a operar los programas compensatorios; ¿cuál fue el origen de estos programas? ¿Fueron ideados en organismos internacionales y traídos a México por ellos o se originaron en la propia Secretaría?

ML: Fueron anteriores a mi llegada a la SEP; los encontré en marcha y continuaron con el apoyo de la Secretaría de Hacienda. Lo que durante esos años puso en actividad el presidente Zedillo fue Progresa, que permitió integrar la educación con la salud y el desarrollo social. Sus efectos más notables se reflejaron en el crecimiento de la secundaria.

PL: En la negociación de estos programas con el Banco Mundial o el Banco Interamericano de Desarrollo, ¿percibías diferencia de opiniones? ¿Había modelos preconcebidos por esos organismos que se tratara de implantar en el país y chocaran con las políticas de la SEP?

ML: No. Los recursos no venían atados a modelos; nunca percibí un intento de esa naturaleza.

PL: ¿Tampoco el sindicato presionaba en algún sentido, por ejemplo, para procurar beneficios a los supervisores?

ML: No, el manejo de los programas lo llevaba la Secretaría. Los retos más relevantes nos eran impuestos por nuestro contexto: escuelas aisladas, grandes carencias, problemas de salud y desnutrición infantil, distancias que un supervisor no alcanza a recorrer. Pugnábamos porque se fortaleciera una plataforma institucional para que los recursos pudieran ser bien aprovechados; se requería un esfuerzo extraordinario de organización.

Cuatro casos de desigualdad

PL: Me gustaría que comentaras varios casos específicos relacionados con el tema de las desigualdades. El primero es el de la educación indígena. Ya decías que sentías no haber hecho más en su favor. ¿La manera como concebimos la educación de la población indígena no requiere un replanteamiento integral?

¿Qué futuro tiene la educación indígena? ¿Qué metas realistas debemos ponernos para ser consecuentes con el carácter multicultural del país?

ML: Veo en esto dos aspectos esenciales: uno, la educación de la población no indígena para mirar de un modo diferente a los indígenas, sin discriminación; otro: instrumentar el propósito de tratar a los indígenas como desiguales, asignándoles comparativamente más recursos que al resto de la población.

Hubo algunas experiencias en este sentido, como la elabo-

¿Tiene Carrera Magisterial posibilidad de transformarse?

Pescador: Sí, si hay voluntad política para establecer un acuerdo bien trabajado con el sindicato o para lograrlo unilateralmente… Creo que es posible terminar con este concubinato establecido en la era priista, y que el Estado mexicano recupere sus atribuciones en asunto tan importante para la calidad de la educación.

Lo que nos falló en el diseño de Carrera Magisterial (CM) fue precisar correctamente algunos factores de la evaluación, sobre todo lo que se llamó desempeño profesional, y aceptar que fuese el consejo técnico de la escuela el sujeto evaluador, lo cual desvirtúa la evaluación. Además, inmediatamente se movilizó el SNTE para aumentar su presencia en todos los organismos de CM; presionaron para que ingresaran al sistema también los supervisores y los técnicos. Todo esto debilitó a CM.

Fallan los instrumentos que se aplican, falla el sujeto que hace la evaluación y, por otra parte, no hay capacidad para exigir que se remedien las deficiencias que se comprueben. Por esto CM no ha contribuido en lo sustancial a elevar la calidad de la docencia.

Lo que debe preocuparnos es la calidad real de nuestros maestros. Recuerdo que en 1993, al introducirse los exámenes a los alumnos en relación con CM, se aplicaron exámenes muy semejantes a sus profesores, y los resultados en promedio fueron muy decepcionantes; eran casi iguales a los de los estudiantes. Esto nunca se dio a conocer. No podemos seguir así.

ración de nuevos materiales en lenguas autóctonas, la actualización de métodos para ponerlos al servicio de los grupos indígenas. Recuerdo la normal indígena que funciona en San Luis Potosí y que estaba innovando en esta dirección; o el caso del plantel de educación superior establecido en Santa María Tlahuitoltepec, Oaxaca. Es indispensable reconocer que toma mucho tiempo y esfuerzo construir modelos educativos alternos que respondan a los requerimientos de estos grupos, que tengan consistencia y cuenten con los recursos necesarios. La his-

---

Sostengo que CM como sistema de actualización debe estar plenamente en manos de las autoridades, sin que intervenga el sindicato. Como está, no se ha comprobado su eficacia para elevar la calidad de los maestros y su enseñanza; todo mundo se queja de los cursos que se imparten...

El sindicato tiene como principio que todo asunto relacionado con formación y actualización de los maestros debe ser aprobado bilateralmente; yo siempre sostuve que son asuntos exclusivos de la autoridad.

Limón: Ahí (en CM) la presión del sindicato era muy clara... En 1998 se hizo una revisión... se trabajó mucho en perfeccionar los instrumentos para medir el aprovechamiento escolar y el conocimiento de los maestros. Es indispensable revisarla en todo aquello que sea necesario para mejorar, para que sea un instrumento más poderoso a favor del desarrollo de los maestros y un impulso relevante para la calidad.

Tamez: Estoy de acuerdo con que CM no está cumpliendo con su propósito (de incidir en mejorar la calidad de la docencia) ni hay ningún resultado significativo para la calidad de la educación. Tenemos que replantear los términos y alcances de estas evaluaciones... CM tiene que cambiar integralmente: las evaluaciones que se realizan son demasiado costosas y no tienen impacto. Definitivamente, CM no ha respondido al interés y a las expectativas que se tenían. —Y añade—: Debemos comprometer su rediseño con el sindicato.

toria de la educación indígena está llena de fracasos, de proyectos bien intencionados que carecieron de bases adecuadas o de perseverancia para su seguimiento. Además, la burocracia, tanto federal como estatal, abunda en malos ejemplos, opera frecuentemente en condiciones que no favorecen a los indígenas; hay presiones sobre los recursos por parte de todos los grupos no indígenas que tienen más capacidad de hacer valer sus intereses. Además, el tema se presta fácilmente a soluciones demagógicas, fórmulas aparentemente correctas pero que carecen de seriedad y consistencia; por ejemplo, la asignación de profesores improvisados, la asignación de plazas a personas que carecen de las características adecuadas o que no gozan de la preparación necesaria, pero se presiona para favorecerlos en nombre de los indígenas.

Creo que lo deseable sería que los mejores egresados de las escuelas normales fueran asignados por algún tiempo a las zonas más difíciles, tanto indígenas como no indígenas; así tendríamos a esos cuadros bien preparados desempeñándose en esas áreas, y obtendrían una experiencia pedagógica especialmente valiosa. Los egresados que no tuvieran conocimiento de la lengua autóctona local pero que estuvieran dotados de buena formación magisterial estarían apoyados por personal bilingüe.

Hay además dilemas difíciles de resolver: ¿con qué intensidad fomentar la lengua indígena?, ¿hasta qué grado?, ¿en qué asignaturas? ¿Cómo medir la evolución del bilingüismo? La televisión, que llega ya a muchas comunidades indígenas, está modificando rápidamente el contexto lingüístico y cultural, con efectos contradictorios.

PL: Siempre me ha intrigado por qué en México no hemos desarrollado políticas lingüísticas claras en el sistema educativo. Conociendo los sistemas educativos de otros países, por ejemplo los europeos, ellos norman con mucha precisión las lenguas que deben aprenderse, y lo hacen en dos frentes: externo e interno. En el externo se caracteriza al sistema en sus diversas ramas por las lenguas que se cultivan en ellas: francés-latín o francés-inglés o latín-griego, etc. En el frente interno se atiende al aprendizaje de las lenguas de las minorías promoviendo cierto grado de bilingüismo en concordancia con el grado de autonomía que se concede a esas minorías; el caso español con sus autonomías es ya típico. En México no me parece que hayamos atendido adecuadamente ninguno de los dos frentes. Ni siquiera respecto del aprendizaje del inglés, que nos es indispensable, ha habido reglas claras y el grado de eficiencia con que se aprende suele ser lamentable. Respecto de las lenguas indígenas, ni siquiera se ha considerado que todo mexicano debiera aprender los rudimentos de una lengua indígena o al menos familiarizarse con una de las grandes culturas originarias.

ML: Me parece necesario considerar las particularidades del caso de México, y en este sentido quizá nos sea más útil mirarnos en relación con otras realidades más afines. La política general del gobierno respecto de las poblaciones originarias ha variado, como bien sabes. El carácter multicultural del país se viene a reconocer en principio hasta hace apenas unos 20 años, superando la idea de una uniformidad basada en un mestizaje integrador. El derecho indígena sólo hoy se empieza a reconocer y su conciliación con el derecho nacional ha encontrado grandes dificultades; todavía carecemos de reglamentaciones operativas. Apenas se reconoce el derecho de un indígena a contar con un traductor en los juzgados.

Es éste un problema muy serio. Estos temas se analizan en centros de investigación, pero no son objeto de decisiones políticas. Hay avances: a partir del reconocimiento de la pluriculturalidad se fueron elaborando los libros de texto gratuitos en lenguas indígenas, pero carecemos todavía de pautas claras y de definiciones sobre los apoyos y complementos que debe dar el sistema social a las políticas de interculturalidad. Siguen pesando lastres heredados del colonialismo, hábitos de vida que tienen que ver con la subordinación de las comunidades;

los aspectos culturales nos condicionan y no cambian tan rápidamente como sería deseable.

PL: ¿Cuál es tu opinión sobre la Dirección General de Educación Indígena? ¿No es uno de los grupos más burocratizados y corruptos de la Secretaría?

ML: Ha tenido distintos momentos. Su creación significó un gran avance, pero el personal y los recursos económicos de que dispone no corresponden a sus grandes responsabilidades. Hay también presiones de grupos de interés que pretenden manipular a los indígenas, en nombre de los indígenas, pero hay también una línea de trabajo continuo muy respetable que se ha traducido en mejores y más abundantes materiales educativos. No se debe olvidar, por otra parte, que son las autoridades de los estados las responsables de la operación de la educación indígena. Es necesario que frente a ellas la federación asegure una más eficaz aplicación de la normatividad general.

La Coordinación General de Educación Bilingüe e Intercultural, que depende directamente del secretario y tiene una importante jerarquía, puede ser un punto de apoyo para avanzar hacia la educación que los indígenas merecen.

PL: Otro caso de desigualdades sociales fomentadas por la educación es el de la enseñanza privada de corte elitista. ¿Este tipo de escuelas no está fomentando y afianzando las desigualdades sociales? Las más visibles son las de nivel superior, pero existen en todos los niveles. Segregan a quienes pueden pagar sus colegiaturas, los forman como una clase aparte, les infunden prejuicios sobre los que menos tienen, los apartan de una visión completa de nuestra realidad. ¿Qué puede o debe hacer la SEP al respecto?

ML: Es una realidad innegable en algunos casos y reflejo de la sociedad desigual que existe. Sin embargo, es necesario tener en cuenta que existen esfuerzos muy respetables, en todos los niveles, iniciativas innovadoras que responden a la intención de ofrecer alternativas pedagógicas de calidad que han construido valiosos modelos educativos a los cuales hay que alentar y de los que además se debe aprender.

Educación y diversidades regionales

PL: Otro caso en el que las desigualdades inciden en el sistema educativo es el de las diferencias regionales. Parece ser que ahora ya no se insiste en la "unidad nacional" sino que se privilegian las diferencias; ¿no vamos hacia tres Méxicos —el del norte, el del centro y el del sur—? ¿Se consideran estos riesgos al tratar con los estados o al aprobarse los planes y programas de estudio?

ML: Ése es un desafío político y social del país y en el que la educación juega solamente una parte. Sin embargo, debemos procurar poner los contrapesos necesarios, sobre todo brindando mayores apoyos a las regiones menos favorecidas. No se trata de frenar a quienes van adelante, sino de impulsar a quienes vienen atrás y fortalecer los puntos intermedios donde ambos deben encontrarse. Las regiones más favorecidas tienen que compartir, para mantener la unidad y la cohesión del país, y favorecer que nuestra riqueza cultural beneficie a todos. No debemos pagar por la diversidad el precio de la injusticia.

PL: Pienso sobre todo en los estados de la frontera norte. ¿No encontraste en algún secretario de Educación de esas entidades la tendencia a desentenderse del resto del país y considerar que le bastaban sus propios referentes? Hay personas acomodadas en Monterrey, por ejemplo, que con toda franqueza te dicen: "Nosotros somos eficientes, blancos y bonitos; no tenemos por qué cargar con los indígenas de ustedes".

ML: No fue así. Es precisamente en el seno de la educación donde pueden alimentarse los valores de apertura, tolerancia y disposición al mutuo aprendizaje. Los valores de la educación te llevan a ser generoso y responsable, a superar prejuicios para poder conocer y valorar a los demás.

PL: ¿No se dio el caso de programas de formación de valores impulsados por algunos estados del norte que enfatizaran unilateralmente los valores de eficiencia en detrimento de valores humanos más fundamentales?

ML: Todo lo contrario; las autoridades educativas de esos estados mostraron siempre gran disposición a cooperar con los esfuerzos de la SEP y adoptar sus orientaciones.

¿Educar para el desempleo?

PL: Una cuarta manifestación de las desigualdades en la educación es la relación entre ésta y la economía informal. El gran supuesto es que la educación prepara a los jóvenes para el trabajo; pero cuando las oportunidades reales de trabajo se reducen, y más de la mitad de los egresados del sistema quedan abandonados a su suerte, ese supuesto debe revisarse. ¿No habría que formar hoy también para el desempleo o, si se quiere, para el empleo en el sector informal?

ML: Me parece que todas las personas deben tener una educación básica que les permita atender satisfactoriamente sus necesidades, trabajen donde trabajen, pero son muchos los retos tanto conceptuales como financieros y prácticos que la educación enfrenta para lograr una vinculación plenamente satisfactoria con el mercado de trabajo. Esto se resiente en las épocas en que la economía presenta mayores problemas. Es correcto insistir en la pertinencia, pero también en una formación que permita al egresado enfrentar de la mejor manera posible la incertidumbre de la economía. De todos modos es motivo de enorme frustración para los jóvenes encontrar los caminos cerrados después de haber concluido sus estudios. La educación puede proporcionar bases, preparar para condiciones cambiantes, pero el comportamiento de la economía no está bajo el control de la educación.

PL: ¿Sería posible organizar cursos breves para los jóvenes

16

que desertan antes de terminar su educación básica, orientados a facilitarles su introducción a la economía informal?

ML: Un objetivo primordial debe estar orientado a que no existan desertores a lo largo de la educación básica y que cada individuo pueda continuar aprendiendo aun cuando cambien las circunstancias en que vive. Con este sentido se construyó en el INEA el Modelo de Educación para la Vida; en él se reconoce lo que ya sabe el joven o el adulto, y se le abre un abanico de opciones, muchas de ellas orientadas directamente al trabajo. Nos llevó mucho tiempo de investigación, planeación y elaboración; fue hasta el quinto año de gobierno que se pudo poner en marcha. Existen también otras opciones de posprimaria como los Cecati y otros cursos de capacitación para el trabajo. La base debe ser la capacidad de aprender de manera ininterrumpida y en situaciones diversas.

PL: El problema es que el maestro de una escuela rural en la que deserta un alumno no tiene o tiempo o hábito o inquietud de persuadirlo para ser reencauzado hacia algún otro curso; no lo considera su responsabilidad.

ML: Es una realidad que no está en manos del maestro.

Integración vertical

PL: Hay varios asuntos de primer orden en la política educativa que siguen esperando solución. Pongo el caso de la integración vertical de los tres niveles de la enseñanza básica que sexenio tras sexenio se ha señalado como urgente y ahí sigue. Se reconoce que las transiciones de preescolar a primaria o de ésta a secundaria son muy abruptas, en lo curricular, en el estilo de organización de los planteles, en el tipo de profesores y por tanto en su formación, y en los procesos de socialización de los estudiantes. ¿Se consideró este asunto en tu periodo?

ML: Efectivamente, éste es un tema en el que recurrentemente se insiste; sin embargo, no se cuenta con un diagnóstico del que se desprendan claramente cuáles serían los cambios a realizar.

Tecnología informática

PL: Tu sexenio se distinguió por impulsar como nunca antes la aplicación de las tecnologías informáticas a la educación. Las realizaciones del Instituto Latinoamericano para la Comunicación Educativa (ILCE) fueron muy notables. ¿Qué te motivó a esto? ¿Por qué en esta área se avanzó tanto?

ML: En este tema había pensado desde mucho tiempo antes; en el debate internacional era tema prioritario, principalmente para los países que disponían de suficientes medios económicos. Pensaba que también en nuestras circunstancias era aún más necesario encontrar las fórmulas adecuadas en esta materia y obtener los recursos necesarios para poner en marcha un buen programa: los medios electrónicos representan un maravilloso recurso para facilitar el aprendizaje, para distribuir con más equidad las oportunidades educativas, para capacitar y actualizar a los docentes.

Lo había comentado mucho tiempo atrás con quien sería durante mi gestión el director del ILCE; ya en la Secretaría de Educación dedicamos tiempo suficiente a planear, a construir una estrategia de medios aplicados a la educación; el ILCE hizo una gran tarea. Hubo resultados de diversa índole; en algunos casos se logró construir modelos novedosos que demostraron eficacia aun cuando no se hayan extendido totalmente: la "Red Escolar", el acceso a la internet para fines educativos, la "Secundaria XXI", los "Centros de Maestros", la Videoteca Nacional, el fortalecimiento de la Telesecundaria con estos recursos, el desarrollo de una programación complementaria al servicio del magisterio, así como otros servicios que se proporcionaron a otras instituciones. Todo esto es de gran fuerza transformadora y constituye una palanca muy poderosa a favor de los más rezagados.

Estos recursos ayudan a alimentar la curiosidad científica de los alumnos, así como a ilustrar y ampliar los conceptos y la visión del mundo. Una escuela aislada en el medio rural puede beneficiarse de todo esto a través de estas tecnologías. La Secundaria XXI fue también un ejemplo de cómo avivar la interacción maestro-alumno; su diseño y aplicación inicial hacían sentir, en la práctica, una innovación muy alentadora. Al extenderse podrá también cumplir otro propósito: impulsar la reforma estructural de la secundaria. No representa sólo acceso a más información, sino un método que estimula la curiosidad del alumno y sus aptitudes de búsqueda personal; de ahí su capacidad para impulsar el cambio.

Creo que sólo con el tiempo se verán los resultados sobre el conjunto del sistema educativo, pero el camino quedó trazado. La escuela pública se verá así enriquecida y dinamizada; insistimos mucho en que la dotación de estos instrumentos fuera siempre acompañada de la capacitación de los docentes, que no fueran "fierros" nuevos para convivir con viejas prácticas. La renovación de la docencia por este camino es gradual; al principio son sólo grupos pequeños de maestros que por convencimiento y entusiasmo aprovechan las nuevas tecnologías, pero ese entusiasmo se va contagiando a sus compañeros por el ejemplo y los resultados; lo que importa es apoyarlo con cuidado y perseverancia.

PL: En el aspecto institucional a muchos extrañaba que fuera un organismo formalmente interamericano, el ILCE, el responsable de acciones propias de la SEP. Comprendo que se haya querido iniciar aprovechando la infraestructura que existía, pero, ¿por qué no se llegó a conformar un instituto, una estructura propia de la SEP?

ML: Tenía muchas ventajas empezar así. Era evidente que se podría caminar más rápidamente con el ILCE. Atrás de los aspectos formales de la institución no se debe olvidar que los recursos provenían principalmente del gobierno mexicano y que los países miembros de su Consejo se beneficiaban también de los logros. No quisimos perder energía en una transformación que no era indispensable y que en la práctica tampoco aportaba mayores consecuencias; en general opté por no gastar energías en esas tareas. Me pareció que cambios organizativos profundos conllevarían muchas resistencias, movimientos de personal, paralizaciones que tendrían un alto costo. Esa energía y esa imaginación se las habría restado a los propósitos fundamentales.

Televisión y educación

PL: Otro problema fundamental para la educación del país que permanece intocado e intocable a lo largo del tiempo es el de la acción "deseducativa" de la televisión. ¿No le quita el sueño a un secretario de Educación lo que hace la televisión con los niños, todos los días y a toda hora? ¿No transmite valores enteramente incongruentes con los propósitos de la escuela?

ML: Desde hace muchos años está presente esta preocupación en los educadores. Hay sin duda en todo secretario de Educación una sensación de impotencia en relación con el tema; carece de la fuerza necesaria y de los medios para lograr un propósito fundamental: que los medios electrónicos masivos ofrezcan una programación que no contradiga los valores que la escuela postula.

Somos injustos con los maestros al exigirles que realicen lo que los demás actores educativos desconocen. Varias veces insistí en mis comparecencias ante el Congreso en que debiéramos tener todos mayor congruencia, que los medios debieran alentar valores fundamentales; expresé mi opinión de que no implicaba atentar contra la libertad de expresión el hecho de que los medios vincularan su funcionamiento a un código ético que marcara restricciones e impusiera obligaciones; son pasos a dar si de verdad queremos una sociedad sana y un ambiente propicio al desarrollo de los niños y los jóvenes.

Muchos de nuestros problemas tienen su origen o se refuerzan en la acción de los medios que se guían sólo por el *rating* sin ninguna restricción ética; la banalización de temas que requieren tratarse con respeto o la proliferación de imágenes de violencia hacen evidente una falta fundamental de coherencia.

PL: ¿Tuviste conversaciones con los directores de los grandes consorcios televisivos comerciales?

ML: Sí las tuve, pero también tuve claridad desde el principio de que no iba a lograr grandes resultados, pues éstos no estaban a mi alcance. La mayor colaboración la tuve de Televisa, pues nos permitió contar con la barra de programación que estuvo a cargo del ILCE. El gran problema depende de una decisión de Estado, de una política social decidida, que debiera pasar por la discusión pública y desde luego asegurar el derecho a la libertad de expresión, para llegar a establecer y hacer respetar un código de ética de los medios de comunicación. En la discusión de este asunto se insiste ahora en que con la globalización se vuelve más difícil lograr una regulación efectiva: los especialistas se preguntan qué tan útil será marcar restricciones en el marco nacional si las personas tienen la posibilidad de acceder a otras programaciones que operan sin ellas.

PL: El argumento es válido, pero en las circunstancias de México, creo que la franja social que tiene acceso a televisión por cable o satélite o escucha habitualmente radio de onda corta es relativamente limitada.

ML: Es verdad. Pero independientemente de que esa franja se va ampliando, no debemos olvidar que una parte de la sociedad no tiene compromiso con los demás ni quiere oír hablar de restricciones. Es éste un gran pendiente en la agenda política nacional, si en verdad nos proponemos construir una sociedad sana. Por fortuna un número creciente de empresarios comparten la preocupación. Nos quejamos de la violencia, de los inconvenientes que nos causan los comportamientos que violan nuestros derechos, de la falta de responsabilidad por los bienes comunes, del consumismo, pero asistimos todos los días a una abundancia de mensajes que promueven todo eso.

También creo, con toda sinceridad, que en los medios hay grupos y personas con inquietud por esta situación; existe también un debate interno; habría que intensificarlo para lograr resultados en un plazo no demasiado lejano.

PL: Están los responsables de los medios, pero también el Congreso de la Unión, que no avanza en esta dirección.

ML: Así es.

Obligatoriedad de la educación preescolar

PL: Recientemente el Congreso estableció la obligatoriedad de la enseñanza preescolar. ¿Qué opinas de esta medida?

ML: Me preocupa que sea otra fuente de desigualdad. La importancia del preescolar exige grandes esfuerzos y recursos para ampliar su oferta. Hacer obligatorio el preescolar, y en consecuencia requisito para el ingreso a la primaria, representa un serio perjuicio para quienes no cuenten con ese servicio. No parece que esto pueda quedar arreglado en el corto plazo. Hay además el riesgo de uniformar y reducir la gran riqueza de modalidades y prácticas que existen en el país y que corresponden a nuestra diversidad.

La descentralización en el Distrito Federal

PL: Recibiste una situación creada respecto de la educación básica en el Distrito Federal: desde 1992 un artículo transitorio de la LGE, el cuarto, hacía depender su descentralización de la anuencia del sindicato y "en los términos y fechas" que se acordaran con la organización gremial. ¿En tu periodo se impulsaron las negociaciones para llevar a cabo la descentralización?

ML: Aunque este paso es necesario para que se complete la federalización, en ese momento no lo tenían en sus planes las autoridades del Distrito Federal.

PL: ¿Es problema financiero o sindical?

ML: Es un asunto que exige esencialmente la voluntad política del Sindicato y de las autoridades.

PL: ¿Era Manuel Camacho el jefe de gobierno?

ML: Al firmarse el ANMEB, sí; a mí me correspondió tratar con tres titulares: Óscar Espinosa Villarreal, Cuauhtémoc Cárdenas y Rosario Robles. Durante mi periodo, expresé permanentemente disposición para llegar a un acuerdo con las autoridades de la ciudad; la realidad es que éstas estaban ocupadas con otros problemas y no se pudo avanzar. Sin embargo, hubo entendimiento con todos los titulares mencionados para que continuara la construcción y el mantenimiento de los espacios educativos y se atendieran otros aspectos en que se entrelaza el funcionamiento de las escuelas con diversos servicios. En algunos casos hubo discrepancias que llegaron a hacerse públicas, pero se zanjaron mediante el diálogo. Un acuerdo con autoridades surgidas del PRD favorable a las escuelas fue el relativo a la dotación de libros de texto gratuitos para las secundarias.

PL: ¿Se frenaban las negociaciones específicamente por las implicaciones salariales o de homologación que traería la descentralización?

ML: Nunca llegamos a discutir estos temas.

PL: ¿Tampoco llegaron a discutirse las características de la persona que quedara al frente de la educación en el Distrito Federal para que fuera aceptable por ambas partes?

ML: Tampoco. Yo habría aceptado que el gobierno local asumiera también esta responsabilidad; así ocurrió con todas las entidades.

PL ¿Pero no se discutió alguna figura de transición para el periodo de preparación de la descentralización?

ML: No. Nunca hablamos de eso.

La restructuración de la Secretaría

PL: En tu periodo avanzó mucho y se consolidó el proceso de federalización; se formaron equipos en los estados para robustecer sus capacidades y se alcanzó mayor grado de autonomía en las decisiones de los gobiernos locales; se esperaba que, como contraparte, al reducirse las funciones de la SEP (al dejar de ser operativa y sólo normativa y evaluativa), se diese también una reducción en su tamaño. Pero no fue así; incluso hubo dependencias, como la Subsecretaría de Coordinación y Planeación, que aumentaron su personal; el análisis del presupuesto lo confirma. ¿Cómo ves esta situación? No hubo una cirugía mayor como muchos esperábamos. Junto con esto, tampoco se redujeron las funciones de los representantes de la SEP en los estados, como sería lógico esperar al aumentar la autonomía de éstos en materia educativa.

ML: No fue así. No es correcta la apreciación de que la burocracia central creció. Al inicio del gobierno encontramos unas 9 000 personas y al final de sexenio trabajaban alrededor de 6 000 en las áreas de la Secretaría ocupadas de la normatividad y la administración, es decir, no están incluidas aquí las áreas responsabilizadas de operar servicios educativos como la Subsecretaría del Distrito Federal y la de Enseñanza e Investigación Tecnológica. Sobre la reducción de personal me referiré en particular a algunas áreas que mencionas: la Dirección de Planeación y Presupuesto pasó de 600 a 350 en el lapso mencionado, y la Dirección de Evaluación se redujo en 300 personas al pasar de 700 al inicio del gobierno a 400 que tenía cuando llegamos al final. La Subsecretaría de Planeación y Coordinación tenía en conjunto 2 000 personas al inicio y pudo reducirse alrededor de 1 000.

En el caso de los representantes de la Secretaría en los estados, ya no tuvieron funciones operativas; vimos que era necesario contar con ellos para ejercer funciones muy acotadas. En esta etapa era indispensable estar al tanto de la observancia de la normatividad, del curso que llevaban los programas estratégicos, de la aplicación de los recursos, de anomalías cuando éste era el caso. Me parece importante señalar que en muchos casos el representante fue útil para la autoridad estatal; aunque en algunos casos llegó a ser una figura incómoda por no estar supeditado a su autoridad. Sus equipos de trabajo eran pequeños, tenían en promedio 13 personas.

PL: Tu visión es definitivamente positiva.

ML: En esto no tengo duda. La burocracia que encontré al inicio no creció, sino que disminuyó. Se pusieron en marcha, además, los procesos de descentralización del Capfce, del INEA y del Conalep; no pudo llevarse a cabo en el sistema tecnológico.

Crecimiento de la enseñanza privada

PL: No hemos hablado del crecimiento de la educación privada en tu sexenio, que en algunos niveles escolares, como el superior, rompió todos los récords: en seis años pasó de representar 16 a 30% de la matrícula total. ¿Cómo veías la enseñanza privada, desde tu visión que enfatizaba la importancia de la pública?

ML: Lo que hicimos fue impulsar el crecimiento de la educación pública en todos los niveles y desde luego en el superior hasta el límite de nuestras posibilidades financieras, y hasta el límite también de otras capacidades indispensables: que existieran los profesores capaces, que en general se contara con la infraestructura académica adecuada, que se pudieran garantizar buenos resultados. Se crearon en ese periodo más de 100 nuevas instituciones públicas de educación superior, además de ampliar la capacidad de las existentes. La media superior tuvo también un crecimiento muy notable. Pudimos establecer los servicios en regiones muy rezagadas. Procuramos, además, fortalecer la pertinencia de la oferta de las instituciones públicas: las universidades tecnológicas demostraron ser efectivas para atraer al alumnado; contaban con planes de estudio vincu lados con la industria local y su establecimiento era altamente apreciado. El crecimiento al que te refieres no fue en detrimento de las instituciones públicas, ya que rebasamos las metas que nos habíamos propuesto.

Relación con la investigación educativa

PL: Siempre mostraste interés por la investigación educativa que se realizaba en el país; quizás era un saldo de los años en que te dedicaste a la actividad académica. Recuerdo varias conversaciones contigo sobre los hallazgos o estados de conocimiento en algunos temas específicos o entrevistas que tuviste con la directiva del Consejo Mexicano de Investigación Educativa para asuntos concretos. ¿Cómo ves esta relación? ¿Qué críticas harías a la investigación que se realiza en el país? ¿Te era útil? ¿Echabas de menos otros temas u otro tipo de estudios?

ML: Considero muy importante esta relación. Lo que ustedes los investigadores aportan nos ha permitido adentrarnos en las deficiencias de la educación, en sus desigualdades, en las características del magisterio y en otros muchos aspectos de la realidad. Traté de apoyar los esfuerzos de investigación, tanto los realizados en los centros universitarios o en la UPN, o por algunas autoridades estatales. De todos modos me quedó la insatisfacción de no haber impulsado a la investigación educativa en el Sistema Nacional de Investigadores.

PL: Algunos investigadores veíamos críticamente la actividad de la Dirección General de Investigación Educativa en la SEP. Nos parecía que hay un tipo de investigación que debe realizarse ahí, dentro de la Secretaría, y otros tipos que es mejor se realicen fuera, en instituciones más autónomas y con mayor permanencia. En concreto, en tu periodo nos parece que disminuyó mucho el alcance de lo que hacía esa Dirección, la cual no supo relacionarse con los centros de investigación externos y acabó realizando estudios confidenciales que no publicó o promoviendo concursos de "investigaciones" realizadas por maestros, lo cual tenía otras finalidades que no discuto, pero no hacía aportaciones a la política educativa. Tampoco se propuso a los investigadores algún temario de estudios que las autoridades consideraran relevantes para que los consideraran. ¿Tendrías algo qué decir respecto de estas visiones externas?

ML: Creo que tienes razón, pues más bien se dedicaron a la aplicación de los conocimientos que habían obtenido de investigaciones realizadas con anterioridad. Tal es el caso del Proyecto de Gestión Escolar, un ejemplo destacado en este sentido; otro producto valioso obtenido de esas investigaciones anteriores fue el de los nuevos contenidos introducidos con la reforma a la educación normal.

PL: ¿No echaste de menos investigaciones más prácticas, por ejemplo, sobre currículo, que pudieran apoyar los cambios en los libros de texto?

ML: Los nuevos contenidos de los libros de texto eran aportes que hacían investigadores especializados en las distintas disciplinas, pero quisiera recordar contigo que los cambios más importantes que condujeron a la nueva asignatura de formación cívica y ética fueron resultado de un proceso de investigación muy arduo; participaste dirigiendo un grupo a lo largo de un primer tramo a partir del cual quedaron establecidas algunas bases que fueron de gran utilidad.

PL: En este tema, ¿esperabas algo más de la Universidad Pedagógica Nacional? ¿Qué es lo que esta institución, que cuenta con 100 investigadores (el mayor grupo en el país), debiera aportar a la SEP para la conformación de sus políticas?

ML: Recordemos que el camino de la UPN ha sido accidentado desde sus inicios, ha debido enfrentar presiones y asedios que restaron buena parte de su energía inicial; no obstante, ha podido cumplir con una función formativa que ha tenido beneficios para muchas regiones del país. Durante los años de los que nos hemos venido ocupando, muchas de las personas adscritas al área de investigación mejoraron su formación mediante los estudios de doctorado. Un grupo participó en la reforma del civismo, otro lo hizo de manera notable en el desarrollo de tecnología educativa. Trabajaron con el ILCE en los proyectos más importantes; otros más con la Sociedad Matemática Mexicana hicieron investigación sobre los contenidos y métodos establecidos por la SEP. Aun así, debe mejorarse mucho más la relación entre los académicos de esa institución y la Secretaría a fin de contar con una colaboración más productiva.

PL: ¿No ha habido una sucesión de rectores excesiva que ha impedido consolidar un programa de desarrollo?

ML: Sí; insisto en que desde el principio costó mucho trabajo sostener el proyecto inicial de esa institución. Hubo deterioros motivados por presiones clientelares y las consecuencias fueron evidentes. Quizá sería posible pensar en que viene estabilizándose su funcionamiento desde hace unos cinco años.

Lo urgente y lo importante

PL: Como en todo puesto ejecutivo de alto nivel, imagino que en el titular de la SEP hay una continua tensión entre lo urgente y lo importante. ¿Cómo recuerdas haber resuelto esta disyuntiva?

ML: El secretario no debe perder de vista que su preocupación principal debe ser atender lo sustancial, mirando siempre hacia el largo plazo y construyendo mediante los programas los pisos correspondientes a las distintas etapas de cada proyecto. Pero, curiosamente, no es posible atender lo importante si no se atiende adecuada y oportunamente lo urgente. Además, es necesario tener en cuenta que no siempre lo urgente se contrapone a lo importante. Todo conflicto fue antes un problema y aún antes un asunto que careció de la atención pertinente. En lo que se refiere a distribuir correctamente el tiempo, tienes que quitarte de enfrente muchos fantasmas que ocupan espacio valioso: ordenar bien tu agenda y defenderla del asedio cotidiano. Es indispensable subordinar todo lo personal; mucha gente te busca en esos puestos para atender asuntos que carecen de interés para la materia y, si te descuidas en poco tiempo estás ocupado de todo, menos de lo que en realidad te corresponde. Conté con la comprensión del presidente para no tener que asistir a muchas actuaciones meramente protocolarias; pude estar ausente, incluso, en muchas giras de trabajo, se me permitía designar un representante que estuviera al tanto de los asuntos de nuestra competencia. Aun así, con toda la dedicación, quedaron asuntos importantes que finalmente no se pudieron atender o llevar a término, como los que he mencionado.

PL: El puesto en sí es muy complejo: lo político, lo administrativo, lo sustantivo, el pensamiento, la acción, la representación, los símbolos, etc., y todo como en pugna, ¿no es así?

ML: No siempre en pugna pero sí en tensión. Finalmente, para los propósitos esenciales que me había formulado desde mi llegada al puesto, sí me di tiempo. Me ayudó mucho delegar responsabilidades en mis colaboradores; eso lo había aprendido en experiencias anteriores; sabía que era la única manera de ser eficaz; no perderte en los detalles pero sí atenderlos cuando son decisivos. En algunos asuntos una minucia mal atendida te echa a perder todo; en esos casos es indispensable entrar personalmente a los detalles.

Es finalmente un cargo de gran intensidad. No hay día que puedas olvidarte de la responsabilidad que te impone, y esto está asociado al gran significado que la educación tiene para un país como el nuestro.

ENTREVISTA CON REYES TAMEZ GUERRA
(Realizada el 18 de febrero de 2004)

El actual secretario de la SEP, Reyes Tamez Guerra, es originario de Monterrey, Nuevo León, en donde nació el 18 de abril de 1952.
 Orientó sus estudios universitarios a la profesión académica cur-

*sando en la Universidad Autónoma de Nuevo León (UANL) la carrera
de químico-bacteriólogo-parasitólogo, y obtuvo los grados de maestro
(1987) y doctor en ciencias con especialización en inmunología (1990)
en la Escuela Nacional de Ciencias Biológicas del Instituto Politécnico
Nacional (IPN). Realizó después estudios posdoctorales en su especialidad en el Instituto de Cancerología e Inmunogenética de Francia.*

*Inició su carrera académica en la Escuela Nacional de Ciencias Bio-
lógicas (IPN) y posteriormente en la Escuela Nacional de Estudios
Profesionales Zaragoza de la UNAM. A mediados de la década de los
ochenta obtuvo, por examen de oposición, el nombramiento de profesor
titular de inmunología e inmunoquímica en la UANL, tarea docente y
de investigación que mantiene hasta hoy.*

*En la UANL ha ocupado diversos cargos académico-administrati-
vos: coordinador de carrera, jefe del Departamento de Inmunología
(1986), secretario académico y director de la Facultad de Ciencias
Biológicas (1991-1992), secretario general de la Universidad (1992-
1996) y rector (1996-2000). En diciembre de 2000 fue designado
secretario de Educación Pública por el presidente Vicente Fox.*

*Como investigador, es miembro del Sistema Nacional de Investi-
gadores (SNI) desde 1991, y desde 2001 pertenece a la Academia
Mexicana de Ciencias. Ha publicado 39 artículos de investigación en
revistas especializadas nacionales y extranjeras, además de varios
libros y capítulos en obras colectivas, y presentado 126 trabajos de
investigación en congresos de su especialidad. Asimismo ha colaborado en diversos comités de Becas y Proyectos de Investigación del
Conacyt.*

*Como rector se esforzó por proyectar a la UANL hacia niveles de
excelencia entre las universidades públicas del país, mejorando sus
indicadores de desempeño; con este objeto lanzó el proyecto "Visión
Universidad Autónoma de Nuevo León 2006" que incorporó la planeación estratégica para definir el horizonte de desarrollo con calidad
de esa institución.*

*En el campo de las organizaciones de educación superior Tamez
Guerra ha ocupado los cargos de vocal de cooperación y de estudios de
la Unión de Universidades de América Latina, consejero de la Comi-*

sión Estatal de Planeación de la Educación Superior del Estado de Nuevo León (de 1995 a la fecha), presidente del Consejo Regional Noreste y miembro del Consejo Nacional de la Asociación Nacional de Universidades e Instituciones de Educación Superior (ANUIES), y vicepresidente alterno de la Organización Universitaria Interamericana con sede en Canadá (de 1999 a la fecha).

Avances en la federalización

PL: A su juicio, ¿en qué aspectos ha avanzado en este sexenio el proceso de federalización educativa?

RT: Quizás el aspecto más sobresaliente sea que en todos los asuntos relacionados con la normatividad de la SEP estamos procurando proceder mediante consensos con los gobiernos estatales; hemos procurado tomar todas las decisiones importantes de política educativa de común acuerdo con los secretarios de Educación de los estados.

Otro aspecto importante ha sido el propósito de transferir mayores recursos a las entidades federativas en términos reales: si hace tres años el presupuesto de la SEP era de 221 000 millones de pesos, en este ejercicio (2004) es de 314 000 millones (incluyendo al Conacyt que se incluía en 2000), y este crecimiento se ubica sobre todo en los fondos para los estados y municipios. Queremos seguir avanzando en varios aspectos de la federalización: que los estados tomen sus decisiones en los asuntos que son de su responsabilidad, con independencia de la Secretaría.

En esta materia tenemos varios pendientes importantes: uno es la transferencia de los servicios educativos al gobierno del Distrito Federal; pronto procederemos a convertir la subsecretaría correspondiente en una unidad federal administrativa de estos servicios a descentralizar, como un paso previo para proceder a la transferencia. Otro pendiente es terminar los procesos de descentralización de los servicios educativos federales, aún incompletos; pronto daremos, también en esto, un paso importante al reubicar, por una parte, la educación tecnológica del tipo superior dentro de la Subsecretaría de Educación Superior y, por otra, al crear una subsecretaría de educación media. Estas decisiones quizá generen algunas reacciones de inconformidad y resistencia inercial, pero estoy convencido de que no sólo son convenientes sino necesarias.

PL: ¿Cómo ha funcionado el Consejo de Autoridades Educativas (CAE) en procurar los consensos a los que ha hecho referencia?

RT: Desde el inicio de mi gestión nos hemos venido reuniendo por lo menos una vez cada tres meses; en junio efectuaremos la reunión número trece. La idea fundamental de este Consejo fue que las autoridades federales pudiéramos proceder de común acuerdo con las autoridades educativas estatales; ya desde la elaboración del PNE los titulares de Educación de los estados tuvieron una participación importante; la han tenido también en la evaluación periódica de los avances de este plan; y permanentemente están participando en las principales decisiones de la política educativa; por ejemplo, si se modifica la edad del ingreso a primaria (respecto de lo cual hay una iniciativa de algunos estados), si se modifica la forma en que se otorgan los reconocimientos a la enseñanza privada (RVOE); por cierto, en este tema acordamos que ni la SEP otorgará estos RVOE si no está de acuerdo la entidad federativa en cuestión, ni tampoco los gobiernos estatales lo harían si la SEP no estuviera de acuerdo. Debemos lograr lo mismo con la ANUIES.

Todos los programas que ha puesto en marcha la Secretaría durante esta gestión se han enriquecido con las aportaciones y la colaboración de los estados: lo mismo el Programa Escuelas de Calidad que el de uso de las tecnologías o los orientados al fomento de la lectura. Algo que también hemos impulsado es que los secretarios estatales se involucren en todos los niveles educativos; generalmente muchos solían atender exclusivamente el nivel de la educación básica, subestimando el de la media y aún más el de la superior. Para esto hemos compartido con los secretarios información y toda clase de proyectos para que se familiaricen con ellos y conozcan los avances en sus entidades; en estas reuniones dedicamos al menos medio día a los temas que desean plantear y discutir; es una política totalmente abierta; no existen restricciones ni hay temas tabú.

PL: Supongo que existe una dificultad debido al cambio continuo de funcionarios estatales: inician nuevos gobernadores, se cambia a los secretarios de Educación...

RT: Sin duda es una dificultad. Por ejemplo, con motivo de los procesos electorales de 2003 tenemos nuevos titulares de Educación en seis entidades; lo que hicimos fue dedicar una reunión de tres días únicamente con ellos para analizar la situación educativa de sus entidades, examinar los programas nacionales y su grado de avance, y conocer e intercambiar opiniones. De aquí en adelante haremos esto con todos los nuevos secretarios estatales.

PL: ¿Qué falta aún para formalizar el Consejo de Autoridades Educativas?

RT: Está faltando un acuerdo del propio Consejo. Dado que no son funcionarios que dependan de la SEP, no procede un decreto presidencial ni un acuerdo del secretario. Ya se discutió la estructura y el reglamento de este Consejo y esperamos formalizarlo en la próxima reunión (de marzo de 2004). Cuando el Consejo quede constituido formalmente informaremos a la Cámara de Diputados, ya que durante la legislatura anterior hubo una recomendación de los legisladores en este sentido.

PL: ¿Cómo ve la creciente diversificación de los subsistemas estatales en los niveles básicos? Dentro de 15 años, por ejemplo, ¿hasta qué punto la concepción tradicional de un sistema nacional, integrado y común, se verá modificada?

RT: La diversificación debe darse con base en los indicadores del funcionamiento del propio sistema educativo; incluso dentro de cada entidad habrá que enfatizar las diferencias de sus diversas regiones para responder a ellas. Una vez logrado un mayor equilibrio en los logros académicos de cada subregión, se procederá a adoptar programas más estandarizados; el criterio, insisto, tiene que ser con base en los indicadores.

Un aspecto que no se ha comentado mucho es el aprovechamiento de los resultados de las evaluaciones internacionales; tomemos el caso del PISA en 2000: si se analizan los resultados en lectura y matemáticas agrupando a los estudiantes por los estratos de ingreso de sus familias (en cuatro o cinco categorías), se encuentra que no hay una gran dispersión entre ellos; esto quiere decir que, como país, hemos avanzado en equidad, pues tanto los estudiantes de bajos ingresos como los de ingresos superiores están obteniendo resultados bastante similares. En cambio, en otros países se encuentran mayores dispersiones.

PL: Encontré datos semejantes en el Informe de Desarrollo Humano aplicado a México y publicado recientemente: ahí se muestra que está operando una dinámica de convergencia entre las diversas entidades en muchos indicadores de desempeño; esto fue un hallazgo importante, pues hasta hace pocos años creíamos que seguía operando la tradicional dinámica de distanciamiento.

RT: Siguiendo en el tema de la comparación internacional: cuando se analizan los resultados del PISA, México se ubica en el cuadrante inferior izquierdo, lo cual significa que tiene aún bajos resultados pero que no hay una dispersión significativa; nuestro esfuerzo tiene que ser para ubicarnos en el cuadrante superior izquierdo; en esta ubicación se encuentra también Brasil. En cambio, otros países latinoamericanos como Argentina y Perú se encuentran en el cuadrante inferior derecho, lo que significa que son países de bajos resultados con alta dispersión. Tenemos que buscar la calidad alcanzando mejores resultados académicos, pero sin perder nuestra posición en equidad, o sea, subir al primer grupo, que tiene buenos resultados sin fuertes dispersiones.

PL: En materia de federalización de la educación básica existe un pendiente serio, del que se ocupa el PNE: me refiero a los criterios de distribución de los recursos federales a las entidades federativas. Los criterios de distribución actuales provienen de que en 1992 se refrendaron las fórmulas entonces vigentes; esas fórmulas son producto de negociaciones bilaterales entre la SEP y cada entidad federativa, y resultan muy inequitativas desde diversos puntos de vista. Se prometía en el PNE que se trabajaría en mejorar estos criterios. ¿Qué se ha hecho?

RT: Hemos tratado de involucrar en esta discusión a otras instancias gubernamentales: promovimos cinco o seis reuniones con los secretarios de finanzas de los estados en las que propusimos llegar a una fórmula de distribución más satisfactoria. Ha transcurrido casi un año sin recibir alguna propuesta; por esto decidimos enviarles nuestra propuesta, sancionada en el Consejo de Autoridades Educativas. Aunque finalmente son los secretarios de finanzas quienes tienen que estar de acuerdo, vamos a discutirlo primero en este Consejo para luego hacerlo llegar a dichos secretarios.

En paralelo es un tema que estamos procurando que se aborde en la Convención Nacional Hacendaria, en la Mesa de Gasto pues, aunque difícil, no se puede soslayar. Lo que se había avanzado en materia de incremento del gasto en educación ya se perdió. Se había avanzado mediante la creación de los fondos adicionales, especialmente del Programa para el Fortalecimiento de las Entidades Federativas (Pafep) cuyo objeto fue apoyar financieramente a dos grupos de entidades: a las que ya invertían mucho en educación para que pudieran liberar parte de esos recursos, y a aquellas que no invertían lo suficiente. Las entidades recibieron así cantidades significativas de recursos, pero en la medida en que se ha pasado a "recomendar" que sigan esas políticas, los gobiernos estatales han dejado de hacerlo.

Además, estamos procurando incentivar la participación financiera de los municipios en educación; en el PEC, por ejemplo, al ver el impacto que tiene este Programa, hay muchos municipios que desean participar. Algunas entidades han aumentado sus cuotas de apoyo a los municipios, por ejemplo, para el mantenimiento de los edificios escolares. Esperamos avanzar en que tanto los estados como los municipios contraigan el compromiso de dedicar partidas crecientes de recursos para la educación en términos reales. En este sentido se han registrado experiencias muy positivas (entre otros está el caso de Quintana Roo): el PEC, que al principio no lograba que respondieran los estados, ahora resulta que carece de recursos suficientes para responder a todas las solicitudes que presentan las entidades; el año pasado quedaron en esta situación casi 10 000 escuelas que no pudieron ser apoyadas.

También estamos avanzando con las escuelas para que los componentes más importantes de sus proyectos escolares no dependan de los recursos federales sino de otros; es una filosofía diferente respecto de la operación de las escuelas; a fin de cuentas ellos recibirán recursos federales por tres años, pero después tendrán que mantener sus proyectos independientemente de este apoyo.

PL: Hay un tema que no está directamente relacionado, pero se refiere a financiamiento, y aprovecho para planteárselo: la idea de los *swaps*[19] aplicados a educación, que se ha venido discutiendo en varias reuniones internacionales. Según la prensa, parece que usted no veía esta idea con simpatía por temor a que se desalentara a los organismos financiadores a otorgar más créditos.

RT: Efectivamente, esta idea fue planteada por Brasil y Argentina en la reunión de ministros aquí en México, durante la II Reunión de Ministros de Educación del Consejo Interamericano para el Desarrollo Integral (CIDI); también se discutió en la del Grupo E-9 de la UNESCO, y en El Cairo en la V Reunión

---

[19] Los *swaps* son condonaciones de deuda de acreedores internacionales, cuyos adeudos el gobierno del país deudor se compromete a aplicar a programas de desarrollo específico.

Ministerial de Educación para Todos (EFA-9). Mi posición al respecto no fue negativa; simplemente advertí que se tomara en cuenta esa posible reacción de los organismos financiadores. Es un tema que ha ido posicionándose, y algunos países han tenido logros importantes: Nicaragua obtuvo la condonación de 75% de su deuda mediante un mecanismo equivalente, y Argentina está procurando que se le dé un trato semejante; esperamos que el tema siga abriéndose paso. México tiene una posición envidiable: se nos presta con facilidad porque cumplimos con las condiciones; la limitación es el techo presupuestal que nosotros mismos establecemos. Como he señalado, sólo habría que ponderar la posible reacción de los organismos financiadores.

El retraso en las reformas de preescolar y secundaria

PL: Respecto de la segunda política de Estado —la renovación curricular y producción de libros de texto desde 1992—, algunos hemos criticado que ésta se redujo al nivel primario, lo que ha causado un rezago de 10 años en preescolar y secundaria. ¿Cree posible recuperar este rezago en poco tiempo?

RT: En relación con la enseñanza preescolar, hemos tomado en cuenta la modificación a la Constitución que la hace obligatoria en sus tres grados, con diversos plazos de tiempo. Estamos dando concreción a una reforma curricular de este nivel que nos permita avanzar en una concepción más integral y modificar algunos de los criterios fundamentales que hasta hoy se han seguido; enfatizamos más la creatividad y la memorización que debe haber en esta fase. No sé si estaremos listos en agosto próximo (2004) para iniciar la aplicación de la reforma, pero estamos en esa ruta.

En el caso de la secundaria, llevamos más de un año elaborando la reforma curricular; se inició con reuniones con los directores de las normales, procurando recoger sus observaciones, y en paralelo trabajamos en la reforma curricular de las escuelas secundarias. Ha habido una importante participación: 21 000 participantes con más de 5 000 ponencias. Prevemos iniciar la aplicación de esta reforma a partir de 2005.

PL: Es muy complejo, porque no se trata sólo del currículo sino de la formación de docentes, de la organización interna de los planteles, la reasignación de muchos docentes...

El futuro de la educación indígena

Limón: Veo en esto dos aspectos esenciales: uno, la educación de la población no indígena para mirar de modo diferente a los indígenas, sin discriminación; otro, instrumentar el propósito de tratar a los indígenas como desiguales, asignándoles comparativamente más recursos que al resto de la población.

Es indispensable reconocer que toma mucho tiempo y esfuerzo construir modelos educativos alternos que respondan a los requerimientos de estos grupos, que tengan consistencia y cuenten con los recursos necesarios... Además, la burocracia tanto federal como estatal abunda en inepcias y opera frecuentemente en condiciones que no favorecen a este propósito... Por otra parte, el tema se presta fácilmente a soluciones demagógicas, fórmulas aparentemente correctas pero que carecen de seriedad y consistencia; por ejemplo, la asignación de profesores improvisados, la asignación de plazas a personas que carecen de las características adecuadas o que no cuentan con la preparación necesaria...

Hay además dilemas difíciles de resolver: ¿con qué intensidad fomentar la lengua indígena, hasta qué grado, en qué asignaturas? ¿Cómo medir la evolución del bilingüismo? La televisión, que llega ya a muchas comunidades indígenas, está modificando rápidamente el contexto lingüístico y cultural, con efectos contradictorios.

El derecho indígena apenas se empieza a reconocer y su conciliación con el derecho nacional ha encontrado grandes dificultades: todavía carecemos de reglamentaciones operativas... Estos temas se analizan en centros de investigación, pero no son objeto de decisiones

RT: Así es, y en 2005 también se iniciaría la reforma curricular de las escuelas normales. Por otra parte, estamos avanzando en evaluaciones externas de los estudiantes normalistas. Empezamos con una evaluación, del Centro Nacional de Evaluación para la Educación Superior (Ceneval), de los estudiantes de la licenciatura de educación preescolar;

políticas. Hay avances: a partir del reconocimiento de la pluriculturalidad se fueron elaborando los libros de texto gratuitos en lenguas indígenas, pero carecemos todavía de pautas claras y de definiciones sobre los apoyos y complementos que debe dar el sistema social a las políticas de interculturalidad. Siguen pesando lastres heredados del colonialismo, hábitos de vida que tienen que ver con la subordinación de las comunidades; los aspectos culturales nos condicionan y no cambian tan rápidamente como sería deseable.

Tamez: En materia de educación indígena, aunque se está trabajando en reformar los contenidos, "el esfuerzo de la SEP más bien se orienta en los aspectos pedagógicos", especialmente en "elevar la calidad de los docentes.

Nos enfrentamos a decisiones complejas: por ejemplo, que no desaparezca la exigencia académica por razón de la compensación de las desigualdades a las que los indígenas han estado expuestos. También hay algunas instituciones estatales que solicitan recursos federales pero no aceptan ajustarse a los estándares de calidad.

El propósito de la SEP es que la educación bilingüe e intercultural y los nuevos modelos de educación indígena que se vienen experimentando conduzcan a que "las instituciones de educación indígena se incorporen a la normatividad nacional", una vez que logren ciertos niveles.

Estamos procurando tratar a estas instituciones con criterios de cierta flexibilidad, pero propiciando que estos criterios armonicen con la seriedad académica de las demás.

tenemos 195 escuelas normales y participaron voluntaria-
mente 185 de ellas. Se aplicó a las alumnas del sexto semestre
(son nueve semestres), con el propósito de que los resultados
de la evaluación sirvieran para corregir algunas de las deficiencias encontradas. Los resultados no son los mejores pues,
aunque el promedio nacional arroja un resultado aceptable
(75% de respuestas positivas), un buen número de instituciones y de estudiantes están por debajo de ese promedio. Llama
la atención, por cierto, que los planteles privados obtuvieron
resultados inferiores a los de las públicas, contra lo que suele
pensarse.

PL: ¿Y respecto de las secundarias?

RT: Estamos abordando las evaluaciones de primarias y de
secundarias conjuntamente; Ceneval tiene muy buena experiencia en este campo. Nosotros les entregamos los programas
y ellos elaboran los instrumentos de evaluación.

PL: Está también pendiente la integración de los tres niveles básicos conforme a una concepción unitaria, lo cual tiene
muchas aristas; es un problema planteado desde hace varios
sexenios...

RT: Espero que podamos avanzar sobre la base de las reformas de preescolar y secundaria que están en marcha, junto
con las de las normales; creemos que los docentes, independientemente de que se especialicen en un nivel, deben conocer
bien el conjunto de la educación básica.

PL: Además de las reformas a formación cívica y ética, ¿en
qué otras asignaturas se está trabajando: historia, ciencias
naturales, geografía?

RT: Hemos invitado a especialistas a revisar los diseños de
las diferentes asignaturas; por ejemplo, de la Academia Mexicana de Historia para consultarles sobre las líneas generales de
la reforma y sobre temas específicos; les pedimos una opinión;
es una mecánica de consulta.

La educación indígena

PL: Sin duda el sector más rezagado en esta materia como en otras es la educación indígena: ¿se están considerando reformas curriculares específicas para que los contenidos se adapten mejor a las necesidades de sus comunidades y a sus concepciones culturales?

RT: En lo que se refiere a educación indígena, nos ha parecido que se debe empezar por elevar la calidad de los docentes: procuramos ofrecer programas de capacitación que mejoren la docencia. Algo se está trabajando en cuanto a contenidos, pero el esfuerzo de la SEP se centra en los aspectos pedagógicos. También tratamos de tomar en cuenta un concepto de "integración" diferente, que no contemple sólo la educación básica sino los niveles siguientes —medio y superior— y la formación para el trabajo.

PL: Hay muchos dilemas difíciles de resolver respecto de la educación indígena: en qué lengua debe enseñarse y hasta qué grados, con qué lenguajes (pues la mayoría de las lenguas indígenas carecen del desarrollo necesario), con qué lenguajes, en qué asignaturas…

RT: Así es. Además nos enfrentamos a decisiones complejas: por ejemplo, que no desaparezca la exigencia académica por razón de la compensación de las desigualdades sociales a las que los indígenas han estado expuestos. También encontramos instituciones que ya están funcionando, que son iniciativas estatales y solicitan recursos federales, pero no aceptan ajustarse a los estándares de calidad; buscamos que existan instituciones rigurosas en las zonas con mayor demanda y que cuentan con condiciones favorables. En esto no hemos podido avanzar como quisiéramos; tenemos 10 instituciones de este tipo, pero las necesidades son inmensas.

PL: La Coordinación de Educación Bilingüe e Intercultural ha ido identificando modelos acertados de educación indígena. ¿Cuál sería el procedimiento para que esos modelos se consoliden, se evalúen y se vayan generalizando a otras zonas semejantes?

RT: Vinculamos este programa con otros que están funcionando para las instituciones de educación superior: una vez que logren ciertos niveles, las instituciones de educación indígena deberán incorporarse a la normatividad nacional. Quizás el principal problema sea contar con docentes adecuados en esas regiones; otro es que personas que han salido de las comunidades y han tenido éxito ya no quieren regresar a sus comunidades. Otro se refiere a la pertinencia de los programas que conviene ofrecer en esas zonas: no se trata de capacitar en programas para los que no hay demanda laboral cercana, sino de abrir opciones útiles que respondan a las expectativas de los estudiantes indígenas y a las necesidades de sus comunidades.

A partir de la problemática que enfrentamos respecto de la educación indígena estamos procurando tratar a estas instituciones con criterios de cierta flexibilidad, pero propiciando que estos criterios armonicen con la seriedad académica de las demás.

PL: ¿Hay Cecatis y Cecatas que operen en zonas indígenas?

RT: Los hay; además existen unidades móviles que recorren también estas zonas. Otro problema es de carácter cultural: en la percepción o expectativas de muchos padres de familia, no es necesario que sus hijos continúen estudios después de la secundaria, sino que se incorporen ya al trabajo; esto es difícil de cambiar. El programa de becas va logrando que se extienda la permanencia en la escuela, sobre todo de las niñas.

Las políticas respecto del magisterio

PL: Respecto del magisterio, empezaré por preguntar si lo que este gobierno recibió del anterior sobre la reforma de las escuelas normales se consideró suficiente y qué se ha hecho en estos tres años.

RT: En las normales se está desarrollando el Programa de Mejoramiento Institucional (Promin) que se propone fortalecer estas instituciones y elevar su calidad, de modo que las normales puedan participar en los demás programas de las Instituciones de Educación Superior (IES). En este momento prácticamente todas las normales han recibido apoyos para mejorar su estructura, el personal, los medios didácticos, etc. También se está empezando un programa de becas para los docentes de las normales con el fin de que mejoren su formación, similar al programa de mejoramiento profesional de las universidades públicas. Lo que quiero destacar de esta reforma es sobre todo la respuesta positiva que va encontrando entre los profesores y directores de las normales.

Otra línea importante en la formación del magisterio es que proponemos que no sólo las normales ofrezcan sus programas, sino también otras IES, universidades públicas o privadas; a veces los egresados de programas no normalistas encuentran limitaciones para obtener una plaza; pensamos que con los concursos de oposición y un nuevo sistema de ingreso estas dificultades irán disminuyendo. Un sistema de competencia abierta favorecerá la calidad de todas las instituciones.

Normalismo y modernización: ¿son incompatibles?

PL: En el fondo está la resistencia del SNTE, dado que las normales son un territorio especialmente importante para su poder político. Pero también habría que preguntarse por el problema cultural, el de la concepción del carácter del profesional de la enseñanza. ¿Cree que será posible armonizar normalismo y modernización?

RT: Considero que sí. Lo he comentado con los dirigentes sindicales: habría que empezar incluso por ser más exigentes en el ingreso a las normales. En Francia, por ejemplo, hay más exigencias para el ingreso a los estudios de las normales que las que rigen para otras carreras.

PL: ¿Ve posibilidad de que se modifique entre nosotros el concepto de normalismo?

RT: Sí. Lo que me alienta es la reacción de la mayoría de los maestros. La gente no está satisfecha con lo que pasa en las normales; ni los profesores de estas escuelas ni las autoridades. Por eso hemos iniciado este proyecto: en siete temas se han venido analizando propuestas de reformas curriculares importantes. Tengo confianza de que en 2005 podamos iniciar una nueva fase de formación del magisterio.

PL: Se ve muy esperanzado con los concursos de oposición. Desde fuera más bien vemos que son promesas que no se cumplen por parte del Sindicato.

RT: El panorama nacional es muy diferenciado. En algunas entidades, por ejemplo, todas las nuevas plazas se distribuyen por concursos de oposición; en otras ninguna se somete a concurso; depende sobre todo del interés que la autoridad estatal pone en este punto. Ya no se da la antigua costumbre de que la mitad de las plazas las asignaba la autoridad y la otra mitad el sindicato, y no había reglas claras para el ingreso. Sé que es un cambio difícil, pero es importante. Mi esperanza mayor proviene de los resultados que vamos teniendo, la respuesta a la convocatoria para la reforma de las normales en donde muchos profesores están participando, y se toman el trabajo de redactar sus ponencias para las reuniones; fueron más de 5 000.

PL: ¿Y los puestos de directores y supervisores?

RT: También en esto ha habido avances. En algunos casos aun los directores de las normales son designados por concurso. Aunque no es algo generalizado, muestra que es posible avanzar. Hay reticencias y persistencias porque se afectan intereses, pero es un camino a seguir. Toda la gente quiere que sea así; me refiero a los profesores y egresados de las normales, y a la sociedad misma. Es necesario valorar estos avances.

El juicio sobre Carrera Magisterial

PL: Pasemos al tema de la actualización del magisterio. Existe consenso en que las evaluaciones de Carrera Magisterial no están incidiendo en mejorar la calidad de la docencia.

RT: Estoy de acuerdo con que CM no está cumpliendo con su propósito ni hay ningún resultado significativo para la calidad de la educación. Tenemos que replantear los términos y alcances de estas evaluaciones.

PL: ¿Políticamente lo ve viable?

RT: Sí; debemos comprometer su rediseño con el sindicato. CM tiene que cambiar integralmente. Las evaluaciones que se realizan son sumamente costosas y no tienen impacto. Definitivamente CM no responde al interés ni a las expectativas que se tenían.

PL: ¿Qué cambios se prevén respecto del sistema de actualización del magisterio establecido? Me refiero a la oferta de cursos, pues muchos maestros los escogen en función de los puntos que les otorgan para CM o para el escalafón. No se trata de controlar su elección pero sí de incentivarlos para que elijan lo que realmente necesitan para su mejoramiento.

RT: Creo que debemos ir modificando la oferta de cursos de acuerdo con las necesidades que se evidencian en las evaluaciones y ofrecerles opciones que realmente les interesen. Pedí que hiciéramos un estudio de los cursos: qué docentes habían tomado cada curso en los últimos cinco años, cuáles los habían terminado y habían sido evaluados, cuáles habían obtenido los mejores resultados y cuáles habían mostrado algún efecto de esos cursos en su desempeño docente. Llegamos a seleccionar 122 maestros de excelencia, de 640 000 que analizamos; progresivamente fuimos seleccionando a los mejores. A todos los premiamos con una computadora y un reconocimiento por lo que habían logrado. Con estos 122 quisiéramos integrar un consejo que nos oriente en esta materia. La idea es que sepamos aprovechar esta experiencia.

PL: ¿Se esperaría en este sexenio una modificación de la oferta de cursos?

RT: Efectivamente, siguiendo el consejo de estos maestros distinguidos, a los que consultaríamos por la internet. Pensaría en un maestro mejor formado que tuviera competencia en otro idioma, capacidad de usar las tecnologías de informática y un concepto integral de su formación, que buscara despertar en los alumnos el interés y la capacidad de autoaprendizaje. Necesitamos este nuevo tipo de maestro; no podemos pedirles que logren estas características con sus estudiantes si ellos mismos no las tienen.

Hacia la jornada completa

PL: ¿Cree que sobran maestros de primaria y secundaria?

RT: Lo que sabemos ahora es que por primera vez tuvimos un crecimiento negativo, una disminución en la matrícula de primaria a nivel nacional; antes registrábamos algunas ciudades donde había disminución, pero esas disminuciones se compensaban con crecimientos en otros sitios. Ahora por primera vez se da una contracción de la matrícula a nivel nacional de 3%; estamos trabajando en dos frentes: buscar que las escuelas puedan convertirse en planteles de jornada completa, sin que esto implique una erogación que no podamos afrontar, y buscando también que los docentes de doble plaza compacten sus horas en una escuela de jornada completa. En este espíritu, de recuperar un horario escolar de siete horas y media, tenemos que avanzar.

La jornada completa implica muchos retos; no se trata sólo de ampliar la estancia de los alumnos en la escuela, sino de mejorar su aprendizaje y elevar su aprovechamiento. Hay un programa ya consensado por las autoridades educativas de las entidades que puntualiza estos aspectos; donde más respuesta ha habido es en el Distrito Federal, por las peculiaridades de esta entidad, en la que existen bastantes escuelas de turnos vespertinos con pocos alumnos, facilidades de transporte, etc. La principal limitación es de carácter financiero; si tuviéramos más recursos podríamos avanzar más rápidamente; me refiero a los emolumentos de los docentes, no a los espacios disponibles que, en general, son suficientes. La mayor parte del dinero tenemos que asignarlo a las plazas; piénsese en el esfuerzo de expansión del nivel preescolar. Otro aspecto problemático es la emigración que presentan algunas entidades: las dos Baja California, Tamaulipas, Quintana Roo y alguna otra, lo cual provoca constantes movimientos en la matrícula escolar.

¿Avanza la participación social en la educación?

PL: La cuarta política se refiere a la participación social: de las cuatro es la que ha estado más rezagada. En los últimos años se han venido experimentando formas diversas de participación de la sociedad en la escuela; ¿qué resultados se están obteniendo?

RT: Los Consejos de Participación Social, sobre todo a nivel de las escuelas, no han funcionado del todo bien. Nos hemos propuesto que en particular los padres de familia participen más, no en aspectos sustantivos de la educación que son objeto del saber profesional de los docentes, sino en lo que ellos pueden evaluar, como es la asistencia y puntualidad de los maestros, el respeto a ciertas normas y otros aspectos; que participen en la vida de la escuela buscando apoyarla, como parte que son de la comunidad educativa. La SEP otorga apoyos económicos anuales a las asociaciones de padres de familia que presentan los reportes de sus actividades. En las escuelas del PEC también se promueve especialmente la participación y se están evaluando los resultados. Ha habido reticencias, pero se va avanzando. También en este rubro hay grandes diferencias en las entidades federativas. Para las escuelas el PEC es un requisito que los padres aprueben y firmen el proyecto escolar;

sabemos que esto no necesariamente los compromete, a veces es un simple requisito formal; pero gradualmente se va logrando involucrar más a los padres. En las escuelas que muestran mejor desempeño se constata el apoyo de los padres. Hay experiencias positivas: por ejemplo en una escuela cuya directora fue entrevistada por la prensa, ella declaraba que si por cualquier causa se perdía un día de clases, por acuerdo de los padres con los docentes y el director se reponía el tiempo el sábado siguiente; creemos que es el camino que debemos seguir; es un cambio mental.

Lamentablemente tenemos en México un problema de cultura educativa: en general no preocupa a los padres el aprendizaje de sus hijos; les preocupa que pasen de año, que estén en la escuela en un turno determinado, pero no que aprendan efectivamente, que es lo más importante. A veces los padres tienen una escolaridad inferior a la de sus hijos, lo cual dificulta que comprendan y den seguimiento a lo que ellos deben aprender. Insisten en que pasen a su hijo al grado siguiente, pero no se preguntan si realmente ha aprendido lo que debe.

PL: Respecto del Consejo Nacional de Participación Social, recuerdo que desde el principio de este gobierno se pensaba modificar su estructura, su composición y su funcionamiento.

RT: De hecho ha tomado un segundo aire. Sin que lo hayamos reunido formalmente, porque es una estructura muy compleja y cuenta con demasiados funcionarios, se ha reactivado dentro del espíritu del Compromiso Social por la Calidad de la Educación.

PL: No ha trascendido a la opinión pública el seguimiento que se ha dado a este Compromiso…

RT: Se instaló el Consejo Nacional de Seguimiento y se está reuniendo una vez al mes. La forma en que opera es que sus diversas comisiones (bajo la presidencia que ahora ocupa Lorenzo Servitje) —de Estatutos, de Trabajo Educativo, de Promoción y Divulgación, y otras— vayan estudiando las preocupaciones que llevan los propios miembros al Consejo respecto del sistema educativo. En las reuniones participan algunos funcionarios para presentarles estos temas; por ejemplo, en enero pasado el Instituto Nacional para la Evaluación de la Educación presentó los resultados de sus evaluaciones, ayer el subsecretario de Educación Básica y Normal comentó el programa de formación docente, etc. Una reunión se dedica a los temas que el Consejo quiere y otra a asuntos que la SEP considera conveniente exponerle.

PL: En términos generales, ¿está satisfecho de lo que se ha obtenido con el Compromiso Social en este año y medio?

RT: No, de ninguna manera. Falta mucho por hacer. Las elecciones significaron un elemento distractor, pero creo que en los últimos cuatro meses ya nos encarrilamos. En cuanto a la televisión, en lo único en que hemos avanzado es en la televisión por cable; hemos ganado espacios para la educación y firmado convenios con canales como National Geographic, Discovery, History, Chanel Arts and Entertainment, etc., para que nos cedan los derechos y podamos utilizar sus materiales sin costo en las escuelas.

PL: En el PNE se daba mucha importancia a la rendición de cuentas, pero todavía no se percibe cuáles son las formas y mecanismos concretos para lograrla.

RT: Efectivamente, tenemos que ir precisando estos mecanismos. Desde luego estamos publicando los resultados de las evaluaciones; las incluimos en la internet, pues es lo más práctico. Ya lo hicimos a nivel de entidades, ahora empezaremos por municipios (y delegaciones del Distrito Federal), y estamos por hacerlo con los resultados por escuela. Esta información ya está en la red, así como la relativa al ejercicio del presupuesto. Nos ha faltado mejor comunicación: contar con programas que lleven a la opinión pública lo que estamos haciendo y lo que se va logrando; aún no encontramos las fórmulas más adecuadas para salir de los cartabones tradicionales.

Su actitud ante el Sindicato

PL: Entremos al tema del SNTE y de sus actitudes ante éste. Cito sus declaraciones en el periódico *Reforma* del 28 de julio de 2003:

> Sería absurdo que el SNTE fuera nuestro adversario. Por el contrario, en los actuales tiempos de transición y reacomodos políticos han podido ellos arroparse con las demandas de calidad que la sociedad exige y las iniciativas que ha planteado la propia SEP, y juntos hemos podido así consolidar alianzas estratégicas y acuerdos de mejora educativa. Encuentro enorme disposición y apertura en la maestra Elba Esther, una mujer de convicciones, sensible al juicio de la opinión pública y dispuesta a asumir el reto del cambio [...] El SNTE ha mostrado una postura razonable y quizás ello obedezca a las nuevas condiciones que vive el país, a una etapa de maduración de la organización sindical o a una estrategia diferente de interacción. Durante este sexenio, por ejemplo, en mi gabinete no hay un solo subsecretario que proceda de las filas del SNTE y hubo un respaldo absoluto del presidente Fox para evitar este tipo de imposiciones. Supongo que reconocen el momento de oportunidad para revalorar su imagen social encabezando la transformación.

¿Estas afirmaciones reflejan cabalmente la línea política adoptada por usted ante el SNTE?

RT: Desde el principio establecí una relación con el sindicato en este sentido, una relación que ha tenido altas y bajas, como cualquier relación de este tipo; hay tiempos difíciles y otros no tan complicados. Pero hemos hablado con los dirigentes del sindicato de cambiar aspectos fundamentales para la calidad de la educación, de la necesidad de que ellos respeten las decisiones y atribuciones de la Secretaría, y hemos encontrado buena acogida; a veces al llegar al nivel de las entidades no prevalece la misma voluntad de los dirigentes nacionales. Pero sí hay voluntad de cambio en los temas fundamentales, una conciencia de que es indispensable modificar ciertos comportamientos y de que se requiere una formación diferente en las escuelas del país, una enseñanza muy distinta de la tradicional, además de que el ingreso, la permanencia y el desempeño de los docentes debe ser diferente. El sindicato busca proteger sus intereses gremiales, salarios y prestaciones y situaciones adquiridas; hay que señalar que en estos tres años se ha hecho un esfuerzo muy importante por mejorar los salarios (incremento en términos reales de 19.5%, sin incluir ingresos por CM, en los tres años); ningún otro sector de la fuerza de trabajo ha tenido un mejoramiento tan notable.

El otro aspecto que menciono en mis declaraciones es que, así como hemos sido muy respetuosos de la vida sindical, también pido que se respeten las atribuciones de la Secretaría; al respecto puedo afirmar que no se ha nombrado a ningún funcionario por presiones sindicales.

PL: Con la alternancia se esperaba que se produjera un cambio sustancial en la relación del gobierno con el corporativismo gremial. Pero al correr del tiempo se observa continuidad; incluso se llega a una colaboración pública de la maestra Elba Esther Gordillo como operadora política para lograr la aprobación en el Congreso de las reformas estructurales... Es una situación muy distinta de la que se hubiera esperado en otro escenario de transición.

RT: Yo no lo veo como si se le pidiera ser operadora política; más bien creo que ahí hubo una coincidencia entre los propósitos del presidente y la convicción personal de la maestra Elba Esther. Estoy seguro de que si ella no pensara de esa manera no hubiera tomado la postura que tomó. Lo que sucedió fue que al interior del Congreso no se obtuvieron los consensos necesarios y ella decidió trabajar por los cambios que consideraba necesarios; lo dijo así en muchos foros. Estoy de acuerdo con usted en que en este país es indispensable que los gremios y las organizaciones sindicales adopten posturas diferentes: por un lado, en su democracia interna (elección de sus dirigentes y participación en las decisiones); por otra, la rendición de cuentas de los dirigentes. Esto no se ha modificado aún de modo sustancial.

PL: Ha habido posturas muy diversas de los secretarios de Educación para tratar al sindicato. Hay una posición "conciliadora", la de decir: "No le voy a entrar a batallas que de antemano sé que están perdidas o tendrían un muy alto costo político, mejor dejo esos asuntos sin tocar para concentrarme en otros que me parecen sustantivos". Hay otras posiciones más agresivas.

RT: Nuestra estrategia ha sido avanzar convenciendo, sin que esto signifique costos perniciosos para la SEP o para el gobierno federal. Por ejemplo, en la firma del Compromiso Social se tomó el acuerdo de los concursos de oposición y hubo quienes me preguntaron: ¿qué se está concediendo al SNTE a cambio de esto? Porque ésta era la experiencia anterior, incluso la del ANMEB que tuvo un costo. Pero éste es un ejemplo de un cambio importante que se está dando y que no ha tenido un costo político ni de otra índole.

PL: ¿Se ha logrado descentralizar los conflictos con la federalización?

RT: Parcialmente, porque si un conflicto en un estado no se resuelve, el Comité Ejecutivo Nacional lo trae acá.

Algunas preguntas finales

PL: Me gustaría plantearle otros tres temas. Primero, ¿fue acertado que el Congreso estableciera la obligatoriedad de la enseñanza preescolar, en los términos en que lo hizo?

RT: Me parece que detrás de esta decisión de los legisladores del país —deliberaron y votaron las dos cámaras federales y los 31 congresos de los estados— está su preocupación auténtica y legítima de procurar mejorar la educación de los niños mexicanos, en particular la de los sectores cuya única opción es la educación pública. Pero vista la decisión del Congreso respecto del Plan Nacional de Educación 2000-2006, parecería que el análisis de las necesidades de atención que como país reclama la educación media superior, y la cantidad de recursos financieros, humanos y materiales que implica la obligatoriedad de tercero de educación preescolar, resultó incompleto e insuficiente.

PL: ¿Qué espera un presidente de su secretario de Educación?

RT: En ese sentido lo que le puedo comentar son las instrucciones que he recibido del presidente Fox. En primer lugar, mantener operando de manera estable el sistema educativo nacional, vigilando el cumplimiento de los principios establecidos en el artículo 3° constitucional. En segundo término, priorizar y hacer hincapié en el mejoramiento de la calidad de la enseñanza, sin descuidar los aspectos de cobertura y equidad. Finalmente, impulsar el federalismo educativo, sobre la base de que la educación es asunto de todos.

PL: Mi última pregunta: ante los "antivalores" de la televisión comercial, ¿cree posible llegar a algún acuerdo con las empresas televisivas para proteger los valores que procura la educación?

RT: No es un tema sencillo, dado el perfil de las televisoras y la necesidad real que tienen de captar la atención de amplios y diversos auditorios de televidentes. Sin embargo, el tono de las conversaciones que sobre este tema he sostenido con sus directivos y la preocupación insistente de importantes sectores de la sociedad, entre los que destacan los padres de familia y los educadores, me permiten verlo como un reto en el que podemos avanzar. En la SEP hemos estado trabajando en una propuesta de agenda y formato de interlocución que nos permita, a corto plazo, sistematizar con la televisión nacional el abordaje de esta problemática.

III. ANÁLISIS DE LA EVOLUCIÓN DE LAS CUATRO POLÍTICAS

Como se indicó en el prefacio, el propósito de este tercer capítulo es analizar y comentar, a la luz de las opiniones recogidas de los titulares de la SEP entrevistados y de otras informaciones, las políticas de Estado derivadas del ANMEB.

Ya en el capítulo I se ha definido lo que entendemos por política de Estado: caracterizada principalmente por su mayor estabilidad temporal y por el compromiso de gobiernos sucesivos respecto de ella, debe o suele cumplir otros requisitos para merecer tal rango.

Como se ha explicado, del ANMEB, por su estructura misma, derivan grandes políticas de Estado en cuatro ámbitos: la descentralización de la educación básica y normal; la elevación de la calidad educativa que considera principalmente la renovación de los planes, programas y libros de texto; el magisterio, y la participación de la sociedad en la escuela.

Al analizar cada política procederemos por cuatro pasos:

1) Afinarla y precisarla, considerando sus antecedentes y su evolución (con las expresiones cambiantes que ha experimentado en el periodo); es un paso esencialmente descriptivo que procura contextualizar la gestión de cada titular.

2) Comentar la proyección de esa política de Estado en el sexenio 2001-2006. Tanto las metas y propósitos del PNE como las actividades realizadas en los primeros tres años permiten apreciar la vigencia y modalidades de estas políticas.

3) Analizar comparativamente las opiniones de los entre-

233

vistados respecto del enfoque y tratamiento que dieron a la política en cuestión.

4) Formular algunas observaciones críticas.

El análisis de las políticas se complementará, al final de este capítulo, con el de la problemática del SNTE, dado que el poder de este organismo constituye la gran limitación de los propósitos y proyectos de las autoridades de la SEP. Como las entrevistas tocaron este tema con amplitud, se sistematizarán las opiniones de los cuatro entrevistados.[1]

LA DESCENTRALIZACIÓN

Antecedentes

En el caso de la descentralización de la educación básica es relativamente fácil distinguir entre el concepto fundamental de la misma y las expresiones cambiantes que fue adquiriendo al correr del tiempo. El propósito estaba claro mucho antes de la firma del ANMEB: consistía en poner fin a la concentración de atribuciones en la SEP y transferir éstas a las autoridades estatales; en cada entidad había hasta 17 representantes de programas federales educativos, en general carentes del necesario poder de decisión y sin coordinación entre ellos. Con este propósito se dieron pasos graduales desde los años setenta y se

---

[1] En el análisis de estas políticas no se ha pretendido considerar las diversas investigaciones relacionadas con ellas; sólo ocasionalmente se mencionarán algunas. Remitimos al lector interesado en este ejercicio al volumen 9 de los estados de conocimiento de la investigación educativa recientemente publicados por el Consejo Mexicano de Investigación Educativa (Margarita Zorrilla Fierro y Lorenza Villa Lever, 2003); en él se recopilan, resumen y comentan los estudios publicados sobre "políticas educativas" durante la década 1992-2002, categorizando dichas políticas en rubros bastante semejantes a los que aquí empleamos.

Respecto de las investigaciones sobre el sindicalismo magisterial remitimos también al lector al volumen 8 de estos estados de conocimiento, como se indica en el apartado final de este capítulo.

contaba con una estrategia detallada para poner en práctica dicha transferencia, negociada con las partes involucradas. El plan de educación de Porfirio Muñoz Ledo (1977) incluía como "lineamiento básico" "desconcentrar la responsabilidad de impartir educación", lo cual fue retomado en los "objetivos" de Fernando Solana.

Antes de la descentralización la SEP preparó la "desconcentración" de la educación básica; en 1974 se crearon nueve unidades de Servicios Educativos regionales y 30 subunidades de Servicios Descentralizados en capitales estatales y otras ciudades importantes, para desahogar trámites administrativos. Pocos años después, en 1978, se crearon las delegaciones estatales (SEP, 1982, vol. I, p. 4). La *Memoria* del sexenio 1976-1982 registra que bajo el quinto objetivo (de los cinco que compendiaron entonces las políticas de esa administración) —que era "aumentar la eficiencia del sistema educativo"— el segundo de sus programas, con carácter de prioritario, consistía en "desconcentrar las decisiones y los trámites administrativos" (SEP, 1982, vol. I, p. 23). La meta correspondiente a este programa establecía que a finales del sexenio funcionaría en cada entidad una delegación con las atribuciones de "normar, controlar y evaluar los servicios educativos" y que el sistema de pagos, así como otras funciones administrativas, operarían en forma desconcentrada. Por desconcentración se entendía que la autoridad central mantendría el control pero delegaría funciones a las autoridades estatales; tal fue el carácter de las delegaciones que entonces se crearon.

Respecto, por ejemplo, del ejercicio del presupuesto, en la fase de desconcentración éste seguía siendo administrado centralmente, pero se preveía que, a mediano plazo, lo sería por la autoridad estatal (SEP, 1982, vol. I, p. 39).

A finales del sexenio 1976-1982, creadas ya las delegaciones, eran las autoridades estatales las que operaban, administraban y planeaban los servicios de preescolar, primaria, secundaria, educación física y normal; acreditaban, certificaban, incorporaban y registraban profesiones; y realizaban la mayoría de los trámites administrativos y de la Oficialía Mayor, incluyendo la emisión de cheques para el pago de todo el personal federal en el estado. Además se crearon 31 centros SEP. La *Memoria* asienta que "la desconcentración es, sin duda, un proceso irreversible que dejará su huella en el desarrollo futuro del sistema educativo nacional" (SEP,1982, vol. I, p. 364).

Este proceso fue acompañado de medidas financieras tendientes también a la federalización. Se procuró, mediante los convenios firmados con los gobiernos estatales, que el gasto educativo federal se repartiera más equitativamente entre las entidades, y que el gasto educativo de éstas, así como el municipal y el privado, tuvieran mayor representación proporcional en el gasto educativo nacional. Para esto se creó en la Dirección General de Recursos Financieros, un área especial responsable del control presupuestal.

A pesar de estos avances hacia la descentralización se comprobaba a finales de ese sexenio un conjunto de problemas y limitaciones (SEP, 1982, vol. I, p. 257): falta de recursos para hacer frente a las nuevas funciones de las delegaciones y a la capacitación del personal; desajustes jurídicos y administrativos; entorpecimiento de trámites y movimientos del personal y resistencia de algunos funcionarios a radicar fuera de la capital; asimismo hubo una excesiva rotación del personal de las delegaciones.

Un dato interesante es que ya desde 1978 se creó un grupo de trabajo compuesto por la SEP, la SHCP y la de Programación y Presupuesto para analizar los problemas financieros y proponer bases de solución, y al año siguiente se inició un fondo complementario de 1 500 millones de pesos para gastos educativos, que se distribuiría conforme a tres criterios: las necesidades educativas de los estados, su situación financiera y los recursos propios que destinaran a la educación. En esta medida se puede ver en germen lo que serían más tarde los fondos que integran el Ramo 33 del presupuesto federal.

Lo esencial, por tanto, en el propósito de descentralizar la educación básica era la transferencia a los estados de los fondos federales y la operación de los niveles escolares involucrados; esto se realizó como efecto inmediato de la firma del ANMEB; en el capítulo I expusimos cómo se llevó a cabo esta operación por el secretario Zedillo.

Evolución

1993-2000

Ornelas, autor de un importante proyecto de evaluación de los efectos del ANMEB (Ornelas, 2000), realizado en 10 entidades federativas en 2000, caracteriza como sigue a los "ganadores" y "perdedores" de la descentralización:

–*La* SEP pretendía, con el ANMEB, culminar su propósito de descentralizar la enseñanza básica, remodelar sus propias funciones (normativa, evaluativa y compensatoria); lograr mayor eficiencia acercando las decisiones a quienes éstas afectan (en conformidad con repetidas recomendaciones del Banco Mundial); incentivar el incremento del gasto educativo de los estados, y fragmentar el poder del sindicato o, al menos, establecer con él un nuevo pacto con el fin de descentralizar los conflictos magisteriales. De hecho la SEP logró con el ANMEB: culminar un proceso iniciado dos décadas antes; redefinir sus funciones, y en cierta manera establecer un arreglo distinto con el SNTE al hacer intervenir a los gobiernos estatales como nuevos actores en las negociaciones sindicales.

–*Los gobiernos estatales* lograron convertirse gradualmente en actores efectivos respecto del desarrollo de sus subsistemas educativos; controlar grandes cantidades de recur-

sos, sin que esté clara su obligación de rendir cuentas sobre ellos;[2] nombrar a los principales funcionarios de
dichos subsistemas, cuyo poder por cierto (en función del
monto de recursos que manejan, a veces superior a todo
el presupuesto estatal) se ha incrementado notablemente, e intervenir en las negociaciones laborales y sindicales. Por otra parte, también han logrado que la educación
adquiera un nuevo rango en la vida política de su entidad, incluso en las coyunturas electorales, y tener la oportunidad de lanzar iniciativas en este campo que den a su
estado una fisonomía propia.

–El SNTE, al que Ornelas califica como "el gran ganador",
logró efectivamente mantener su estructura nacional,
titularidad contractual y muchas de sus características
corporativas; continuar su control sobre el total de las cuotas sindicales de más de un millón de maestros; seguir
siendo el interlocutor nacional en las negociaciones sobre salarios y prestaciones; afianzar una estatura política
superior incluso a la de muchos gobernadores, y fortalecer su presencia política tanto en los estados como ante la
SEP y la SHCP.

–Los maestros también ganaron, principalmente en el mejoramiento de sus ingresos. Hubo desde luego un incremento salarial después de los años de crisis que siguieron
a 1994; pero gracias a Carrera Magisterial no sólo se les
abrió un nuevo horizonte de promoción horizontal para
su profesión, sino que mejoraron notablemente sus ingresos. El salario inicial en el Distrito Federal ya se había elevado 56% de diciembre de 1988 a diciembre de 1992; por
la Carrera Magisterial (en la que se ha inscrito cerca de
65% de los maestros de enseñanza básica) sus ingresos
aumentaron entre 27 y 224% del salario básico, y tómese

---

[2] Jurídicamente sigue vigente la discusión respecto de los fondos federales
transferidos: si los gobiernos estatales los pueden considerar como fondos
propios o si siguen siendo federales para efectos de la rendición de cuentas.

en cuenta que por 200 días de trabajo de medio tiempo reciben lo equivalente a 450 días de trabajo. Este mejoramiento económico quizás explique la reducción de movilizaciones magisteriales, con excepción de los profesores controlados por la Coordinadora Nacional de Trabajadores de la Educación.[3]

–Finalmente, también pueden registrarse ganancias importantes para "el sistema educativo". Algunos indicadores parecen mostrar que ha habido avances en la eficiencia (disminución de deserción y reprobación) y el aprovechamiento de los alumnos, aunque esos avances probablemente se asocien con los programas compensatorios cuyos efectos han sido evaluados en diversos estudios. No hay evidencias que muestren correlación entre el aumento de los salarios y elevación de la calidad de la educación; sobre este fenómeno no ha habido investigación suficiente, no obstante que se trata de un supuesto fundamental en el diseño de CM.

Sí se ha logrado descentralizar, además de la enseñanza básica, la de adultos, el Conalep y el Capfce, con obvias ventajas para los sistemas estatales.

El sistema escolar en conjunto, en cambio, debe registrar como saldos negativos otros aspectos en su operación, según Ornelas. No ha habido avances en la prometida participación de la sociedad en la educación; el sindicato se ha opuesto a diversos intentos por hacer funcionar los Consejos de Participación tanto a nivel escolar como estatal. Parece haber la con-

---

[3] Ontiveros y Meza (2003) analizan el mercado laboral de los maestros antes y después del ANMEB (1991 y 1999) y registran un aumento simultáneo tanto en los salarios relativos de los maestros públicos como en la cantidad de maestros que es mayor que la que requiere la demanda de alumnos inscritos. Argumentan que esto se debe a los esfuerzos hechos por el gobierno federal por elevar la calidad educativa (reduciendo el número de alumnos por grupo), y a la presión efectiva del SNTE en las decisiones sobre los salarios. Sin embargo, la argumentación no parece conclusiva para atribuir el aumento salarial al proceso de descentralización mismo.

signa de las autoridades sindicales de procurar que al menos la mitad de los integrantes de estos Consejos sean maestros, para asegurar su control; el Consejo Nacional (Conapas) tampoco ha funcionado como se esperaba. El sindicato también ha impedido que funcione adecuadamente el programa basado en el "proyecto escolar", que dotaría de más autonomía a cada centro educativo, pues se argumenta que exige mayor trabajo de los maestros. Finalmente, tampoco ha habido cumplimiento de la promesa del sindicato de abrir a concurso los puestos de directores, jefes de zona y sector, y supervisores, lo cual podría significar mayor democratización de la vida escolar y un impulso a la calidad educativa.[4]

Tal es el balance que hace Ornelas —desde una perspectiva sintética, y en 2000— de los efectos globales del ANMEB. Del mismo autor recogemos las siguientes conclusiones:

–En los estados se han descentralizado las funciones administrativas, pero se ha centralizado el poder sobre las decisiones.
–No se ha intentado desmantelar el pacto corporativo entre federación y SNTE, sino mejorado sus "características operativas".
–La federación esperaba que los estados empezaran a ju-

[4] Veloz Ávila (2003) ofrece un análisis detallado de los factores que, de 1992 a 1998, impidieron en un estado (Tlaxcala) avanzar en la descentralización a escala municipal, principalmente por parte del SNTE que utilizó las relaciones con la burocracia y los intercambios políticos para bloquearla. En este caso recurrió a lo que llamó "la imbricación burocrática" sobreponiendo las estructuras sindicales a las de la burocracia estatal, ocupando los mandos medios y operativos con el personal de base sindicalizado, con el fin de controlar la carrera profesional de sus agremiados. Así "se gestó un serio problema de gobernabilidad en el aparato institucional de la SEP" (p. 342).

Por otra parte, sorprende el gran número de entidades federativas que han sido objeto de análisis de la política de descentralización; hay investigaciones realizadas en diversos momentos en prácticamente todas las entidades: Chihuahua, Durango, Estado de México, Puebla, Guanajuato, Nuevo León, Aguascalientes, Oaxaca, Baja California, Sonora, Coahuila, Tamaulipas, San Luis Potosí, Jalisco, Quintana Roo, Distrito Federal (Iztapalapa), Nayarit, Sinaloa y Michoacán (Margarita Zorrilla Fierro y Lorenza Villa Lever, 2003, p. 59).

gar otros roles, que las autoridades locales introdujeran otras prácticas y que los padres de familia y otros segmentos de la sociedad asumieran nuevas responsabilidades. El ANMEB sembró semillas de rendición de cuentas, pero ésta aún no se ha urgido.
–El tema educativo empieza a cobrar importancia electoral en muchos estados.
–En algunos estados, además, ha mejorado notablemente la planeación, la contratación de personal especializado, la innovación y organización, la supervisión, los programas de actualización del magisterio, las tareas editoriales y la infraestructura física, dado el manejo de recursos mayores. Hay también mejor relación con el congreso local sobre temas educativos, pero no hay "evaluación del subsistema educativo estatal en conjunto".[5]

Es pertinente referir también el balance sexenal del Programa para un nuevo federalismo que, en 2000, publicó la presidencia de la República (Poder Ejecutivo Federal, 2000, pp. 19, 45 y 47). Este documento se centra en los datos financieros y da cuenta de los recursos transferidos a los estados: el gasto federal en educación se elevó, de 1994 a 2000, 6.8% en términos reales; el ramo 11 del presupuesto (relativo a la SEP) subió en 27 610 millones de pesos adicionales a 83 267 millones, y el ramo 33 que se creó en 1998 con 82 034 millones se elevó a 119 537 millones en 2000. Se reconoce que "las disparidades actuales (entre las entidades federativas) son esencialmente iguales a las existentes en 1992 [por lo que] es claro que en algún momento deberá avanzarse hacia esquemas de concurrencia

[5] De Ibarrola y Bernal (2003) señalan que en un estado (Guanajuato) la descentralización ha tenido efectos muy importantes sobre la oferta escolar, particularmente de la secundaria, media y superior, con el resultado de incrementar notablemente la participación de la enseñanza privada. En su análisis identifican a los actores de estas transformaciones, la exclusión de niños y adolescentes que no lograron la escolaridad obligatoria y "particularizan" las iniciativas de innovación del gobierno estatal.

Los antivalores de la televisión: ¿es posible llegar a las empresas televisivas con un planteamiento favorable a la educación?

Solana: No. Las empresas televisivas son muy poderosas y han tenido durante muchos años un enfoque estrictamente comercial. Hacen pequeñas concesiones, como dedicar un canal de menor audiencia a programas culturales.

Pero lamentablemente la información, los valores, los estilos de vida y la cultura que se transmiten por los canales comerciales no ayudan a formar, como algunos quisiéramos, a las nuevas generaciones de mexicanos. Obviamente hay excepciones.

Uno de los objetivos de la educación contemporánea debe ser capacitar a los estudiantes para que controlen los flujos de información que les llegan, para que los utilicen en su beneficio, y que no sean los flujos de información los que controlen a los estudiantes.

Sin duda los códigos de ética pueden ser eficaces (para regular a los medios de comunicación). Actualmente, en los consejos de administración de las mejores empresas están en vigor códigos de ética que incluyen sanciones para los consejeros que no los respeten.

El Estado podría recomendar y eventualmente exigir el establecimiento de estos códigos como condición para otorgar las concesiones del espectro electrónico... Condicionar las concesiones al cumplimiento de los códigos de ética sería más importante que todo lo que actualmente les exige la Secretaría de Gobernación a los concesionarios de radio y televisión.

Pescador: A los secretarios les ha preocupado la influencia de la televisión comercial en la niñez y la juventud. Les llega la información por la prensa extranjera... y las quejas de algunos padres de familia... Pero en general desconocen la magnitud del impacto.

En parte se lavan las manos diciendo que los medios dependen de la Secretaría de Gobernación. Viven una contradicción: quisieran cambiar las cosas, pero como políticos se sienten obligados con los medios, necesitan que los traten bien. A lo más les piden que difundan algún mensaje o apoyen una campaña; ver el sesgo estructural que inducen, discutir con ellos los valores que transmiten, no.

Nunca se ha intentado reglamentar el artículo 74 de la LGE (que establece que los medios deben contribuir a los fines de la educación nacional); en 1993 se negociaron términos como "coadyuvar" o "contribuir" con ánimo de no herir la libertad de expresión... No hay señales de que la actual administración quiera comprar este boleto...

Limón: Desde hace muchos años está presente esta preocupación en los educadores. Hay sin duda en todo secretario de Educación una sensación de impotencia en relación con el tema: carece de la fuerza necesaria y de los medios para lograr un propósito fundamental: que los medios electrónicos masivos proporcionen una programación que no contradiga los valores que la escuela postula.

Muchos de nuestros problemas tienen su origen o se refuerzan en la acción de los medios que se guían sólo por el *rating* sin ninguna restricción ética: la banalización de temas que requieren tratarse con respeto o la proliferación de imágenes de violencia hacen evidente una falta fundamental de coherencia.

Tuve conversaciones con los directores de los grandes consorcios televisivos, pero también desde el principio tuve claridad de que no iba a lograr grandes resultados, pues esto no estaba a mi alcance. Este problema depende de una decisión de Estado, de una política social decidida, que debiera pasar por la discusión pública y desde luego asegurar el derecho a la libertad de expresión, para llegar a establecer y hacer respetar un código de ética de los medios de comunicación.

Tamez: No es un tema sencillo, dado el perfil de las televisoras y la necesidad real que tienen de captar la atención de amplios y diversos auditorios de televidentes. Sin embargo, el tono de las conversaciones que sobre este tema he sostenido con sus directivos y la preocupación insistente de importantes sectores de la sociedad, entre los que destacan los padres de familia y los educadores, me permiten verlo como un reto en el que podemos avanzar. En la SEP hemos estado trabajando en una propuesta de agenda y formato de interlocución que nos permita, a corto plazo, sistematizar con la televisión nacional el abordaje de esta problemática.

más equitativos [...]" Refiere algunos ejemplos, como el del gasto federal por persona en el sistema educativo, que en el Distrito Federal alcanzó 8 682 pesos en 2000, y en el Estado de México sólo 1 973. No hay ninguna referencia a los aspectos cualitativos de la relación entre la SEP y los estados en materia educativa. En suma:

1) Se advierten "tendencias encontradas" de descentralización y centralización.

2) Los estados han asumido nuevas responsabilidades administrativas y financieras; se exceptúa el Distrito Federal en el que la descentralización no se ha realizado, y la enseñanza tecnológica que hasta ahora se ha sustraído a la federalización.

3) En los estados se advierten situaciones muy desiguales en recursos, capacidades y voluntad política. Por otra parte, la descentralización no ha llegado a los municipios.

4) Al interior de la SEP (especialmente en la Subsecretaría de Educación Básica y Normal) ya no se maneja al personal del sistema y se han intensificado las funciones normativa y técnica; algunos estados se quejan de que sólo se les permiten funciones operativas.

5) Se ha aplicado un esquema rígido, no un programa orientado a desarrollar las capacidades locales.

6) Ha crecido la importancia de los funcionarios estatales porque manejan grandes recursos y tienen más asuntos que negociar con el sindicato. También los dirigentes locales del SNTE han aumentado su peso político.

7) Han aumentado los recursos que se transfieren a los gobiernos estatales, pero no se han ampliado los márgenes de autodeterminación para el ejercicio de estos recursos.

En los últimos años, al modificarse la Ley de Coordinación Fiscal, se han establecido diversos fondos para fortalecer a las entidades federativas y los municipios. En 2004, según el capítulo v de dicha ley, existen siete fondos con sus respectivos criterios y fórmulas de distribución. El Gasto Social Descentralizado (GSD) es el porcentaje del gasto social que la federación transfiere a las entidades federativas a través de estos fondos: el de Aportaciones Federales (ramo 33 del Presupuesto de Egresos de la Federación) y por otros tres mecanismos: las Participaciones (ramo 28), el Programa de Apoyos para el Fortalecimiento de las Entidades Federativas (PAFEF, ramo 39) y los Convenios de Descentralización.

En 2003 el GSD llegó a 18.07% del gasto programable del sector público; de este porcentaje correspondió a servicios educativos 65% para educación básica y normal, 1.2% para educación tecnológica y de adultos, y una parte de 2.8% para "aportaciones múltiples".

Pese a estos avances, sigue siendo una necesidad impulsar un consenso nacional de todos los actores involucrados respecto de los criterios de asignación y de los procesos para alcanzar gradualmente una aceptable equidad en la distribución de los recursos federales para la educación.

Los testimonios

Fernando Solana considera con razón como uno de los principales logros de su primer periodo (1977-1982) la creación de las delegaciones en los estados; fue éste un avance histórico en el proceso de descentralización. En su segundo periodo (finales de 1993 hasta mayo de 1994) continuó impulsando la federalización, convencido de su importancia. Desde su perspectiva alude a la importancia que tendría una reforma hacendaria integral que precisaría las funciones de las entidades federativas, también respecto de las finanzas educativas.

José Ángel Pescador deja testimonio de la importancia de la descentralización y de cómo procuró, al término del sexenio 1988-1994, vigilar que siguiera consolidándose. Desde el momento actual, opina que, si bien las expectativas iniciales han sido rebasadas, al ampliarse la descentralización a varios organismos, no se ha avanzado lo suficiente en la definición de la nueva relación entre los estados y la federación. Considera también que, paradójicamente, los esfuerzos por lograr mayor transparencia en el manejo de los recursos federales para la educación han provocado en algunos casos conflictos al impedir decisiones discrecionales de los gobernadores. Señala asimismo que otros actores políticos, como el Congreso de la Unión y los gobiernos estatales, así como investigadores y analistas, han sido favorables al proceso de federalización de la educación.

En la valoración que hace Miguel Limón Rojas de este proceso durante su sexenio aporta varias precisiones: por una parte, habría una continuidad necesaria en la nueva configuración, ya irreversible, del sistema educativo, reforzada por la circunstancia de que el presidente Zedillo hubiese sido desde la SEP el actor principal de la firma del ANMEB; por otra, considera que el proceso de federalización debe verse a largo plazo: más allá de la transferencia de los subsistemas a los estados, se requerirá ir construyendo consensos graduales sobre el tipo de relación que se establezca con ellos.

Durante su sexenio procuró impulsar este proceso: en el aspecto financiero fue difícil debido a los recortes al gasto público a raíz de la crisis de 1995.

> Más allá de la transferencia financiera, las entidades asumieron la responsabilidad política, se pretendía acercar las decisiones a la realidad, facilitar una mejor operación para que todo esto se tradujera en mayor atención y calidad en las escuelas. Me correspondió avanzar en la consolidación de este esquema. Pude constatar en los gobernadores un interés mucho mayor al que tenían antes de la federalización. Un secretario de educación estatal era una figura mucho más fuerte que la de un delegado.

Reconoció entonces y reconoce ahora que sería deseable disponer de mejores criterios para la distribución de los recursos federales a los estados para la educación básica, pero considera que la SEP no disponía de los medios para impulsar eficazmente la adopción de esos criterios que dependían fundamentalmente de acuerdos con la SHCP, y que las grandes preocupaciones eran, por un lado, asegurar la transparencia en la distribución de esos recursos y, por otro, incrementar las aportaciones estatales a la educación.

En su gestión —reitera en su entrevista— consideró conveniente seguir aplicando las fórmulas vigentes de distribución de los recursos federales, principalmente porque daban certidumbre a los gobiernos estatales respecto de los recursos que recibirían.

> Ustedes [Manuel Ulloa y Pablo Latapí en el libro citado] fueron atinadamente críticos en este tema. Lo que siempre les respondí fue que los criterios que aplicábamos eran los históricamente construidos y que la Secretaría no tenía otra posibilidad ni disponía de recursos suficientes para llevar a cabo otro tipo de distribución. [...] Ante esta realidad [las desigualdades de los estados], lo que hacíamos era distribuir los recursos con la mayor equidad posible y transparencia. Por otra parte, revisar la equidad en el trato de la federación con los estados implica ir más allá de la esfera educativa... El asunto se planteó en varias ocasiones [a la Secretaría de Hacienda] a iniciativa de gobernadores, pero sobre todo fue tema de discusión en las reuniones de gobernadores y secretarios de Estado encabezadas por el presidente que tenían lugar los días 5 de febrero de cada año.

Al final del sexenio (SEP, 2000, pp. 79 ss.) se registra que el criterio seguido estaba abierto a discusión, pero se advierte que pesaron dos razones para sostenerlo: la ya mencionada de la certidumbre y el temor de que, en un reajuste de criterios, pudiese disminuir el gasto dedicado a educación por algunas entidades:

Persiste una discusión aún no resuelta sobre la equidad en la distribución de los recursos federales a cada entidad federativa... Infinidad de decisiones de la federación y los estados han llevado a las proporciones distintas de lo que una y otros aportan hoy a la educación. La distribución de fondos federales a las entidades federativas [según las actuales fórmulas, debe entenderse] parece no explicarse por el desarrollo de los estados, los rezagos educativos, la eficiencia y calidad con que se operan los servicios ni factor alguno que no sea la suma de hechos históricos. Actualmente hay transparencia en lo que a cada estado se asigna, aun cuando la distribución responda esencialmente a procesos inerciales. Los criterios y las reglas con las cuales se distribuye el gasto son de todos conocidos. Pero la discusión ciertamente no está cerrada... El asunto debe seguir siendo discutido hasta alcanzar una solución por consenso que permita disminuir las desigualdades existentes sin que ello signifique reducir la base del financiamiento educativo...

Miguel Limón Rojas aporta también una observación que, aunque obvia, resulta novedosa:

En el proceso de federalización se incorporan continuamente nuevos actores —gobernadores y sus colaboradores, funcionarios federales y dirigentes sindicales—, y hay que buscar la continuidad en los logros aceptando el carácter dinámico del proceso. Son procesos cambiantes: continuamente entran en escena nuevos secretarios estatales, gobernadores y dirigentes sindicales. También en estos aspectos se requiere buscar la continuidad de los logros y tener líneas claras para no retroceder en ningún aspecto. Habría que contar con una estrategia especial para el caso de aquellos estados que presentan problemas de mucha mayor complejidad que el promedio: Guerrero, Oaxaca, Michoacán, Chiapas. En estos casos no es suficiente el esquema que opera para el conjunto. Esa estrategia exigiría acuerdos políticos excepcionales, apoyos financieros especiales dirigidos en sentido distinto de los que hasta ahora se han otorgado.

La opinión de José Ángel Pescador difiere en este punto de la de Miguel Limón Rojas al sostener que debía haberse impulsado la búsqueda de criterios de distribución objetivos, claros y equitativos.

¿Una SEP pequeña? ¿Qué tan pequeña?

Estrechamente relacionada con la descentralización está la tarea de restructurar la SEP y reducir su tamaño actual; es lógico suponer que la transferencia a los estados de las funciones operativas conlleve un redimensionamiento de las oficinas centrales.

A este tema se refieren en las entrevistas varios de los ex secretarios. Para Pescador la restructuración de la SEP no sólo es posible sino necesaria; esto implicaría la reducción de sus 120 000 trabajadores quizás a la mitad. Pero señala puntualmente que serían necesarios varios procesos previos: la descentralización de la Subsecretaría de Servicios Educativos al Distrito Federal, la fusión de la de Educación Tecnológica con la de Educación Superior, y la reforma de la actual Dirección General de Evaluación para hacerla compatible con las funciones del Instituto Nacional para la Evaluación de la Educación.

Un punto de vista diferente es el de Limón Rojas: aduce cifras muy interesantes que muestran que durante su periodo disminuyó la burocracia de la Secretaría y deja constancia de su esfuerzo por revisar responsablemente este aspecto. A su juicio, la función de los delegados sigue siendo necesaria tanto para mantener actualizada la información que requiere la SEP como sobre el avance de algunos programas estratégicos o la aplicación de los recursos proporcionados por la federación. En suma, su experiencia le dice que no podría reducirse mayormente el volumen de la Secretaría.

Según él, dicha reducción, que desde fuera de la SEP parece obvia —pues debería ser una consecuencia de la transferencia de responsabilidades a las entidades federativas— se llevó a su límite posible.

Aparentemente hay diferencias de apreciación en este punto entre Pescador y Limón Rojas en cuanto a la posibilidad de reducir el tamaño de la Secretaría. Pero en cuanto a las cifras que ambos aducen, sería necesario precisar exactamente a qué se están refiriendo.

Estimaciones de administradores conocedores dan un número cercano a 200 000 personas que trabajan en la Secretaría, bastante más de las 120 000 que estima Pescador; esta cifra comprendería sólo el sector central (sin los órganos descentralizados), e incluiría tanto a docentes como a administrativos, y por tanto a las actuales subsecretarías de Servicios Educativos al Distrito Federal (SSEDF) y de Enseñanza e Investigación Tecnológicas (SEIT).

Por dependencias, la Oficialía Mayor cuenta con casi 2 500 trabajadores; la SSEDF con más de 100 000, entre docentes y administrativos; la SEIT con cerca de 90 000, también ente docentes (unos 50 000) y administrativos (35 000), y la Subsecretaría de Planeación y Coordinación con poco más de 1 000.

En consecuencia, si salieran de la SEP —como supone Pescador en su entrevista y como lo menciona el PNE al referirse a una "restructuración" de la dependencia— la SSEDF, los docentes que trabajan en el SEIT y el personal de la Oficialía Mayor que apoya en aspectos financieros a la primera, habría sólo por esto una reducción de más de 150 000 personas, dejando una SEP bastante más pequeña en comparación con la actual.

Estas estimaciones son tentativas y dependen de los términos y condiciones jurídicas y administrativas a las que se ajustaran los movimientos.

Vistas así, las aparentes divergencias entre Pescador y Limón Rojas en este punto pueden conciliarse. El primero tiene razón al estimar que la dependencia puede reducirse "a la mitad"; el segundo también, al considerar que las áreas estrictamente administrativas y técnicas ya no podrían reducirse sustancialmente.

Planteamientos actuales

2001-2006

Existen elementos en el PNE respecto del avance del federalismo. Se propone: con el fin de "impulsar el avance y la consolidación del proceso de federalización educativa" se terminará "la transferencia de todos los tipos, niveles y modalidades educativas íntegramente a las entidades, a través de nuevas formas de responsabilidad compartida [...] en lo normativo, lo curricular, lo compensatorio y la evaluación"; asimismo, propone "establecer mecanismos para la revisión y renovación de las formas de descentralización".

Como metas se anuncia elaborar durante 2002 "un esquema para fortalecer la federalización y, a partir de 2003, iniciar la construcción de acuerdos atendiendo a las características específicas de cada estado y los criterios de cobertura, equidad y calidad". También se refiere a los criterios que deben orientar la federalización y a la necesidad de que los estados asuman su perspectiva (SEP, 2001, pp. 36 y 95).

Conviene también mencionar la meta que este programa sexenal propone respecto de la reducción de las oficinas centrales de la SEP (SEP, 2001, pp. 74 y 92). Se promete un proyecto de gran trascendencia para "restructurar la SEP" que incluiría no sólo la reducción de las oficinas centrales sino la transformación de varias dependencias, la creación de otras instituciones necesarias y el fortalecimiento de las capacidades técnicas de los estados que lo requieran. En concreto se menciona la creación de una instancia que coordine la educación media y la redefinición de la Dirección General de Evaluación. El estudio deberá realizarse durante 2003, y para 2005 se habrán efectuado los cambios correspondientes.

Opiniones de Reyes Tamez Guerra

En el cuarto año de su gestión el actual secretario es muy explícito al reiterar que ha insistido en impulsar una mayor participación de las autoridades educativas estatales "en todas las decisiones importantes de política educativa". Nos encontramos "en una fase de creciente maduración del sistema educativo, aspiramos a que los estados ejerzan plenamente su responsabilidad, y con independencia de la SEP tomen sus propias decisiones dentro de un marco normativo nacional".

Señala varios aspectos en los que ha avanzado la descentralización: la diversificación gradual de los subsistemas educativos estatales ("una vez que se alcance un mayor equilibrio en los logros académicos de cada subregión se procederá a adoptar programas más estandarizados") con base en los indicadores); la atención, por parte de los gobiernos estatales, de los tres niveles educativos, no sólo de la enseñanza básica, y la revisión de los criterios de distribución a los estados de los recursos federales asignados a la educación. Respecto de esto último, informa que, tras un año de esperar inútilmente propuestas de los estados, ha decidido "enviarles nuestra propuesta", la cual —una vez discutida con los estados— confía en que será abordada por la Convención Nacional Hacendaria. Añade que, más allá de los gobiernos estatales, se está estimulando la participación financiera de los municipios con buenos resultados.

También se refirió Reyes Tamez en su entrevista a varios pendientes importantes que no sólo repercutirán en la reducción del tamaño de las oficinas centrales de la SEP, sino en su estructura: la transferencia de los servicios educativos al Distrito Federal, la terminación de los procesos de descentralización aún inconclusos, la creación de una Subsecretaría de Educación Media con la consiguiente supresión de la actual de Enseñanza e Investigación Tecnológica. "Estas decisiones quizá generen algunas reacciones de inconformidad y resistencia inercial, pero estoy convencido de que no sólo son convenientes sino necesarias."

Observaciones críticas

1) Lo fundamental y lo cambiante en la política de descentralización educativa queda, por tanto, evidenciado en los testimonios de los ex secretarios y del actual secretario: más allá de la transferencia de los aspectos operativos, sigue construyéndose, con consensos graduales, una nueva relación entre la federación y los estados, aunque aún no se dibujen con claridad sus características.[6]

2) La importancia de la decisión de efectuar la transferencia de los servicios de enseñanza básica a los estados no debe llevar a perder de vista que tuvo limitaciones que ahora ameritan ser criticadas, entre otras:

–se rigió por un concepto jurídicamente discutible de "federalismo" en el que sigue predominando el poder central federal;[7]

---

[6] Para profundizar en este aspecto véase Barba, 2000.

[7] González Schmall (1995), pp. 92 ss. "El sistema que establece la Constitución respecto de la distribución de facultades entre los órdenes federal y local genera la consecuencia de que ambos órdenes son coextensos, de idéntica jerarquía, por lo que uno no puede prevalecer por sí mismo sobre el otro... Sin embargo, existe en nuestra Constitución un tipo de facultades que constituyen una excepción al principio del artículo 124 (que establece que todas las atribuciones no expresamente asignadas a la federación pertenecen a los estados), a las que se denomina facultades concurrentes o coincidentes, y que son aquellas que se ejercen simultáneamente por la federación y por los estados. Además de las facultades concurrentes o coincidentes hay otras que sólo en apariencia participan de la misma característica. Entre ellas están las relativas a la educación. Estas facultades son a primera vista coincidentes por cuanto corresponde a la federación y a los estados legislar simultáneamente en cada una de esas materias. Pero en realidad no son coincidentes porque dentro de cada materia hay una zona reservada exclusivamente a la federación y otra a los estados." Hay que advertir que ni el artículo tercero, frac. VIII, ni el 73, frac. XXV, facultan a la federación para legislar sobre la educación en general, sino que solamente le otorgan a ésta la facultad para establecer, organizar y sostener en toda la República escuelas, institutos, museos, bibliotecas, etc., y "legislar en todo

254 ANÁLISIS DE LA EVOLUCIÓN DE LAS CUATRO POLÍTICAS

–predominó también el aspecto administrativo (el manejo de los recursos y de la operación) sobre otras posibles atribuciones de los estados en materia educativa en que tienen derecho a expresar su soberanía;

–y —muy especialmente— se llevó a cabo sobre la base de las fórmulas de distribución de recursos vigentes en ese momento, fruto de negociaciones históricas, muchas veces coyunturales, entre la SEP y cada entidad federativa. (SEP, 2000, vol. I, pp. 76 ss.)

Este último punto es especialmente importante. La transferencia de fondos debiera haber sido antecedida por un esfuerzo inicial de racionalización de las fórmulas de distribución y la previsión de procesos graduales de ajuste sustendados en criterios comunes, consensados por todos los actores.[8] Ni Zedillo ni los dos secretarios que completaron el sexenio 1988-1994, ni tampoco los funcionarios de 1995-2000 intentaron modificar dichas fórmulas de distribución. Ciertamente modificarlas implicaba complejas negociaciones políticas, pero tarde o temprano tendrán que ser modificadas, como lo han mostrado las inconformidades de muchos gobiernos estatales al respecto.[9]

lo que se refiere a dichas instituciones" y "dictar las leyes encaminadas a distribuir convenientemente entre la federación, los estados y los municipios, el ejercicio de la función educativa y las aportaciones económicas correspondientes a ese servicio público, buscando unificar y coordinar la educación en toda la República". Como se ve, *"no existe una facultad general de la federación para legislar en materia educativa sino una facultad restringida para repartir la función educativa y las aportaciones económicas"*.

Tanto en la calidad como en la cantidad de atribuciones que de manera exclusiva le confiere la ley a la federación y que obviamente no tienen las entidades federativas, *vuelve a dejar a éstas en una situación de semivasallaje* (p. 97). (Cursivas nuestras.)

[8] Véase Ulloa y Latapí, 2000.

[9] Durante el sexenio 1995-2000 la presidencia de la República propuso un programa para un nuevo federalismo; en el balance de dicho programa (Poder Ejecutivo Federal, 2000, pp. 31 y 52) se ponderan los logros en el fortalecimiento de las finanzas de los estados, pero para nada se indica la conveniencia de modificar las pautas de distribución de los recursos federales para la educación.

3) Junto a la permanencia de "lo fundamental" en materia de federalismo (la concepción de éste plasmada en el ANMEB), en el sexenio 1995-2000 se observaron iniciativas interesantes en "lo cambiante". El secretario Limón impulsó al final de su sexenio reuniones periódicas de la SEP con los secretarios estatales de Educación y con los delegados de la Secretaría en los estados; en ellas se trataba no sólo de asuntos administrativos sino de otros relacionados con materias sustantivas. La SEP alentó iniciativas estatales respecto, por ejemplo, de estrategias compensatorias, programas para niños migrantes, proyectos complementarios relacionados con formación cívica y ética (FCYE), publicaciones propias de los estados, definición de materias optativas en los programas de estudio y otros asuntos. Gradualmente se fue logrando que muchos gobiernos estatales fortalecieran sus equipos técnicos y sobre todo que comprendieran que eran ellos quienes debían ir definiendo el ámbito y las características de su soberanía educativa. La legislación, sin embargo, no se modificó. Tampoco se avanzó en un asunto particularmente complejo: la organización en cada estado de su sistema de formación y actualización del magisterio, como se comentará después. Puede decirse que se llegó al final del sexenio sin un modelo claro de federalismo hacia el cual habría que tender, y que el Poder Legislativo ha ignorado este problema hasta el presente.

4) En el PNE (y en las opiniones del secretario Tamez) se advierte un claro propósito de continuidad con la política de descentralización iniciada con el ANMEB y de avanzar en la misma dirección. Se ha procurado, según informa el actual secretario, que las principales decisiones se tomen mediante consensos con los gobiernos estatales; el Consejo de Autoridades Educativas quedó formalizado el 3 de marzo de 2004, en la reunión de Puerto Vallarta.

5) Por otra parte, también Reyes Tamez informa que el propósito expresado en el PNE de "perfeccionar (durante 2002) el diseño y la aplicación de criterios equitativos de distribución del gasto destinado a la educación con la participación de la federación y los estados" ha ido tomando forma. De cumplirse esta meta, se habría subsanado la deficiencia que señalamos con anterioridad.

6) El problema con el PNE es que muchas de sus metas no se han cumplido en los plazos establecidos ni se ha informado a la opinión pública sobre las razones ni rectificado los plazos.

RENOVACIÓN CURRICULAR Y DE LOS LIBROS DE TEXTO

Antecedentes

Como se explicó en el capítulo I, los nuevos planes y programas de estudio de primaria entraron en vigor para el ciclo 1993-1994.[10] Las reformas fueron profundas y se ajustaron a las siguientes orientaciones:

1) Dar la más alta prioridad al dominio de la lectura, escritura y expresión oral, eliminándose el enfoque estructuralista apoyado en la lingüística y la gramática estructural.

2) Dedicar a las Matemáticas un cuarto del tiempo en los seis grados. El énfasis se pone en la formación de habilidades para plantear y resolver problemas y en el ejercicio del razonamiento matemático a partir de situaciones prácticas. Se suprime la lógica "de conjuntos".

3) En ciencias naturales, a las que se dedican tres horas se-

---

[10] Los planes y programas establecidos en 1973, independientemente de que se vincularon con enfoques pedagógicos entonces en boga en algunas asignaturas, se presentaron con un esquema muy rígido que precisaba objetivos generales y particulares, perfiles del egresado y otros elementos útiles para derivar estándares.

manales a partir del tercer grado, relacionar los temas con la salud y la protección del medio ambiente.

4) Recuperar además el estudio sistemático de la historia, la geografía y la educación cívica a partir del cuarto grado.

5) Reservar un espacio importante para la educación artística, y también para la educación física, como medios para promover el crecimiento sano y fortalecer la confianza y seguridad en sí mismo y fomentar la integración comunitaria.[11]

Evolución

1993-1994

En los breves periodos de Solana y Pescador se siguieron consolidando los vigorosos procesos de renovación curricular iniciados a raíz del ANMEB. Además, ambos abordaron el problema, planteado desde hace más de 20 años, de la integración vertical de los tres niveles de la enseñanza básica. Las dificultades para llegar a una solución provienen de las diferencias en la organización de las escuelas (un maestro por grupo en los dos primeros y docentes por asignatura en la secundaria); la formación diferente de los educadores, sus prácticas pedagógicas también diferentes, condiciones laborales y salarios asimismo distintos, y por otra parte, las dificultades para identificar los ejes curriculares integradores, adecuados a las diferentes edades que recorren en 12 años los educandos.

1995-2000

La *Memoria* de este sexenio afirma: "Las acciones iniciadas en 1992 fueron sostenidas y ampliadas en el periodo 1994-2000".[12]

---

[11] Moctezuma, 1993, p. 144.

[12] SEP, 2000, p. 87. Lo afirma el subsecretario de Educación Básica y Normal, quien ocupó ese puesto desde 1993 hasta 2000. Las citas entrecomilladas provienen de esta fuente.

Efectivamente, se afinaron los nuevos planes y programas de estudio de primaria y secundaria, pues "la preescolar contaba ya con nuevas orientaciones a partir de 1990". Más tarde, en 1997, se reformó el plan de estudios de la licenciatura en educación primaria, que sustituyó al plan de 1984, y en 1999 la correspondiente a educación secundaria y preescolar.

Se reitera el objetivo de formar "competencias" y el criterio de lo que se considera "básico", como orientaciones fundamentales que guían la reforma. "Uno de los puntos de partida para la reforma curricular fue la convicción de que, frente a las múltiples y complejas tareas que la sociedad demanda a la escuela —y que se traducen en saturación de contenidos y dispersión de metas educativas—, era indispensable establecer como tarea prioritaria de la educación *el logro de las competencias básicas* que permitan aprender con autonomía, así como organizar conocimientos de complejidad creciente: la lectura, la escritura y las habilidades matemáticas, junto con la adquisición de los conocimientos básicos de las ciencias naturales y sociales, así como la formación de valores y actitudes" (cursivas mías).

La reforma de los planes y programas de estudio de primaria y secundaria, además de implicar las orientaciones indicadas, tuvo otras características:[13] la educación básica comprendía ahora 10 grados, en tres niveles escolares, de los cuales nueve eran obligatorios. Se reiteraba que lo básico era "aquello que permite a todo ciudadano adquirir, organizar y aplicar saberes de diverso orden y de complejidad creciente". "Es, por tanto, la educación básica el cimiento de los aprendizajes posteriores, por lo que debe desarrollar las competencias para aprender a aprender."

En la primaria, a partir de las "competencias"[14] definidas

[13] SEP, 2000, p. 99 (capítulo firmado por la directora general de Materiales y Métodos Educativos, encargada de esta responsabilidad desde marzo de 1993, por lo que colaboró con el secretario Zedillo siete meses).

[14] Habría que examinar si las referencias a las "competencias" que se hacían en 1993 tenían ya el sentido que se dio a este criterio curricular en el sexenio siguiente.

en 1993 para español y matemáticas, se avanzó en definir las de ciencias naturales (las cuales deben "propiciar un escepticismo informado", o sea, "la necesidad de formular explicaciones racionales ante cualquier fenómeno"); además, se restablecieron la geografía y la historia; en 1993 ya se había reincorporado la educación cívica.

En secundaria, como se ha dicho, se volvió a las asignaturas, dejando sólo el área de conocimiento del medio y ciencias Naturales, aunque se procuró que las asignaturas se interrelacionaran. La única nueva materia que se introdujo fue formación cívica y ética, suprimiendo orientación vocacional.

Continuó la revisión de los libros de texto de primaria, iniciada en 1992, los cuales, después de su primera generación en 1961 y su renovación en 1970-1976, no se habían vuelto a modificar. Se trató de una renovación global, ya que se reconoció que esta inercia durante tanto tiempo "desgastó considerablemente al sistema educativo" (SEP, 2000, p. 97).

Los principales cambios en los textos en este sexenio fueron:

–procurar la equidad de género en todos los textos, abordando la igualdad de derechos, los nuevos papeles de ambos sexos y señalando los prejuicios más frecuentes en nuestra sociedad;
–promover la cultura de la prevención de la salud, estimulando a los alumnos a procurarse información y asumir sus responsabilidades, particularmente respecto de las adicciones;
–proporcionar educación ambiental y para el desarrollo sustentable, con las responsabilidades que conlleva;
–impartir educación sexual y atender al desarrollo humano de los adolescentes, con un enfoque distinto del excesivamente biológico de los libros de texto de los setenta, enfatizando los aspectos psicológicos, afectivos y sociales,
–y promover la formación cívica y ética, a través de una

¿En dónde se genera el "discurso" de cada secretario?

Solana: Sus ideas sobre el desarrollo —como desarrollo de las personas y no de las cosas que se poseen o del solo crecimiento económico— surgieron de la reflexión: "El objetivo fundamental de la educación es el desarrollo de las personas. Que cada una sea capaz de darse a sí misma una mejor manera de vivir y de convivir, de producir, de competir, pero también de ser solidaria. El desarrollo no son solamente los índices económicos".

Pescador: Un secretario tiene un margen pequeño para determinar su discurso. Para empezar, sabe que no debe identificarse con una corriente determinada, pues provocaría antagonismos de los que no la comparten; tiene que ser pragmático. Sin embargo, algunos secretarios como Solana o Torres Bodet lograron "filtrar" por debajo de la mesa visiones educativas o filosóficas más particulares, y fue muy beneficioso.

Los grandes pensadores, los Vasconcelos, se dan hoy en el ámbito académico, no en la política; es nuestro sistema. Lo que necesitamos es un presidente de gran visión y cultura profunda; entonces sí un secretario inteligente puede poner en sus labios orientaciones acertadas para la educación.

Limón: Tuve toda la libertad para hacerlo (elaborar su propio discurso)… Si no me serví de ninguna etiqueta fue porque no lo creí necesario; me preocupan más el fondo y los resultados. Las etiquetas pueden ser espectaculares, pero también hay desconfianzas fundadas hacia ellas; preferí que nos diéramos a la tarea. Además, aceptar la continuidad de lo valioso es condición para acertar en la creación de lo nuevo. Si en toda acción política importa combinar continuidad con innovación, en el ámbito educativo esto es particularmente importante por la naturaleza misma de la materia.

asignatura que engloba tres bloques: el desarrollo humano del adolescente, la formación moral y la educación cívica.

En total se renovaron 39 libros; 14 mediante concursos públicos con jurados de especialistas y maestros; el resto fue elaborado por equipos contratados por la SEP. Los nuevos textos siguieron revisándose para ajustarlos, de acuerdo con observaciones recogidas de los docentes. Algunos, como los de español del primer al cuarto grados se han revisado dos veces (al introducirse el Programa Nacional de Lectura); se preparaba además la segunda revisión de los de matemáticas de quinto y sexto grados.

Por otra parte, se promovió la publicación de 32 títulos de historia y geografía estatales para tercer grado de primaria, en 1996 se publicó un texto "recortable" para el último grado de preescolar (con dos versiones). Desde 1992 se publicaron nueve libros de texto en las principales lenguas indígenas de cuatro estados, y en el sexenio 1995-2000 en 33 lenguas.

La producción de los textos fue acompañada por la de más de 200 materiales de apoyo, destinados al maestro o a la escuela. Para cada grado y asignatura se produjo un Libro del Maestro. Se inició también la distribución de libros de apoyo a la docencia en la secundaria, así como ficheros, y 20 guías para los Talleres Generales de Actualización y los Cursos Nacionales del Pronap. Además, se iniciaron dos colecciones: la Biblioteca para la Actualización del Maestro (con 47 títulos) y la Biblioteca del Normalista (con 18).

El incremento de las actividades de renovación curricular y editoriales implicaron cambios en la estructura de la SEP: a raíz del ANMEB habían desaparecido las subsecretarías de Educación Elemental y de Educación Media y se establecieron las de Educación Básica y Normal y la de Servicios Educativos para el Distrito Federal; se crearon tres direcciones generales, una coordinación general y un programa especial, que empezaron a fortalecer sus equipos técnicos. Se reconoce que uno de los principales obstáculos encontrados fue la falta de especialistas en varias áreas curriculares.

Conviene añadir una referencia al impacto real de la renovación curricular sobre la enseñanza. No son muchos los estudios sobre este punto; sintetizamos aquí el de Loyo (2003a), quien lo analiza, de manera exploratoria: además de comprobar que la información que tienen los maestros sobre las reformas propuestas por la SEP es muy vaga y superficial, descubre que "la mayoría parece adaptarse con tranquilidad a la nueva situación" porque esas reformas aparecen "diluidas" "y sus efectos amortiguados cuando se visualizan desde el sitio en que se encuentra el docente".

Esto se debe principalmente a dos causas: que el maestro se siente protegido contra esos intentos de reforma por un "entramado institucional" (un conjunto de reglas, normas y mecanismos de la SEP y del SNTE a los que ajusta su práctica profesional), y que, en la cultura profesional imperante, la profesión docente se concibe como componente del sistema educativo establecido y está sujeta a negociaciones cupulares. En consecuencia, no preocupan demasiado a los maestros las decisiones que tomen las autoridades, y el hecho de que no pueda apropiárselas; son "imposiciones" y son "arbitrarias". Como resultado, pueden darse tres opciones: que los maestros acepten dichas reformas, que gradualmente "se acostumbren" a ellas, o que se quejen por las presiones que éstas ejercen sobre su práctica magisterial. Estas posibles reacciones se dan en un contexto confuso: aprecian la CM porque les ha mejorado sus ingresos pero descalifican las "evaluaciones externas"; reconocen que su preparación profesional es insuficiente pero no aceptan plenamente su responsabilidad de mejorarla, y tienen interés en los cursos de actualización pero escogen los que les aportan más puntos para CM. En conclusión, dice Loyo, "la reforma educativa de los noventa [...] se presenta muy disminuida cuando se le examina a través de la mirada de los maestros ante grupo". Estas observaciones críticas complementan las apreciaciones sobre la política de Estado emprendida en el campo del currículo.

Los testimonios

De los ex secretarios entrevistados sólo Miguel Limón Rojas se refiere explícitamente a esta política. Él la enriqueció: no sólo consolidó los equipos técnicos respectivos y multiplicó los libros y materiales que apoyaran la reforma curricular, sino incorporó la nueva asignatura FCYE y rompió tabús en materia de educación sexual y otros problemas educativos del adolescente.

Hubo otro aspecto innovador en el rubro curricular que ameritaría más espacio: la incorporación de tecnologías informáticas, la cual se encomendó al ILCE, pero fue apoyada desde la Dirección General de Métodos y Materiales. Esta actividad fue reforzada con la distribución de videotecas escolares y otros medios; se desarrolló la Red Edusat y la Red Escolar, y se distribuyeron materiales audiovisuales (460 programas de video y 179 de audio); mención especial merecería el proyecto Enciclomedia que permitirá a los maestros aprovechar muchos materiales disponibles para la preparación de sus clases o su propia actualización. Dentro de "lo cambiante" los aspectos informáticos significaron sin duda un salto notable durante el sexenio 1995-2000. Miguel Limón Rojas considera que no fue necesario modificar el carácter y la estructura del ILCE para que continuara realizando sus actividades.

En asuntos curriculares, como en otros, Miguel Limón Rojas opina que las ideas que conducen a innovaciones en la educación "llegaban [a la SEP] por contactos internacionales y por la investigación; los investigadores de la SEP ya tenían ciertas conclusiones importantes sobre lo que había que priorizar [...]" Muy importante era "la relación con especialistas de todo el mundo y el conocimiento de experiencias exitosas de otros países". Por otra parte, también deja constancia de que, además de continuar y apoyar la renovación curricular, le hubiera gustado "experimentar otros caminos heterodoxos en el aprendizaje [...]", principalmente en dos áreas: el desarrollo temprano de la vocación científica y la formación en valores.

A finales del sexenio 1995-2000 las autoridades consideraban que habían realizado una "reforma global del sistema educativo", pues a las reformas curricular y de los libros de texto se añadían las de los planos de ostudio de las licenciaturas para formar profesores, las del sistema de actualización del magisterio y la de la gestión de las escuelas: "El cambio ha sido extraordinariamente complejo por la enorme dimensión, por la simultaneidad de las acciones, los diversos actores implicados y sus intereses, así como por el tiempo breve en que las acciones fueron diseñadas y puestas en práctica", se afirma en la *Memoria*.

Pescador no se refiere a la renovación curricular durante su breve periodo pero, preguntado qué le llega al maestro, de las decisiones de las autoridades, responde: "Al maestro le llegan los materiales, los libros de texto, las guías, películas, videos; es mucho... pero, así y todo, no se logra que estas acciones susciten una relación más viva con la calidad de la enseñanza... Al maestro le llega lo concreto, no lo trascendente". Generalmente "los maestros escuchan el 'discurso' del secretario con actitud pasiva y cierta indiferencia..."

Y añade una observación sobre las limitaciones de las actuales reformas al currículo que trabajan por separado cada nivel escolar: el currículo debiera "reformarse para asegurar continuidad a través de los tres niveles (preescolar, primaria y secundaria), pero se ha aplazado la solución a este difícil problema; asusta pensar que la transición del actual modelo a uno integrado llevará muchos años: si no 11, al menos seis empezando en paralelo la reforma de la primaria y de la secundaria".

Planteamientos actuales

2001-2006

El PNE asume que las tareas de renovación del currículo de primaria y de producción de libros de texto deben continuar. En los tres años transcurridos se advierte no sólo continuidad sino incremento en la edición de libros, guías didácticas, obras de consulta, además del notable esfuerzo de las Bibliotecas de Aula. Quizá debiera sugerirse que el gasto en materiales fuese acompañado de un gasto proporcional en capacitación para el mejor aprovechamiento de los apoyos impresos.

Aunque el PNE es bastante parco al abordar las reformas curriculares pendientes en los niveles de preescolar y secundaria, la actual administración ha impulsado acciones importantes respecto de ambos, con el propósito de recuperar el retraso en ellas a partir de 1993.

Para la enseñanza preescolar se ha elaborado un documento base con los nuevos planteamientos[15] y, sobre todo, se ha ido consolidando un proceso de participación y consenso entre los principales actores de esta reforma.

Respecto de la reforma de la secundaria, se ha venido trabajando en estrecha relación con los gobiernos estatales;[16] desde octubre de 2002 se impulsaron diagnósticos y se invitó a los estados a formular sus propios proyectos y propuestas dentro de un marco nacional; se terminó también un diagnóstico y un informe nacional de las telesecundarias. En el diagnóstico se reconoce que la mayoría de las escuelas secundarias no funcionan como unidades educativas, pues sus directores y maestros no comparten una visión común de su tarea formativa; hay

[15] Fundamentos y características de una nueva propuesta curricular para educación preescolar, SEP, Dirección General de Investigación Educativa, septiembre de 2003 (manuscrito).
[16] Véase "Reforma integral de la Educación Secundaria", XI Reunión de Titulares de Educación de los Estados con el secretario de Educación Pública, Nueva Vallarta, Nayarit, 3-5 de marzo de 2004 (manuscrito).

sobrecarga curricular y superficialidad en su tratamiento; los módulos de 40 minutos por clase fragmentan el tiempo disponible; hay pocos espacios para el trabajo colegiado, la planeación y la revisión de tareas; predominan las actividades administrativas; 43% de los maestros de las secundarias generales (y de la totalidad de los de telesecundaria) están contratados por horas; no hay rendición de cuentas a la comunidad o a los padres de familia; se destaca también la inequidad en la distribución de los recursos y las carencias en la infraestructura física.

El objetivo fundamental de la reforma es "cumplir con el carácter obligatorio de la secundaria en el menor tiempo posible"; se visualiza como una reforma "curricular, pedagógica y organizativa". Objetivos más específicos son una nueva propuesta curricular; la reorganización del modelo de gestión; el reordenamiento de los recursos; la revisión de la normatividad, y la propuesta, para la telesecundaria, de un nuevo "modelo pedagógico".

Estos objetivos se extienden a la educación de los adultos, que no han tenido la oportunidad de cursar este tipo educativo en el sistema formal.

Con la perspectiva de poder iniciar la reforma en el ciclo 2004-2005 y solicitar al Congreso de la Unión la ampliación presupuestal necesaria, se esperan los planes de cada entidad federativa, dado que hay grandes diferencias entre ellas.

La propuesta curricular nacional (que se ha circulado a los estados) reduce las asignaturas a 21 en vez de las actuales 34. Se procura una mejor comprensión de los conceptos fundamentales para avanzar en la formación de "competencias", la aplicación efectiva de las metodologías actualmente propuestas, un mejor ambiente de aprendizaje y mejores relaciones entre el maestro y los alumnos, mayor compromiso de éstos con su aprendizaje y un incremento de oportunidades de elección de materias; asimismo se privilegia el enfoque de reconocer la realidad específica de los adolescentes.

Como medidas más prácticas se señalan la disminución

del número de alumnos por maestro; el alivio de la sobrecarga horaria para desarrollar trabajos colegiados; la concentración de docentes en una sola escuela, hasta donde sea posible; la designación de un maestro como asesor del grupo y la incorporación de las tecnologías informáticas al proceso de aprendizaje.

Modificaciones a formación cívica y ética

Conviene referirnos particularmente a esta asignatura tanto por sus peculiaridades como por el hecho de que el PNE estableció como metas "evaluar los resultados de la aplicación de la asignatura FCYE" en 2002, "y en su caso iniciar su adecuación", tareas aún pendientes (SEP, 2001, pp. 142 y 144).

La evaluación se encargó al Centro de Estudios Educativos (Liliana Poveda, *et al.*, 2003); el estudio, entregado tardíamente (septiembre de 2003), no cumplió cabalmente con lo anunciado en el PNE; quizás esto explique el desconcierto de las autoridades para proceder a las modificaciones curriculares y pedagógicas de la asignatura. Efectivamente, este estudio entiende la "evaluación" que se propone realizar, como el contraste entre el plan y el programa de estudios y las situaciones que se observan en el aula. De hecho sus conclusiones son de dos tipos: algunas reflexiones críticas de carácter filosófico sobre el diseño curricular desde el punto de vista del "aprendizaje ético", y los contrastes entre lo que prescribe la asignatura y las situaciones de aula.[17]

Algunas reflexiones críticas sobre el diseño curricular y sobre problemas conceptuales de FCYE son desde luego útiles;

---

[17] La "evaluación de los resultados de FCYE" parece que debiera haber incluido, además de lo que incluyó este estudio, algunas de las causas que influyen o explican esos resultados: la manera en que los maestros se apropian el currículo, las características de sus capacidades, formación y capacitación específica para esta asignatura, las estrategias didácticas y los procedimientos de evaluación que siguen, la calidad de los materiales de apoyo y su uso, etc., aspectos bastante marginados en el diagnóstico realizado.

sin embargo, por su carácter general —sin referencia a las edades y contextos de los estudiantes— serán de utilidad bastante limitada para el rediseño; más útil y sencillo hubiese sido retomarlas de obras contemporáneas (como la de Uhl, 1997, en que expone su "pedagogía moral"), que profundizan esas críticas, las matizan y, además, las sustentan y discuten con base en los estudios empíricos disponibles.

Las conclusiones sobre las observaciones de campo realizadas resultan muy frágiles, dada su nula representatividad nacional; pueden tener valor etnográfico, pero no se satisface la esperada "evaluación de los resultados de la aplicación de la asignatura" con registros de algunos diálogos captados en las aulas de cuatro planteles (36 por escuela).[18]

Son también útiles algunas observaciones sobre lo que sucede en el aula, en cuanto a los valores que se consideran, la manera como se les concibe (con un sesgo orientado al conocimiento más que a otros componentes importantes en su formación), la falta de continuidad para dar seguimiento al proceso formativo de los estudiantes y otros aspectos, todo lo cual hace referencia a la falta de una preparación adecuada de los maestros observados para conducir esta asignatura.

En suma, las recomendaciones de este estudio son demasiado generales y de nula representatividad, para lo que de él se esperaría: las más se destinan a los diseñadores curriculares, otras a la capacitación de los maestros y algunas a las características deseables de un "aprendizaje ético". Más útil en este sentido hubiese sido repasar los abordajes empíricos que presentan Cecilia Fierro y Patricia Carbajal en un reciente libro (2003).

Aún se desconocen las modificaciones que se hagan a FCYE de secundaria, fuera de que la asignatura se reducirá al tercer

---

[18] El estudio que comentamos realiza una exploración cualitativa en una pequeña muestra de cuatro secundarias de diversa modalidad (una secundaria general urbana, otra marginada, una indígena y una telesecundaria). A partir de los registros de las "interacciones lingüísticas" entre los maestros y los alumnos se abordan problemas, relevantes en general, pero cuya presencia a nivel nacional se supone gratuitamente.

grado, con siete horas semanales, por exigirlo así la reforma del nivel secundario.

Conviene referir a otra evaluación de la asignatura de secundaria FCYE mucho más rigurosa que la realizada por el Centro de Estudios Educativos. Aunque limitada al estado de Morelos, es un estudio analítico y empírico dirigido por Teresa Yurén (Yurén, 2003), quien realizó una reconstrucción crítica de las condiciones en que se desarrolla la asignatura en secundarias generales, técnicas y telesecundarias. Se hicieron entrevistas abiertas y observaciones en seis escuelas y se aplicaron encuestas a estudiantes y maestros en 20. Se combinaron varias técnicas para analizar: *a)* el sentido que tiene la asignatura para los diferentes actores, especialmente los estudiantes; *b)* el tipo de formación que se está promoviendo y la influencia del currículo oculto; *c)* las actividades que se realizan y los estilos docentes predominantes, y *d)* la manera en que afectan los factores contextuales como el perfil del profesor, las condiciones de la escuela y el entorno familiar y social.

Se encontró que los estudiantes presentan resistencia a la formación para la ciudadanía y que se interesan más por el "cuidado de sí mismos", mientras que los profesores tienden a recuperar la eticidad perdida.

Se elaboró una tipología de los estilos docentes y se constató que predomina una cultura de la instrucción y el endoctrinamiento sobre la cultura de la formación de saberes prácticos. Se identificaron además los factores que explican por qué son escasas las situaciones formativas que promueven competencias discursivas, el juicio moral, el juicio prudencial y la autorregulación. Se pusieron de manifiesto los mecanismos por los que el currículo oculto contrarresta el currículo formal y se mostró que las condiciones contextuales resultan tanto más adversas cuanto menos se trabaja con un propósito formativo.

La investigación combinó análisis estructural, análisis de dominios y dimensiones de contraste. La teoría en la que se apoya es la del "habitus" de Bourdieu o "sistema disposicional" que comprende lo cognitivo, lo actitudinal y lo conativo, así como las "competencias". Se profundiza también en los "saberes" genéricos y específicos que FCYE debe promover, en los medios para adquirirlos y en los elementos del currículo oculto que impide su adquisición.

Entre los resultados de esta investigación se destaca que los estudiantes no logran argumentar y comunicarse adecuadamente, pues son deficientes en competencia lógica, lingüística y comunicativa) que se promueven situaciones que fomentan motivaciones de nivel "preconvencional" (lealtad a personas, premio y castigo) y conductas de acuerdo con funciones, pero rara vez se coloca a los estudiantes en situaciones que favorezcan el cumplimiento de la norma por deber y, menos aún, que favorezcan el discurso práctico (nivel "posconvencional"); que son muy escasas las situaciones que favorecen el juicio prudencial que se requiere para el ejercicio de la tolerancia y la búsqueda de la equidad; son también pocas las que favorecen la autorregulación.

Cinco son las principales recomendaciones que consigna el estudio de Yurén: *1)* Más que una asignatura, FCYE debiera organizarse como un dispositivo en el que la instrucción fuese sólo auxiliar, la calificación quedara sustituida por la reflexión y las actividades fuesen múltiples. La función del profesor sería facilitar situaciones formativas orientadas a la adquisición de saberes prácticos. *2)* La escuela debiera abrir espacios y tiempos no-áulicos para que los estudiantes vivieran la experiencia del consenso, ejercicios de democracia, realización de proyectos colectivos y asunción de funciones públicas. *3)* Debiera facilitarse el pensamiento divergente a través de actividades como cineclubes, conferencias, noticias comentadas y debates. *4)* Asimismo, trabajarse más la formación de los juicios moral y prudencial mediante el examen de situaciones dilemáticas y el desarrollo de competencias hermenéuticas y de sensibilización. La narrativa autobiográfica favorecería el autoconocimiento y la expresión original. *5)* Debiera finalmente

organizarse un conjunto de actividades de este tipo para promover el "cuidado de sí" y el reconocimiento de los propios sentimientos, lo cual desarrollaría la empatía y la compasión que
están en la base de la solidaridad, la tolerancia y la templanza
tan necesarias para una buena convivencia.

Por otra parte, la actual administración de la SEP ha elaborado orientaciones para la FCyE en primaria (quinto y sexto grados).[19] El Programa Integral de Formación Cívica y Ética para
la Educación Primaria se orienta a asegurar "una sólida formación cívica y ética sustentada en el desarrollo del potencial
humano, la adquisición de competencias para la vida, el conocimiento y la defensa de los derechos humanos y la actuación
congruente con los principios y procedimientos de la democracia". Para este propósito el Programa explica sus ejes, las competencias que deben formarse en los alumnos y los procedimientos recomendables.

Los ejes formativos son tres: uno ético (aprender a decidir
su forma de vida, de modo libre y responsable), otro orientado
a la vida real (la satisfacción de las necesidades del desarrollo
individual y social), y otro ciudadano (familiarizarse con la
condición de "ciudadano"). Para esto se recurre a ciertos enfoques valorales que enriquecen el trabajo pedagógico, como la
educación ambiental, la intercultural, la de la paz y derechos
humanos, y la de equidad de género.

Asimismo se identifican ocho "competencias":[20] el conocimiento y cuidado de sí mismo; la autorregulación y el ejercicio
responsable de la libertad; el respeto y valoración de la diversidad; el sentido de pertenencia a la comunidad, la nación y la humanidad; la capacidad para manejar y resolver conflictos; la

---

[19] Véase Subsecretaría de Educación Básica y Normal (octubre de 2003). La
FCyE en la educación primaria. Una propuesta integral. "Guía de Trabajo para
el Desarrollo de los Consejos Técnicos Escolares, México" (manuscrito).

[20] Las competencias son conjuntos de capacidades complejas que permiten a
los alumnos responder a sus retos poniendo en juego conocimientos, hábitos,
actitudes, creencias, comportamientos y estrategias.

participación social y política; el apego a la legalidad, con sentido de justicia, y la comprensión y aprecio por la democracia.

Como "procedimientos formativos" se proponen el diálogo, la toma de decisiones sobre dilemas éticos, la comprensión crítica, la empatía, el desarrollo del juicio moral y otros "procedimientos básicos" para motivar al alumno a establecer sus compromisos personales.

En la primaria, concretamente, se distinguen cuatro ámbitos en que habrá que trabajar: la asignatura propiamente dicha (no queda claro si ésta ya existe o se está elaborando, o no se pretende que exista), el conjunto de asignaturas que se relacionan con este tipo de formación, el ambiente de la escuela y la vida cotidiana del alumno.

Desde mayo de 2003 este Programa Integral se encuentra en una fase experimental en 12 estados; uno de los objetivos ha sido formar equipos técnicos estatales que coordinen posteriormente las actividades, especialmente las relacionadas con la actualización de los maestros en este campo.

Aún no define la SEP la evidente tensión que hay entre este "enfoque integral" de FCYE en la primaria y otros proyectos en marcha en algunas entidades federativas que se enfocan en fomentar la "cultura de la legalidad". Parece ser que no hay acuerdo entre algunos estados (sobre todo Baja California) que prefieren continuar desarrollando un programa proveniente de los Estados Unidos y aplicable a "jóvenes de alto riesgo", y otros que han decidido adoptar enfoques más abiertos y están preparando equipos técnicos docentes con este fin. Tal parece ser el estadio en que se encuentra la reforma de FCYE prometida en el actual sexenio.

Opiniones de Reyes Tamez Guerra

Se le preguntó al actual secretario si creía posible recuperar en poco tiempo el retraso en la reforma curricular de las enseñan-

zas preescolar y secundaria y Reyes Tamez explicó que se trabaja intensamente en ambas, como hemos comentado. La educación preescolar "obedecerá a una concepción más integral", en
la cual "se enfatizará más la creatividad [del niño] que la
memorización". La reforma de la secundaria —que se piensa
aplicar en 2005— se ha venido elaborando con gran participación de los gobiernos estatales y también de las escuelas normales.[21]

Observaciones críticas

1) Aunque el ANMEB planteaba la reforma curricular de toda la
educación básica, fue lamentable que, sin que mediara explicación alguna, el esfuerzo se redujera prácticamente a la primaria,
y todos los secretarios que se sucedieron aplazaron por varios
años —más de 10— las reformas de preescolar y secundaria.
    Conviene tomar conciencia de lo que significa el tiempo
desperdiciado al aplazarse reformas del sistema educativo que,
en este caso particular, implicó que varios millones de jóvenes en
esos 10 años quedaran al margen de esa reforma, sin considerar las generaciones de maestros que fueron también privados
de sus beneficios. Desafortunadamente hay otros ejemplos en
nuestro pasado.[22] Se aplazó también la reforma de la ense-

[21] No se conocen detalles del "mapa curricular" de la secundaria, al reducirse
la carga horaria y compactarse varias de sus asignaturas.
[22] Véase Latapí, "El Plan Nacional de Educación y el discreto robo del tiempo", *Proceso*, 19 de junio de 1995, en el que comento las metas establecidas por
Fernando Solana en 1978, que quedaron sin cumplirse por falta de atención y
esfuerzo de los secretarios que le sucedieron: en 1985 debía egresar 75% de los
niños inscritos en primer grado seis años antes. En 1995 esta meta todavía no
se cumplía. Para 1982 el analfabetismo simple debía reducirse a 10%; el censo
de 1990 registró todavía 12.4%. En 2000 egresarían de la enseñanza superior 29
estudiantes de cada 100 que empezaron la preescolar 19 años antes; y se gra-
duaría de la enseñanza técnica profesional 54% de cada cohorte; se esperaba
que la matrícula de enseñanza media profesional fuera de 2.2 millones, pero
de hecho en 1995 era de apenas 400 000. También se esperaba que el rezago de
26 millones de adultos se redujera; de hecho en 1995 era de 34 millones. A partir de la obligatoriedad de la enseñanza secundaria se registran modificaciones
importantes en el volumen del rezago correspondiente a este nivel.

ñanza preescolar; sólo se reformó la licenciatura correspondiente.

2) La de secundaria consistió, hasta 2000, casi exclusivamente en reorganizar el currículo por asignaturas y distribuir algunos materiales a los docentes; la *Memoria* de 1995-2000 la considera "reto pendiente". Ciertamente pesaron en esta decisión las dificultades: la secundaria ahora es obligatoria y masiva y debe enfrentarse a una cultura antiintelectual de los jóvenes; requiere maestros con nuevas competencias didácticas, nuevos lenguajes y sensibilidad hacia los alumnos, e implica una reorganización de los planteles, no menos que una reconversión de muchos docentes. Si además se considera que los ejes asumidos para la primaria deben aplicarse también en la secundaria para asegurar una continuidad curricular, la tarea no es fácil.

3) El extraordinario trabajo de reforma curricular iniciado a partir del ANMEB, el de los equipos técnicos formados en la SEP, no menos que el de la producción de los libros de texto y otros materiales son sin duda aspectos muy positivos que se han continuado hasta el presente; son ejemplos concretos de lo que significa una política de Estado, mantenida y enriquecida a través del tiempo.

4) Deben también resaltarse los cambios efectuados en algunas asignaturas: historia, geografía y civismo; en esta última fue una decisión de trascendencia incluir la formación moral y reconformar la asignatura FCYE con miras a la formación integral del adolescente.[23] En la reforma propuesta ahora esta asignatura parece ser que reducirá su peso en el currículo.

5) Una observación crítica merece el ideal educativo propuesto en el sexenio 1994-2000 para el área de ciencias en la reforma curricular, formulado como "propiciar un escepticismo

---

[23] Yurén y Araujo-Olivera (2003) han indagado empíricamente, en 20 escuelas secundarias de Morelos, el sentido formativo que los maestros y directores atribuyeron a la nueva asignatura de FCYE y la manera en que la intención de esta reforma se tradujo en prácticas docentes, en el contexto de los perfiles y de las condiciones laborales de los profesores; su análisis se enfoca en las "relaciones de poder" en torno a esta reforma curricular.

informado". Propuesto como objetivo pedagógico general para alumnos de 14 años que terminan la secundaria, esta formulación sofisticada ofrece al menos cuatro flancos de cuestionamiento:

–Quizá para estudiantes de educación superior este objetivo sea plausible, en cuanto expresa la necesidad de una mente más madura habituada a plantear y exigir fundamentaciones racionales; no lo es para adolescentes de 14 años que primero tienen que pasar por una etapa asertiva —por ejemplo, respecto de las fórmulas de física o principios de la biología que están aprendiendo—, antes de iniciar su cuestionamiento. No parece ni esperable ni deseable que jóvenes de esta edad, apenas iniciados en el manejo racional de los conocimientos científicos, alcancen esta etapa.

–Hay además cierta contradicción, más que lógica, pedagógica, entre el predominio del raciocinio que se considera esencial en la laicidad escolar y este objetivo del "escepticismo informado". El asunto amerita al menos un esclarecimiento que parta de los maestros, los cuales se sentirán confundidos entre los dos objetivos: la argumentación que enfatiza la validez de las razones y la contraargumentación que las invalida.

–Desde el punto de vista epistemológico parece bastante ingenuo pretender llegar a la etapa de un "escepticismo informado" sin atender al papel decisivo que (como hoy se reconoce) juegan las creencias, entendidas como supuestos o hipótesis no explicitadas en que descansan nuestra cosmovisión y nuestros procesos cognoscitivos. Se dirá que el escepticismo que se propone debe abarcar también dichas creencias, lo cual nuevamente sería más propio de intelectuales maduros que han aprendido a ser "sospechosos de sí mismos", pero difícilmente accesible a jóvenes de 14 años.

¿Fue acertado que el Congreso estableciera la obligatoriedad de la enseñanza preescolar, en los términos en que lo hizo?

Limón: Me preocupa que la obligatoriedad [de la enseñanza preescolar] sea otra fuente de desigualdad. Su importancia exige grandes esfuerzos y recursos para ampliar su oferta. Hacerlo obligatorio y, en consecuencia, requisito para el ingreso a la primaria, representa un serio perjuicio para quienes no cuenten con ese servicio […] Existe además el riesgo de uniformar y reducii la gian iiquono do modalidades y prácticas que existen en el país y que corresponden a nuestra diversidad.

Pescador: Este asunto tiene muchos ángulos: la cobertura, el financiamiento, la capacitación de las educadoras y las ventajas políticas que obtuvo el SNTE con esta decisión. Uno hubiera esperado que las autoridades de la SEP hicieran un pronunciamiento expresando su reacción o haciendo ver las implicaciones; hubo silencio.

La decisión fue muy precipitada. Su racionalidad preponderante fue de geografía electoral: el presidente de la Comisión de Educación del Senado la vio como carta favorable… La maestra Elba Esther Gordillo vio en ella la obtención de gran número de plazas adicionales. No creo que los legisladores hayan estudiado bien el asunto, ni siquiera revisando los datos de la transición demográfica a mediano plazo; tampoco los numerosos estudios sobre la incidencia de la preescolar en el rendimiento de la primaria; ni que consideraran los altos costos implicados.

–En su aplicación concreta a alumnos mexicanos de secundaria habría un cuarto flanco de cuestionamiento: muchos de ellos, sobre todo del medio rural, viven conflictos entre el mundo cognoscitivo al que los introduce la escuela y el propio de sus hogares, en el que predominan generalmente creencias más conservadoras; suponer que pueden alcanzar el escepticismo propuesto parece poco compatible con esta realidad.

Preveo que el efecto real a largo plazo será la proliferación de instituciones particulares de preescolar para atraer la demanda; vendrán repercusiones por el carácter lucrativo de éstas y obstáculos para admitir en primer grado de primaria a niños que no hayan cumplido con el nuevo requisito obligatorio. Y no hemos hablado de la capacitación de las educadoras ni de las nuevas instituciones que serán necesarias. En suma, efectos lamentables... Un año de preescolar bien trabajado basta para conseguir tres objetivos: evitar la reprobación en primaria, facilitar que los niños adquieran los hábitos fundamentales de lectoescritura y promover cierta socialización introductoria que facilite la transición a la primaria.

Tamez: Me parece que detrás de esta decisión de los legisladores del país —deliberaron y votaron las dos cámaras federales y los 31 congresos de los estados— está su preocupación auténtica y legítima de procurar mejorar la educación de los niños mexicanos, en particular la de los sectores cuya única opción es la educación pública. Pero vista la decisión del Congreso respecto del Plan Nacional de Educación, parecería que el análisis de las necesidades de atención que como país reclama la educación media superior, y la cantidad de recursos financieros, humanos y materiales que implica la obligatoriedad de tercero de educación preescolar, resultó incompleto e insuficiente.

6) Respecto de la educación básica para los adultos se debe decir que, si bien el ANMEB no la mencionaba explícitamente —ni parece que los sucesivos secretarios la hayan incluido en sus propósitos de renovación— debiera haberse atendido con mayor esmero. La reforma de la secundaria hoy en marcha tiene el propósito de extenderse a la educación de los adultos; habrá que esperar a que este propósito se concrete.

No existen datos relevantes respecto de los avances de

278 ANÁLISIS DE LA EVOLUCIÓN DE LAS CUATRO POLÍTICAS

este tipo de educación durante el sexenio 1988-1994. En la administración de Miguel Limón, en cambio, se ponderan en la *Memoria* respectiva dos logros importantes: la descentralización del INEA y el nuevo modelo Educación para la Vida y el Trabajo.

Respecto de lo primero, al término del sexenio se informaba que se habían celebrado convenios de coordinación con 27 entidades federativas para descentralizar al Instituto; en 13 de ellas se habían ya creado institutos estatales. Parece ser que la SEP ha impuesto un esquema organizativo único (creación de un instituto estatal), en vez de dejar en libertad a cada entidad.

El modelo Educación para la Vida y el Trabajo fue sin duda el logro cualitativo más importante en muchos años del INEA. Su diseño empezó desde 1996 buscando un modelo flexible y modular que se sustentara en el autoaprendizaje del adulto y diera prioridad a conocimientos de utilidad práctica. En 2000 se aplicó en forma piloto en Aguascalientes y en algunas regiones de otros seis estados, aunque todavía faltaban algunos módulos por desarrollar.[24]

Además de este modelo, se reportan como logros del INEA en ese sexenio el programa SEP-Sedena-INEA, con el cual se procuró beneficiar a los jóvenes conscriptos que aún no habían terminado su enseñanza básica, con apoyo de la Secretaría de la Defensa. También se ponderan la estrategia de "puntos de encuentro" (lugares fácilmente accesibles e identificables) donde ofrecer los servicios a la población y el "pago por resultados" (sea por alumno incorporado, por módulo aprobado o por certificado obtenido).

7) Hay que señalar críticamente que el presupuesto del INEA continuó disminuyendo en esos años: si en 1983 repre-

[24] Antecedió a éste otro modelo: el Sistema de Secundaria a Distancia para Adultos, desarrollado por la propia SEP que permitía cursar este ciclo en dos años y aprovechaba los conocimientos y habilidades adquiridas por los adultos. El proyecto no se implantó masivamente, tal vez para no competir con el del INEA.

sentaba 2.2% del presupuesto global de la SEP, y todavía en 1995 0.95%, al término de ese periodo, en 2000, era de sólo .86%. Esta tendencia desafortunadamente no se ha revertido en el sexenio actual.

8) Aunque es prematuro comentar el actual proceso de reforma de la secundaria, conviene advertir dos cosas: parece ser que el peso principal de los esfuerzos se ha puesto más en la reforma curricular que en la organizativa (de ser así, no se

---

¿Tiene un secretario de Educación tiempo para estudiar?

Pescador: La actividad intelectual del secretario es lo que debe alimentar su desempeño: encargar a tiempo estudios que hacen falta, discutir el planteamiento adecuado de cada problema, idear soluciones innovadoras. Ya que llegas a la solución que parece la mejor, organizas y programas para implementar, y luego evaluar. El proceso es muy conocido, pero el impulso intelectual es su detonador.

Limón: El secretario no debe perder de vista que su preocupación principal debe ser atender lo sustancial, mirando siempre hacia el largo plazo y construyendo los pisos correspondientes a las distintas etapas de cada proyecto. Pero, curiosamente, no es posible atender lo importante si no se atiende adecuada y oportunamente lo urgente. Además, es necesario tener en cuenta que no siempre lo urgente se contrapone a lo importante... En lo que se refiere a distribuir correctamente tu tiempo, tienes que quitarte de enfrente muchos fantasmas que ocupan espacio valioso: ordenar bien tu agenda y defenderla del asedio cotidiano.

Las diversas facetas del puesto de secretario "están no siempre en pugna, pero sí en tensión [...] Es un cargo de gran intensidad. No hay día que te puedas olvidar de la responsabilidad que te impone, y esto está asociado al gran significado que la educación tiene para un país como el nuestro.

aliviarían los problemas de fondo), y segundo, que —como suele suceder en las reformas curriculares— no parece que se atenderá suficientemente a la capacitación de los docentes. Esto último ha sido una constante en las reformas curriculares emprendidas por la SEP, y en el caso presente el riesgo es mayor, dado que la capacitación dependerá de cada entidad federativa.

MAGISTERIO

De los diversos rubros que contiene el ANMEB respecto del ma gisterio, consideramos como integrantes de una política de Estado tres: la reforma de la formación inicial, la del sistema de actualización del magisterio y el establecimiento de la CM.[25]

Formación y actualización del magisterio

Antecedentes

Los cambios sociales experimentados por el país en las últimas cuatro décadas han hecho obsoletas en muchos aspectos las instituciones normalistas dedicadas a la formación de los nuevos maestros. Conviene recordar algunos antecedentes.[26]

Hubo dos intentos de renovar la actualización del magisterio: uno en 1943 y otro en 1958-1964 (ambos por Torres Bodet).

[25] No trataremos, por tanto, de los mecanismos de reconocimiento social del docente ni del programa de vivienda sustentado en el Sistema de Ahorro para el Retiro. Acerca de CM, ya en el capítulo I se dio alguna información sobre la manera en que este programa se concretó inicialmente y la repercusión de sus emolumentos en los ingresos de los maestros.

Respecto de las investigaciones recientes sobre la formación inicial del magisterio véase Margarita Zorrilla Fierro y Lorenza Villa Lever (2003, pp. 87 ss.). Un análisis longitudinal (Mario Flores López, 1996) destaca la falta de continuidad de las acciones, la diversidad de las instituciones y de las poblaciones atendidas, la carencia de especialistas y de una planeación nacional y regional.

[26] Véase el amplio ensayo de Arnaut (2003), en el que reconstruye la evolución de la formación magisterial y analiza las trasformaciones más recientes de esta profesión.

Estas reformas centralizaron los programas de actualización, privando a los maestros de sus capacidades de intervención respecto del currículo, lo que aprovechó el SNTE para capitalizar el poder real de intervención y de negociación con la SEP. Así las dirigencias sindicales desalentaron cualquier esfuerzo de renovación que viniese directamente del magisterio.

En 1961 la creación del libro de texto gratuito y único concretó el currículo y aun los métodos, de modo que a los maestros les bastaba acogerse a él, sin necesidad de estudiar a fondo los planes y programas o preparar sus clases o imaginar alternativas didácticas. Además, la docencia ya no ocupaba la centralidad que tuvo en otros tiempos.

Desde los años setenta se venía considerando la necesidad de exigir el bachillerato como obligatorio para cursar la normal, de modo que la preparación magisterial tuviera rango de educación superior, como otras carreras profesionales. La SEP, sin embargo, no lo hizo; intentó convencer a la UNAM de que reconociera los estudios normalistas como equivalentes al bachillerato, sin lograrlo. En consecuencia, impuso a las escuelas normales una reforma currricular que sobrecargaba el programa con 12 asignaturas por semestre y sin práctica de servicio social. Poco después declaró que consideraría equivalente a una licenciatura un conjunto de cursos de actualización impartidos por la Dirección de Actualización y Mejoramiento Profesional del Magisterio (Álvarez, 2003, p. 93).

Por otra parte, en 1974 se crearon 40 normales "experimentales" que deberían conseguir su propio financiamiento; no fue así y mediante presiones lograron que la SEP absorbiera sus costos. Todavía en 1975 se implantó otro plan de estudios para la normal primaria en el que se perdían los rasgos distintivos de la tradición normalista; tuvo que enmendarse en 1977. Al año siguiente se instaló el Consejo Nacional Consultivo de la Educación Normal que en realidad sólo avalaba las decisiones tomadas por la Dirección General de Educación Normal. En 1978 se creó la Universidad Pedagógica Nacional, como una institución separada de las normales; de hecho fue concebida como plataforma que respondiera a las demandas de superación profesional del magisterio; las UPN regionales siguieron un patrón semejante, aunque con menor capacidad de oferta.

En 1983-1984 el secretario Reyes Heroles decidió dar rango de educación superior a la formación magisterial y, para ello, exigir el bachillerato como antecedente. Esta decisión no se vio acompañada de los apoyos necesarios tanto a las escuelas normales como a los maestros en lo individual; fue una reforma formal que no afectó las prácticas existentes ni acercó a las instituciones normalistas a los procedimientos y exigencias de las demás instituciones de educación superior. Tanto por este intento fallido como por la insatisfacción del gremio de profesores al comprobar su rezago en relación con las exigencias de la docencia, era una clara demanda del magisterio atender a la renovación de la formación normalista, aunque había una serie de circunstancias en la estructura de ésta y en los grupos de poder que las controlaban, que lo hacían extraordinariamente difícil.

Evolución

1992-1994

En el ANMEB se estableció que los gobiernos estatales deberían integrar un sistema de formación del magisterio "con un modelo común, con opciones orientadas a la práctica preescolar, primaria y secundaria", y que el gobierno federal expediría las pautas para la reforma de la educación normal simplificando sus requisitos y reduciendo las plazas.[27]

Respecto de la actualización de los maestros en servicio se esperaba que la CM propiciara especializaciones en los docentes de modo que se formaran para un nivel escolar e incluso para un grado en él.[28]

---

[27] Moctezuma, 1993, p. 153.
[28] Véase el mensaje de Ernesto Zedillo del 2 de noviembre de 1992.

Firmado el ANMEB se lanzó el Programa Emergente de Actualización, que tendría dos etapas: una intensiva durante agosto de 1992 y otra extensiva y permanente a partir del ciclo 1993-1994. A la primera asistieron más de un millón de maestros. Hubo dificultades por diversas causas, por lo que para la segunda fase el esfuerzo se concentró en el dominio de los conocimientos de los contenidos y métodos de los nuevos programas, el fortalecimiento de las funciones de los directores y supervisores, el conocimiento de los problemas de enseñanza y aprendizaje y del desarrollo del niño, y de las relaciones de la escuela con la comunidad.

En paralelo se inició el diseño del Programa de Actualización Permanente por una comisión mixta SEP-SNTE, el cual debería descansar en la corresponsabilidad de los gobiernos estatales, con el principio de que serían la escuela y la zona escolar la base del proceso de actualización; desde entonces se anunció la creación de los Centros de Maestros.

A raíz del ANMEB se organizó una amplia consulta respecto de las normales; consta que el secretario Pescador diseñó un programa de acciones que no pudo implementarse por falta de tiempo.

Formación inicial

1995-2000

No fue sino hasta 1996 cuando la SEP empezó a trabajar en un nuevo plan de estudios que finalmente publicó al año siguiente reformando la licenciatura de educación primaria (y posteriormente la de secundaria y la de preescolar), plan que se articuló con el Programa para la Transformación y el Fortalecimiento Académicos de las Escuelas Normales 1998-2000. Este programa contenía cuatro rubros: transformación curricular; actualización y preparación profesional del magisterio en servicio; normas y orientaciones para la gestión de las instituciones y regulación de su trabajo académico; y mejoramiento de su planta física y equipamiento.

Al reformarse los planes y programas de la primaria en 1993 los maestros empezaron a recibir libros y materiales de apoyo valiosos; pero fue hasta 1996 cuando las autoridades de la SEP decidieron que las normales deberían seguir y transformarse. Esta decisión fue muy importante; desafortunadamente no se ha documentado lo suficiente para poder ponderar —al menos a los interesados— los argumentos en que se apoyó. En concreto se organizaron muchas reuniones para discutir las maneras de actualizar al personal docente de las normales; se distribuyeron numerosos materiales escritos que deberían aumentar su capacidad de análisis y el mejoramiento de sus prácticas, y para mejorar la gestión se emitieron normas que propiciaban la participación, la autoevaluación y el trabajo colegiado. Se confirió a las propias escuelas normales la responsabilidad de realizar la evaluación del aprendizaje de los formadores (SEP, 2001, p. 137).

La reforma curricular se inició en la licenciatura de Educación Primaria en 1997; le siguieron en 1999 las de las licenciaturas de secundaria y preescolar, y en 2000 la de la licenciatura de Educación Física.

Desde 1997 se aplicaron en las normales superiores los programas emergentes para "acercar a los estudiantes a los nuevos programas" (español, matemáticas, biología, física, química, geografía y orientación vocacional). La tesis central de la licenciatura en Educación Secundaria fue que la prioridad era formar a un "educador de adolescentes que enseñe una asignatura", y no a un "especialista en una asignatura que la enseñe a los adolescentes". Se distinguen tres campos: formación general, formación común a todos los maestros de secundaria, y contenidos y competencias específicas de su asignatura.

La *Memoria* de este sexenio menciona las dificultades encontradas, por las que la eficacia de la nueva licenciatura ha sido bastante relativa: en muchas escuelas no se realiza verdadero trabajo en equipo; tampoco conocimiento del proceso de aprendizaje de los alumnos, las evaluaciones se hacen "por trámite", hay una débil vinculación del maestro con la escuela como institución, falta una verdadera tradición pedagógica y escasa comunicación con los supervisores, directores y demás maestros.

Se reconocen también deficiencias respecto de la gestión de los planteles: empleo del tiempo (se suspenden las clases sin motivo y no se planifica); la nueva licenciatura ha implicado aumentar de 20 horas semanales a 32, lo que en muchos casos no se cumple; ha habido retrasos en la entrega de los nuevos materiales y equipos, y falta de especialistas para operarlos; asimismo, descuido de las áreas sustantivas (docencia, investigación y difusión). Por esto se concluye que hace falta "una profunda revisión de estas áreas".

Actualización

La administración que terminó en 2000 considera que el Pronap se fue construyendo gradualmente y que debe verse como un programa a largo plazo (SEP, 2000, pp. 149 ss.). Ya desde una consulta realizada en 1989 se había organizado un programa emergente, llamado PEAM. Al reformarse los planes y programas en 1992 se preparó el Programa de Actualización del Maestro (PAM), que empezó a operar en julio y agosto de 1993 con objeto de familiarizar a los docentes con los nuevos programas (especialmente en historia y geografía, recién incorporadas). Los resultados fueron "pobres" según la SEP; el PAM se encargó a los gobiernos estatales, cuya respuesta fue más bien deficiente. Las experiencias del PEAM y el PAM llevaron a la convicción de que había que desarrollar otro programa que fuera "una opción continua de desarrollo profesional y de mejoramiento de las escuelas", cuya responsabilidad fuese compartida entre la SEP y las autoridades de los estados, como lo prescribe la LGE; así se generó el Pronap.

Se trabajó conjuntamente con el SNTE y se empezó a operar desde 1995; distingue cuatro áreas: nivelación (para obtener la licenciatura), actualización, capacitación y superación profesional (especialidades), y de 1995 hasta finales del sexenio se implementó a nivel nacional, previos convenios con los estados. Comprendió: talleres generales, cursos nacionales de actualización, instalación de los centros de maestros, evaluación y acreditación de los cursos nacionales de actualización, planeación y evaluación del Pronap y otras acciones para ampliar la oferta y la cobertura.

Al principio los cursos del Pronap no eran reconocidos por Carrera Magisterial, pero la comisión SEP-SNTE los aprobó en 1998. El SNTE propugnaba que los cursos estatales quedaran acreditados por la simple asistencia de los profesores. Más adelante se construyeron los exámenes, que se encomendaron al Ceneval, y finalmente los asumió la propia SEP. El Pronap se consolidó en los tres últimos años del sexenio, sobre todo mejorando el funcionamiento de los centros de maestros. Hasta abril de 2000 se habían inscrito 487 000 maestros en nueve cursos nacionales (57.1% de los de primaria y secundaria), además de 150 000 en otros cursos generales que aún no habían concluido.[29]

En el rubro de equipamiento de las escuelas normales se hicieron grandes avances: se mejoraron las bibliotecas, salas de lectura, de maestros y de cómputo, uso de materiales audiovisuales y laboratorios de idiomas; también se atendió a mejorar la infraestructura material de los planteles.

Al final del sexenio 1995-2000 se reconoce que los objetivos de la reforma de 1984 no se habían logrado por diversas razones: escasa articulación de los contenidos, desvinculación con

---

[29] Véase en la *Memoria*, II, p. 776, el capítulo firmado por Jesús Álvarez, responsable de la educación en el estado de Aguascalientes, en el que comenta las "tensiones y negociaciones muy difíciles" con el SNTE por haber convenido con las instituciones de educación superior de esa entidad programas alternativos de actualización; reconoce que fracasó el intento de construir un sistema estatal de formación de maestros.

las necesidades de la práctica docente, exceso de materias teóricas, desconocimiento del contexto real y de las características de los estudiantes, y fallas en la aplicación de las reformas.

Se dispone de un diagnóstico cualitativo de los servicios de actualización del magisterio que proporciona la SEP a través del Pronap,[30] realizado a finales de 2002, a partir de entrevistas con una muestra nacional de sus usuarios. Lo que sorprende es que en esa fecha se constaten los mismos problemas que en fechas anteriores. Sus principales conclusiones destacan que:

–Entre los usuarios son los maestros de aula los más abiertos y participativos ante la actualización; los directores la ven más como una obligación más que como oportunidad de crecimiento profesional; los auxiliares técnico-pedagógicos parecen ser los más insatisfechos, y los supervisores y jefes de asignatura aparecen como los más defensivos y carentes de autocrítica: tienden a atribuir las deficiencias a otros actores.

–La opinión predominante es que la actualización no ha incidido en mejorar la docencia, ni logrado permear la mentalidad de los educadores alterando sus métodos de enseñanza o reforzando su compromiso vocacional.

–La evaluación de la docencia que debieran realizar los supervisores se reduce, según los maestros, a "papeleo"; ni siquiera difunden las guías ni los programas.

–Los usuarios de la actualización consideran un gran acierto el establecimiento de la CM como un "atractivo esquema de promociones e incentivos". También reconocen que se ven forzados a elegir los cursos más en función de los puntajes que obtienen y de su facilidad, que de sus necesidades reales; las motivaciones intrínsecas son muy limitadas.

–Los factores que limitan la eficacia de la actualización son la falta de espacios idóneos para el estudio y la reflexión; la

[30] Consulta Mitofsky, 2003.

falta de tiempo (muchos maestros trabajan con doble plaza); el exceso de festividades en las escuelas, así como de
tareas administrativas, y la carga de obligaciones familia-
res, que afecta sobre todo a las maestras. También señalan
las actitudes de muchas autoridades que impiden la innovación y exigen docilidad, disciplina y lealtades a grupos de poder.

–Se critica en la actual oferta de cursos de actualización:
que tiene poca difusión y está centrada en el medio urba-
no; que faltan contenidos más prácticos sobre "estrategias didácticas y cuestiones organizativas"; se aprecian
especialmente los cursos ofrecidos a través del ILCE-Edu-
sat; en cambio los de la UPN, centrados en maestrías y
doctorados, suscitan menos interés, son de menor calidad
y producen pocos puntos.

–La impresión general sobre el Pronap resulta "muy positiva" tanto por su propósito de contribuir a la superación
profesional como por su vinculación con la CM. Se aprecia
la calidad de los materiales escritos seleccionados, aunque también se comenta su sesgo demasiado teórico. Los
cursos nacionales salen muy bien evaluados, aunque se
opina que exigen habilidades de las que carecen muchos
maestros; por esto son pocos los que llegan a presentar
los exámenes. Los estatales también se valoran. Los talleres, en cambio, son los peor evaluados, sobre todo por ser
los mismos docentes los encargados de organizarlos y
dirigirlos. Los "talleres en línea" casi no se conocen.

–Las principales limitaciones del Pronap radican en falta
de tiempo del maestro, carencia de una cultura de trabajo
en equipo y de reflexión, y la escasa respuesta que obtienen las tutorías que ofrecen los centros de maestros. De
estos últimos se aprecia mucho su buen equipamiento,
pero se confiesa que existe poca asistencia a ellos y la actitud pasiva con la que se ve a los maestros que intentan
actualizarse y a las escuelas de su circunscripción.

Este diagnóstico coincide, como hemos señalado, con otras apreciaciones anteriores del Pronap; es un valioso punto de partida para su mejoramiento.[31]

Los testimonios

Hay gran consenso entre los entrevistados respecto de la trascendencia de reformar la formación inicial y la actualización del magisterio por sus obvias repercusiones sobre la calidad; también lo hay, en el caso de la formación inicial, respecto del diagnóstico. En cambio se ven diferencias respecto de los logros obtenidos y de las propuestas sobre lo que debe hacerse.

Pescador conoció a fondo el problema como subsecretario de Servicios Educativos para el Distrito Federal y, ya como secretario, impulsó estudios y algunas negociaciones con el sindicato que por falta de tiempo no llegaron a acuerdos. Opina que, si bien la reforma de las normales se consideró asunto prioritario en los sexenios 1988-1994 y 1995-2000, "los avances están muy lejos de lo que se requiere". Hay dificultades objetivas como la gran heterogeneidad del magisterio y los procedimientos más adecuados para la actualización de los docentes en servicio. Otras dificultades han sido políticas: el SNTE es renuente a aceptar que la SEP no puede abdicar de su responsabilidad exclusiva sobre la formación y actualización, así como sobre la evaluación del magisterio. Muchas escuelas normales son feudos políticos donde los puestos de dirección se asignan en función de lealtades sindicales, prescindiendo de la capaci-

---

[31] Muñoz (2003, p. 37) señala que las escuelas normales constituyen uno de los pilares fundamentales de la reproducción permanente del SNTE; además, enarbolar el "derecho profesional" de los maestros para intervenir en asuntos educativos propicia que sus afiliados se involucren en los servicios que brinda la SEP. Ante esto, "cuando las autoridades educativas se proponen reformar parcial o totalmente algunas de estas áreas, están obligadas a discutirlo con el sindicato que siempre se ha mostrado renuente a que se realicen cambios sin su participación y, en ocasiones, sin su consentimiento".

dad para desempeñarlos. Por otra parte, también reconoce que la SEP ha descuidado por años estos planteles.

Pescador no cree que los centros de maestros sean ya eficaces en el cumplimiento de su función y los cursos que toman los docentes están condicionados por su valor de acreditación: "se escogen los cursos que significan menor esfuerzo o dan más puntos". Añade que "CM, como sistema de actualización, debe estar plenamente en manos de la autoridad, sin que intervenga el sindicato; como está, no se ha comprobado su eficacia para elevar la calidad de los maestros ni de su enseñanza; todo mundo se queja de los cursos que se imparten [...]" Para lograrlo podría llegarse a un acuerdo, opina, o si fuera necesario tomar la decisión unilateralmente.

Limón Rojas, en cambio, valora positivamente la solución que dio al problema de la formación normalista durante su sexenio mediante el Programa para la Transformación y el Fortalecimiento Académicos de las Escuelas Normales; considera que, además de la reforma curricular a las licenciaturas, se avanzó en la interacción con las escuelas normales. Reconoce, sin embargo, que no le fue posible "hacer un recambio completo" de las plantas de formadores en esos planteles y que se requerirá perseverancia en estos esfuerzos, pues "es un camino largo". Asimismo pondera lo logrado en materia de actualización.

"La Subsecretaría de Educación Básica y Normal puso en ella (la reforma de las normales) mucha atención. Si ahora se revisa ese programa y en particular las reformas curriculares que se emprendieron, me parece que se podrá comprobar que estaban bien fundadas. Hubo un trabajo arduo con los maestros de las normales; no fue un programa impuesto sino que recogió las sugerencias e intentó captar las necesidades reales del proceso formativo desde las exigencias que en la práctica enfrenta el maestro." En las normales "hay de todo; hay mucha gente valiosa que tiene conocimientos, experiencia y vocación. No puedes hacer de un día para otro un cambio completo; de haberlo intentado así, no se habría podido avanzar; hubo un gran cuidado en todo el proceso".

La posición de Solana (si bien no se refiere a los programas actualmente vigentes) es más crítica y radical. Señala que las deficiencias del magisterio se explican por tres causas: falta de vocación de muchos maestros que ingresaron a esta carrera por ser la única opción a su alcance; contaminación de intereses políticos que se sobreponen a los verdaderos intereses de la educación, y pérdida de la "mística" que hubo en otro tiempo. Sin embargo, se muestra optimista de que se puede superar la crisis, sobre todo porque ahora "sobran maestros" y "las normales han dejado de ser un medio para lograr una ocupación decorosa".

Partiendo, por tanto, de estas evidencias acerca de la deficiente preparación del magisterio, de los vicios de las instituciones dedicadas a formarlos y de los mecanismos de control clientelar que maneja el SNTE, no menos que de la disminución del número de maestros requeridos para atender la demanda de enseñanza básica, Solana considera que estaremos ante un grave problema en cinco o 10 años. Y en función de esto formula una propuesta radical cuyos puntos principales son:

–Disminuir el ingreso a primer año en todas las escuelas normales.

–Ofrecer salidas de corta duración en los próximos años a estudiantes matriculados, reforzadas con becas.

–Respecto de los maestros en servicio en las normales, seleccionar a aquellos que posean verdadera vocación y capacidad, y a los no necesarios ofrecerles variadas alternativas de reciclaje en funciones de apoyo hoy necesarias o en especialidades nuevas.

–Ratificar a las normales que respondan con un rediseño de su oferta de programas académicos y estimular a otras instituciones de educación superior, públicas y privadas, a abrir nuevas alternativas de formación magisterial.

Un programa de esta envergadura, reconoce, requeriría de un liderazgo nacional.

Fernando Solana insiste en modernizar la profesión magisterial: los maestros no deben tener como única salida el empleo en las escuelas: "debieran tener siempre opciones [de estudios] para dedicarse a otras actividades, como ocurre en cualquier universidad moderna". "No deben quedar atrapados entre la profesión magisterial y el control del sindicato."

Las divergencias de estos tres ex secretarios en asunto tan importante —y las medidas adoptadas por la actual administración— hacen ver la necesidad de profundizar en el análisis de estas políticas. Es uno de los grandes problemas de política educativa pendientes de solución.

Planteamientos actuales (2001-2006)

El PNE propone "una política de formación inicial continua y desarrollo profesional de los maestros" con tres objetivos programáticos, líneas de acción, metas y dos programas estratégicos (uno para actualización y otro para desarrollo profesional) (Álvarez, 2003, p. 100).

La primera línea de acción propone renovar las escuelas normales para fortalecer y articular el sistema de formación magisterial, en coordinación con los gobiernos estatales.

En la segunda se prevé evaluar las licenciaturas de Educación Preescolar, Primaria y Secundaria; elaborar las de Educación Especial, Física, Indígena, Artística e Inicial; promover equipos directivos en los estados; establecer reglas para la planeación y evaluación de las instituciones y fortalecer el trabajo colegiado; crear redes de escuelas de educación básica en apoyo a la formación de docentes; promover la especialización del personal académico, y regular la oferta de los programas de posgrado para maestros de educación básica y personal docente de las normales.

Las metas se plantean en plazos muy cortos: para 2002 realizar una evaluación externa a las escuelas normales; en 2003 publicar la normativa pedagógica y de operación para transformar estos planteles en "instituciones de excelencia académica"; en 2004 renovar las ocho licenciaturas; en 2006 actualizar la formación inicial de 90% de los profesores de licenciatura; a partir de 2002, actualizar a todos los directivos de las escuelas normales, y en 2003 haber dotado a todos los planteles de la infraestructura necesaria.

Para el desarrollo profesional de los maestros se proponen también dos líneas de acción: consolidar y articular con los estados el sistema de actualización, capacitación y superación profesional: se establecerán normas y estándares nacionales de desempeño y se impulsará el desarrollo profesional del personal dedicado a la formación de docentes en servicio. Por otra parte, establecer "condiciones institucionales que permitan el desarrollo de los maestros centrado en el aprendizaje de los alumnos". Las metas son también muy perentorias.

Otras "líneas de acción" del PNE incluyen: diseñar mecanismos transparentes y efectivos de reconocimiento y estímulo académico al desempeño de los profesores; establecer mecanismos para promover la participación de los docentes en el análisis y propuestas de políticas, y evaluar el impacto de CM sobre la calidad de las escuelas y el aprendizaje de los alumnos.

En conclusión, el PNE supone "la realización de cambios estructurales y cualitativos en los programas e instituciones de formación docente, así como la necesidad de establecer convenios de intercambio académico, coordinación y colaboración entre las instituciones formadoras de maestros y otras de educación superior en las distintas entidades y regiones del país" (Álvarez, 2003, p. 106).

Aunque con cierta lentitud, la actual administración educativa —curiosamente con los mismos funcionarios que elaboraron y aplicaron la reforma del sexenio anterior— preparó un "documento base" que presenta un diagnóstico nada compla-

La crisis de la universidad pública

Solana: En América Latina la universidad pública está en una situación de alto riesgo, cerca de un momento muy crítico, pero sigue siendo indispensable.

Es urgente darle un solución porque —en los casos en que se ha deteriorado— sólo forma cuadros de muy baja calidad que reproducen las condiciones de desigualdad y polarización de las sociedades latinoamericanas.

La solución empieza por la seguridad de sus espacios, que tiene que ser responsabilidad de las autoridades encargadas del orden. En segundo lugar, tiene que asegurarse la calidad de los maestros, para lo cual no bastan los actuales procesos de selección de ingreso. Hay que incluir mecanismos de exclusión de los maestros que no cumplen o no se superan. En tercer lugar, se debe dar mayor apoyo a los estudiantes y exigirles mejores resultados.

ciente tanto de la educación normal como del sistema de actualización; ha publicado 15 Cuadernos de Discusión que muestran que este tema se ha reabierto a nuevos y más radicales planteamientos. El "documento base" (SEP, 2003a, pp. 28 ss.) precisa las deficiencias en la operación del programa y aduce algunas razones:

—Además de las reformas curriculares, "se requiere modificar las formas de organización y de gestión pedagógica de las escuelas, y fortalecer la comunicación entre directivos y docentes de las escuelas normales y de escuelas donde los estudiantes realizan sus prácticas, creando redes de escuelas de apoyo a la formación inicial de profesores que incluyan la actualización de los maestros de educación básica que fungen como tutores de los estudiantes normalistas". Las acciones emprendidas "son aún muy limitadas para asegurar un programa sólido de formación de los profesores normalistas".

Esta selección no se hace en las universidades públicas por la contaminación política y la conflictividad social.

Se necesita una decisión de Estado para poner orden en las universidades y asegurarles sus subsidios.

Pescador: En los últimos años las universidades públicas han hecho grandes adelantos para adecuarse a las exigencias del tiempo; han impulsado procesos intensos de evaluación, elevado los grados académicos de su personal, abierto sus contabilidades a la Secretaría de Hacienda.

Quizá dentro de pocos años tengamos esquemas y criterios más claros para la distribución de los recursos públicos a las instituciones, tomando en cuenta también los ingresos propios que generan por becas-crédito, colegiaturas diferenciadas y contratos de investigación y de servicios. Así se definirían mejor las obligaciones financieras del Estado hacia ellas.

—Y sugiere emprender "programas de formación rigurosos y sistemáticos" en varias líneas y temas. Que muchas escuelas normales no se hayan consolidado "como auténticas instituciones de educación superior" se debe en parte a dos factores: la falta de políticas específicas para facilitar su renovación y las inercias que existen al interior de ellas que impiden una dinámica de autoexigencia y mejoramiento continuo.

Reconoce:

En muchas escuelas persisten situaciones estructurales y prácticas educativas no propicias para el aprendizaje de los estudiantes, entre las cuales se pueden mencionar: estructuras organizativas rígidas y normatividad del desempeño laboral e institucional que no se corresponden con el desarrollo de las actividades académicas derivadas de los nuevos planes de estudio; formadores de docentes sin el perfil profesional requerido; uso poco racional del tiempo escolar (actividades extracurriculares con nulo impacto en la profesionalización de los profesores y en la formación de los futuros maestros, así como suspensión injustificada de labores); incipiente cultura de la planeación, la evaluación y el trabajo colegiado; personal directivo sin la preparación y estabilidad laboral para conducir los procesos de mejoramiento permanente de su institución, y conflictos magisteriales y estudiantiles que afectan la vida de las escuelas [SEP, 2003a, p. 31].

El documento termina con 10 "retos", que muestran las grandes limitaciones que tuvo el programa anterior: orientar a las escuelas al cumplimiento de sus funciones sustantivas; reorganizarlas con el fin de que se orienten al fortalecimiento de los procesos de enseñanza y aprendizaje de los alumnos, al uso eficaz del tiempo y a la oportunidad de lograr experiencias relevantes; crear ambientes propicios a la colaboración profesional; establecer nuevos criterios académicos y procedimientos efectivos que regulen la selección y permanencia del personal directivo; renovar los procesos de planeación y evaluación institucional y de regulación en la aplicación de los recursos financieros; actualizar el marco normativo de las instituciones; renovar la planta docente de las escuelas "de modo que se cuente con el perfil requerido y una dedicación comprometida con los futuros maestros"; fortalecer la planeación de los servicios de formación en cada estado (número de docentes y características de su formación); "establecer a nivel nacional un proceso único y confiable parra la selección y el ingreso de estudiantes a las escuelas normales", y "diseñar y operar mecanismos de evaluación y selección que permitan incorporar al servicio de educación básica a profesores que cuenten con el perfil profesional requerido". Asimismo "garantizar que las plazas disponibles se asignen bajo este mismo criterio, mediante exámenes y concursos de oposición rigurosos".

La administración de la SEP parece haber llegado a un diagnóstico más riguroso no sólo acerca de la educación normalista sino de los esfuerzos hechos en el sexenio anterior. Con este fin puso en marcha el Programa de Mejoramiento Institucional de las Escuelas Normales Públicas (Promin) que ha incentivado a éstas a elaborar un plan de desarrollo institucional y un programa anual de trabajo.[32] Según una evaluación de este Promin,[33] así se ha realizado la "evaluación externa" anunciada en el PNE; además, se ha construido una tipología de las 49 escuelas comprendidas, en nueve estados (25% del total), que atiende sobre todo a su capacidad de transformación y se han incrementado los esfuerzos de la mayoría de ellas para renovarse. En la categoría más favorable se sitúan ocho planteles, en la siguiente 20 y en la última 21. Entre sus recomendaciones propone considerar la utilidad de esa tipología como referencia para el proceso de mejoramiento; explorar la posibilidad de otorgar financiamientos a plazos mayores de un año; pedir a los estados que formulen un plan de desarrollo de sus escuelas normales, y hacer un seguimiento de éstas.

Aunque el Promin se ubica en cierta forma como continuación del programa del sexenio anterior y se centra en el mejoramiento de la infraestructura y de la capacidad de gestión de las escuelas, también podría verse, en nuestra opinión, como reacción a las insuficiencias de ese programa para impulsar el proceso que implica esta política de Estado.

Opiniones de Reyes Tamez Guerra

En su entrevista Tamez explica que decidió impulsar el Promin con el fin de "fortalecer estas instituciones [las escuelas normales] y elevar su calidad, de modo que las normales puedan par-

[32] Publicado en el *Diario Oficial* el 13 de marzo de 2002. Véase un extracto en Subsecretaría de Educación Básica y Normal, 2003, pp. 10 ss.
[33] Realizada por el Departamento de Sociología de la UAM-Azcapotzalco: Evaluación del Programa para el Mejoramiento de las Escuelas Normales Públicas, 2003.

ticipar en los demás programas de las instituciones de educación superior". Se muestra satisfecho con la respuesta que ha encontrado y los apoyos que la SEP ha prestado en equipamiento, materiales didácticos y becas a los profesores. "Lo que quiero destacar de esta reforma es sobre todo la respuesta positiva que va encontrando entre los profesores y directores de las normales." Como ejemplo de esta respuesta positiva Tamez aduce los resultados de diversas evaluaciones que la SEP ha emprendido en estudiantes de la licenciatura de preescolar y en alumnos de primaria y secundaria.

Cuestionado acerca de si cree posible armonizar normalismo y modernización del profesorado, el secretario responde:

> Considero que sí [...] habrá que empezar incluso por ser más exigentes en el ingreso a las normales. Lo que nos alienta es la reacción de la mayoría de los maestros: la gente no está satisfecha con lo que está pasando en las normales, ni los profesores de estas escuelas ni las autoridades. Mi confianza deriva de los resultados que vamos teniendo, de la respuesta a la convocatoria para la reforma de las normales. Hay que valorar estos avances.

Por otra parte, es clara su decisión de abrir la formación del magisterio a otras instituciones de tercer nivel, públicas o privadas, para ampliar las opciones y estimular la competitividad mediante "concursos de oposición y un nuevo sistema de ingreso".

También explica Reyes Tamez las nuevas orientaciones respecto del sistema de actualización: tras una evaluación detallada de la actual oferta de cursos se procedió a seleccionar los más adecuados, con apoyo de un grupo de "maestros de excelencia" que han demostrado su capacidad de aprendizaje en dichos cursos y con quienes se contempla constituir un consejo para orientar las reformas.

La actualización del magisterio, en su opinión, debe estar guiada por un nuevo perfil del docente: "un maestro mejor formado, que tuviera competencia en otro idioma, capaz de usar las tecnologías de informática, que tuviera un concepto integral de su formación, que buscara despertar en los alumnos el interés y la capacidad de autoaprendizaje". "No podemos pedirles que logren estas características con sus estudiantes si ellos mismos no las tienen."

Observaciones críticas

1) El deterioro de las escuelas normales se explica por algunas decisiones históricas: en su origen los estudios no eran de nivel superior, pero la expansión del sistema durante los sesenta y setenta condujo a ampliar y diversificar los servicios de educación normal y a incorporar personal docente sin las debidas cualificaciones; la homologación salarial de la planta docente de las normales se asimiló en 1982 al esquema de las instituciones de nivel superior sin que mediara un estudio sobre los perfiles requeridos; no se trabajó con seriedad en adaptar los esquemas universitarios a las características de estos planteles, en organización académica, evaluaciones o requisitos para los nombramientos; la descentralización de 1992, como también la LGE, planteó a los sistemas de formación docente exigencias que no han podido cumplir.

2) Los diagnósticos —tanto los de hace ocho años como los más recientes— coinciden en las siguientes deficiencias de las normales: se procedió a abrir nuevas escuelas sin estudios de planeación y factibilidad, en busca de más plazas docentes y de becas para los estudiantes; en las definiciones de licenciaturas y posgrados han predominado criterios de interés político; también ha habido un incremento desproporcionado de la matrícula de normales particulares; existe gran heterogeneidad en los

criterios y procedimientos de admisión de los estudiantes y no se respetan las evaluaciones; hay procesos vicia-
dos para la designación de directores y discrecionalidad
para asignar las plazas disponibles para docentes, y en
general, un anquilosamiento de las plantas de profesores; la contratación automática de los egresados como
profesores de las propias normales en muchas escuelas
ha generado endogamia y consolidado feudos políticos;
la contratación de maestros "interinos" ("bachilleres ha-
bilitados") para zonas rurales, indígenas y urbano-mar-
ginadas (pues los maestros se niegan a ir a ellas), se ha
traducido en aumento de las inequidades y, finalmente,
las escuelas normales operan con muy altos costos unitarios.

Además, en los aspectos académicos se señalan serias
limitaciones: en el perfil del maestro que forman; en la
formación de las habilidades intelectuales formales: lectura, exposición oral y escrita, capacidad de plantear y
resolver problemas y manejo de la información con autonomía; en los conocimientos especializados y las des-
trezas para manejar lo que deben enseñar y los recursos
con que cuentan; en las competencias didácticas y estrategias de docencia y en la capacidad de evaluarlas; en la
ausencia de un clima de trabajo académico propicio y en
la identidad profesional y ética de su profesión.

Estos diagnósticos son, simplemente, alarmantes.

3) En las soluciones adoptadas respecto de los problemas
de la formación inicial y la actualización del magisterio
se comprende que haya diversidad de opiniones entre
los secretarios entrevistados, así como en el tratamiento
político que habría que dar a las escuelas normales y a
los mecanismos de actualización y de evaluación del
magisterio. En sus perfiles políticos el asunto forma parte de la problemática relación entre la SEP y el SNTE, de
la que se tratará al final de este capítulo.

4) El hecho de que la actual administración esté replanteando más a fondo las reformas de la formación inicial y la actualización, indica que no se consideró plenamente satisfactorio el programa emprendido en el sexenio 1995-2000. Algunas soluciones alternativas podrían incorporar experiencias valiosas de otros países.[34] El actual Promin reitera el supuesto de que estas escuelas, al menos la mayoría de ellas, pueden llegar a transformarse, aunque sus capacidades sean diferentes.[35] (Respecto de las normales rurales, véase más adelante.)

5) La solución de fondo a la reforma a las normales no exige necesariamente continuidad plena con el pasado. En esta perspectiva, la propuesta que presenta Fernando Solana en su entrevista merecería una seria consideración. Si bien el Promin muestra avances, la reforma de las normales ha implicado plazos considerables e importa recuperar el tiempo perdido. Esto puede hacerse salvando los valores profundos del normalismo: la importancia de la educación pública, su vinculación con la justicia social, la soberanía del país y el sentido naciona-

[34] Véase Pablo Latapí (2003, p. 21). En este documento, titulado "¿Cómo aprenden los maestros?", se dan cuatro respuestas: primero, para aprender hay que querer aprender. Segundo, para aprender hay que dedicar algo de tiempo. Tercero, para aprender hay que empezar por analizar las propias necesidades de aprendizaje, para lo cual es conveniente que el docente consulte con otros colegas; así podrá decidir sobre las oportunidades que están a su alcance. Y cuarto, cada maestro tiene que crear sus propios ambientes de aprendizaje, preferiblemente a través de grupos de libre adscripción que comparten un interés común, y con asesorías o tutorías apropiadas. No debe esperar que alguien cree esos ambientes por él; es una tarea eminentemente personal.

[35] Conviene añadir un comentario sobre los Centros de Maestros que apoyan la actualización. Hay varios aspectos que deben revisarse: la normatividad que regula su instalación y funcionamiento; la situación laboral y profesional del personal coordinador y de asesoría; la vinculación con los planes de desarrollo del sistema educativo, a nivel local y de cada estado; la pertenencia a un plan estatal de formación y actualización; la vinculación con los maestros, colectivos docentes y directores de escuela; las acciones que los centros impulsan a favor de la equidad; y sus posibilidades para incidir en la actualización de las escuelas como instituciones (SEP, 2003; Cuaderno 14, p. 87).

lista, pero el tratamiento político que se dé a las instituciones normales puede ser diferente.

6) Sin embargo, en el actual sexenio, se ha decidido continuar a través del Promin en la línea de reforma de estas
instituciones, si bien abriendo otras opciones de formación magisterial en universidades públicas y privadas,
con el fin de estimular la competencia. El actual secretario se muestra satisfecho de los resultados hasta ahora
obtenidos. La pregunta es: ¿esta estrategia satisface la
gravedad del diagnóstico sobre las escuelas normales?

EL CASO ESPECÍFICO DE LAS ESCUELAS NORMALES RURALES

Los conflictos de dos normales rurales —la Luis Villarreal (el
"Mexe"), en Hidalgo, y la de Mactumactzá, en Chiapas— han
ejemplificado la problemática de estas instituciones y la carencia de soluciones satisfactorias. Haber arrastrado este problema sin aportar una solución de fondo parece ser una omisión
importante de la política educativa desde 1992 hasta la fecha.
Por esto conviene analizar su situación más de cerca.

De las escuelas normales del país[36] 18 son rurales, con un
total de 7 300 estudiantes y unos 600 profesores. Fueron creadas hace 70 años, durante el callismo y el cardenismo, como
opción para los jóvenes campesinos de comunidades margina-
das, muchos de los cuales ingresaban a ellas sin una clara
orientación hacia el magisterio. Su régimen incluía prestaciones especiales y beneficios como el ingreso sin examen, con
frecuencia internado, becas, alimentos, lavandería y sobre todo
plaza automática al egresar. En muchos casos se invoca un
"autogobierno" que desconoce a la dirección de la escuela y a
sus profesores.

[36] Según datos oficiales, existen 664 escuelas normales, de las cuales 349 son
públicas y 315 privadas, con una matrícula de 166 800 estudiantes y un profesorado de aproximadamente 17 000.

En los años sesenta estos planteles se empezaron a vincular con movimientos políticos y guerrilleros ajenos a su misión; Lucio Cabañas, guerrillero y fundador del Partido de los Pobres fue maestro de la escuela normal de Ayotzinapa, Gro., ahí fue maestro también Othón Salazar. Sirven también de base a la Federación de Estudiantes Campesinos Socialistas de México (creada en 1935), muy activa hasta el presente. Aunque la

---

¿Vamos hacia la jornada completa?

Tamez: Estamos trabajando en que las escuelas puedan convertirse en planteles de jornada completa, sin que esto implique una erogación que no podamos afrontar; y buscando que los docentes de doble plaza compacten sus horas y se reubiquen en una escuela de jornada completa. En este espíritu de recuperar un horario escolar de siete horas y media tenemos que avanzar.

La jornada completa implica muchos retos: mejorar el aprendizaje y elevar el aprovechamiento de los alumnos; hay un proyecto consensado por las autoridades educativas de las entidades que puntualiza estos aspectos.

La principal limitación es de carácter financiero: si tuviéramos más recursos (sobre todo para el pago a los docentes), podríamos avanzar más rápidamente.

Pescador: Alguna vez hicimos estimaciones sobre el costo de la jornada completa: se requeriría 60% adicional, globalmente, en la masa salarial. Pero hay que realizar análisis finos para ver el efecto de las dobles plazas existentes y las posibilidades de compactarlas, la disponibilidad de los inmuebles y varias implicaciones administrativas... Hay que aprovechar la experiencia de las escuelas de jornada completa que funcionan en estados como Sinaloa y Baja California; ahí se vería que no se requiere 100%.

Y hay que aprovechar a los maestros que van siendo liberados (por la disminución de la demanda); esto aliviará los costos.

dirigencia central del SNTE ha utilizado en diversas coyunturas el extremismo de estas escuelas, actualmente han sido más bien las secciones sindicales estatales (las de Chiapas e Hidalgo) las que apoyan sus inconformidades, así como la CNTE, el Frente Popular Francisco Villa, los ejidatarios de Atenco y el Comité General de Huelga (CGH) de la UNAM.

Desde los años setenta las autoridades educativas tomaron conciencia de que era necesario transformar el régimen, ya anacrónico, de estos planteles, pero sus iniciativas no fueron exitosas. El secretario de Educación Reyes Heroles cerró 33 de ellas. No todas son problemáticas.[37] Por eso es particularmente importante la solución que se ha negociado tanto en Mactumactzá como en el "Mexe" desde octubre de 2003. Las líneas de solución propuestas inicialmente por el gobierno de Chiapas y secundadas por el de Hidalgo han sido asumidas por muchos otros gobernadores en cuyas entidades operan escuelas normales rurales.[38]

En el caso de Mactumactzá, esas líneas son las siguientes:

–No cerrar la escuela, pero exigir a los grupos inconformes condiciones mínimas de operación.
–Reconvertirla en una verdadera institución de educación superior que responda a las necesidades de la entidad; se ha mencionado transformarla en una universidad politécnica.
–Aplicar la ley a quienes han cometido delitos comprobados: quema de vehículos, secuestros, agresiones a la policía, amenazas de incinerar a mujeres indefensas, etc. La aplicación de la ley en tales casos de ninguna manera constituye una "represión".
–Al argumento de que el gobierno está violando el dere-

---

[37] Se mencionan las de San Luis Potosí y Campeche como ejemplos de buen funcionamiento.
[38] Además de Chiapas e Hidalgo, las respaldan Aguascalientes, Campeche, Jalisco, Michoacán, Guerrero, Chihuahua, Durango, Estado de México, Morelos, Oaxaca, Puebla, Sonora, Zacatecas, San Luis Potosí y Tlaxcala.

cho constitucional al trabajo, el gobierno responde que, precisamente para garantizar este derecho de más de 4 000 egresados de las 22 escuelas normales del estado, se ha transparentado la asignación de las plazas y puesto fin a la corrupción y situaciones de privilegio amparadas por la Sección 8 del SNTE. Además, se procederá a establecer el examen de oposición para el ingreso, pues demandar plazas automáticas para unos cuantos es negar el derecho al trabajo de cientos de miles de profesionales, muchos de ellos más pobres que los estudiantes de Mactumactzá.[39]

En la propuesta del gobierno de Hidalgo para el "Mexe" se proponen líneas semejantes y puntos más concretos como:

–Regulación de las actividades académicas y administrativas de conformidad con las normas de la educación normal del país.
–Respeto absoluto a los directivos, maestros y trabajadores.
–Reconocimiento de la dirección de la escuela como única instancia facultada para las gestiones ante las autoridades federales y estatales.
–Libre acceso de las autoridades a las instalaciones para realizar evaluaciones.
–Respeto del calendario escolar y de los horarios.
–Establecimiento de un sistema externo de becas para las cuales se concursará.
–Cierre del internado.
–Firma de una carta de cada estudiante, avalada por su padre o tutor, en la que se comprometa a respetar las leyes y normas de la vida institucional.
–Pase de lista y cumplimiento de al menos 85% de asistencia para poder ser acreditado.
–Finalización de la anarquía estudiantil.
–Restitución a la autoridad de los bienes y servicios.

[39] *La Jornada*, 18 y 15 de septiembre de 2003.

–Sujeción total al Reglamento, para que se eviten robo, secuestro, consumo de alcohol, inequidad de género, chantaje, difamación y otros delitos.

Se requiere también orientar la transformación de estos planteles, tomando en cuenta el marco general de la educación normal del país, regulando su oferta de acuerdo con las necesidades reales de la demanda en su región o estado.[40]

Estos conflictos ejemplifican las crisis de una transición necesaria, en la medida en que las autoridades se proponen poner fin a situaciones anacrónicas, pero los grupos afectados recurren a conductas violentas y claramente violatorias de la ley. Para evitar conflictos mayores las autoridades prefieren la vía de la negociación política; pero es necesario constatar que las soluciones alcanzadas por esta vía en el pasado han sido transitorias e insuficientes y que estos conflictos han prolongado situaciones indeseables de sexenio a sexenio.[41]

CARRERA MAGISTERIAL

Antecedentes y evolución

La propuesta hecha por el SNTE de un salario profesional para el magisterio implicaba de hecho otras dos: establecer un sistema de promoción horizontal que abriera mayores oportunidades de ascenso a los docentes y acordar alguna manera de evaluar a los maestros. Estas propuestas se concretaron, en las negociaciones previas al ANMEB, en el esbozo del proyecto de CM.

Las negociaciones fueron muy intensas; firmado el Acuerdo se prolongaron, de modo que los términos iniciales, los facto-

---

[40] La prensa menciona un documento del Banco Mundial que propone convertir estas escuelas, en 2004, en normales estatales, y establecer un programa de jubilación anticipada con objeto de renovar sus plantas docentes (*La Jornada*, 7 de septiembre de 2003).

[41] Véase Comunicado 118 de Observatorio Ciudadano de la Educación, dedicado al tema de las normales rurales (*La Jornada*, 29 de febrero de 2004).

res que debían tomarse en cuenta en las evaluaciones y los montos de los emolumentos quedaron acordados hasta el 24 de enero de 1993, retroactivos al 1° de septiembre de 1992. Estos lineamientos iniciales fueron modificados en mayo y octubre de 1998 por la comisión nacional SEP-SNTE.

Al presente (2004) prevalece la opinión de que CM ha funcionado como un mecanismo de mejoramiento de los ingresos del magisterio pero no como un sistema adecuado de evaluación; tampoco hay evidencias de que esté incidiendo en el mejoramiento de las prácticas docentes ni, por tanto, en la calidad de la educación.

Siguiendo a García Manzano (2004) se exponen a continuación las principales diferencias entre los lineamientos de 1992 y los de 1998.

a) Definición de calidad. En ninguno de los dos lineamientos se explicita una definición de calidad de la educación. En los iniciales se asienta como objetivo de CM "elevar la calidad de la educación reconociendo y estimulando la labor de los mejores maestros", pero no se puntualizan las cualidades de esos "mejores maestros". En los de 1998 desaparece la relación entre el mejoramiento de la calidad y los estímulos económicos otorgados o el reconocimiento a los mejores maestros; CM se identifica con la "profesionalización" del magisterio, suponiéndose una relación mecánica entre ella y la calidad educativa.

b) Órganos de gobierno de CM. En 1998 aparecen explícitamente la comisión nacional SEP-SNTE y las comisiones paritarias estatales como órganos de gobierno. Corresponde a la primera dictaminar a los candidatos y asignar las plazas disponibles, y distribuir el presupuesto asignado por la federación a las diferentes entidades.

Con los estímulos económicos se puntualizan las diferencias entre el salario base y el ingreso total máximo que puede obtenerse. Esto se conceptualiza como "salario profesional del maestro".

Ya en 1992 se hablaba de una "bolsa" de recursos y se indicaba que, si el maestro se jubilaba y recibía su pensión del ISSSTE, perdería las percepciones de CM, las cuales se integrarían a la bolsa. En 1998 se aclara que el pago de las pensiones corresponde al ISSSTE.

c) *Desempeño profesional.* Ha sido el factor más discutido, sobre todo por la dificultad de medirlo. En 1992 se le definió como "la suma de acciones que realiza el docente para interactuar con sus alumnos [...] y lograr resultados significativos en términos de productos de aprendizaje"; pero en 1998 se le definió simplemente como "la suma de acciones cotidianas que realizan los docentes en el desempeño de sus funciones" (sin referencia al aprendizaje efectivo logrado por sus alumnos). En 1992 se le otorgaban 35 puntos, ahora sólo 10.

En 1992 se distinguían cuatro subfactores: planeación del proceso de enseñanza-aprendizaje, desarrollo del mismo, participación en el funcionamiento de la escuela y participación en la escuela y la comunidad. En 1998 el "aprendizaje del alumno" pasa a ser un subfactor de mayor importancia (de siete puntos pasa a 20). La acreditación se hace por registros que de cada escuela maneja la Secretaría y no el órgano de evaluación escolar, y la evaluación del "aprendizaje" mediante un examen a los alumnos.

d) *Preparación académica, grado académico y antigüedad.* Tanto en 1992 como en 1998 se establece que se acreditarán mediante un "examen de conocimientos" que, se propone, se elaborará a partir de un banco de datos de la SEP, enriquecido con la información de los talleres que se efectúen en los estados.

Los docentes que no tengan el grado académico requerido pueden participar si cuentan con 15 años de antigüedad, y los 10 últimos en la modalidad para la que concursan.

Respecto de la antigüedad, en 1992 eran "años frente a grupo"; ahora "años empleados en el servicio docente de educación básica" (así se incluye también a directores y supervisores). El máximo puntaje es de 10 (ha habido pequeñas diferencias en la manera de precisarla).

e) *Arraigo profesional y laboral.* En 1992 se identificaba con la antigüedad, ahora se añade "con el grado máximo de estudios, del nivel y la modalidad educativa", y se añade que se reconocerá a los maestros que trabajan en comunidades pequeñas y aisladas; se piden dos años en esas comunidades y se asignan ocho a 14 puntos según el grado de desarrollo de éstas.

f) Ingreso y promoción. El ingreso al programa es voluntario. Se considerarán desempeño profesional, aprovechamiento escolar de los alumnos, los cursos de actualización, el grado académico, la preparación académica y la antigüedad.

Se hace notar que, si se tiene doble plaza, se vale concursar para las dos y ser evaluado en ellas si se cumplen los requisitos. Habrá cinco momentos de promoción a lo largo de 16 años cuando menos.

g) Evaluación. Lo que ha variado de 1992 a 1998 son los puntajes asignados a los factores de la evaluación: bajó mucho "desempeño profesional" (de 35 a 10 puntos) y subió "aprovechamiento escolar" (de cero a 20).

¿Quién evalúa? El "órgano de evaluación escolar", que es el consejo técnico escolar presidido por el director de la escuela, y un maestro con la representación del SNTE; este órgano debe reunirse en tres momentos durante el ciclo para evaluar el "desempeño profesional".

Se asigna a los supervisores la función de "asesorar" y "supervisar" a los órganos de evaluación escolar, medida que aumenta el control sindical sobre el proceso.

Resta dar información sobre los efectos de CM en los ingresos de los maestros: han sido muy beneficiosos y colocado al magisterio, como grupo profesional, en una posición notablemente mejor de la que tenía en 1992. En los últimos 17 años, de 1987 a 2004, los salarios de los maestros de primaria en el Distrito Federal se han incrementado 82% en términos reales, sin incluir los ingresos de CM; no así los de los docentes de secundaria que se han abatido en 16%.[42]

[42] Estudio del Centro de Análisis Disciplinario de la Facultad de Economía de la UNAM, citado en *El Universal*, 15 de mayo de 2004.

En relación con los salarios del conjunto de la población, los del magisterio no son bajos; tampoco lo son comparados con los de otros grupos profesionales semejantes, al menos algunos de ellos. Más de 65% de los asalariados tienen ingresos de tres salarios mínimos o menos; el grupo que alcanza los seis salarios mínimos (que repetidamente propone la dirigencia sindical como aspiración) corresponde a 23% superior, ya el promedio de los maestros está por arriba de cuatro salarios mínimos. Por otro lado, debe tomarse en cuenta en estas comparaciones que el salario del docente corresponde a cuatro horas y media de trabajo y va acompañado de prestaciones muy amplias, principalmente de vacaciones y días feriados, circunstancias que no suelen considerarse cuando se establecen comparaciones internacionales, como con los países de la OCDE.

Aun así, la relación del salario después de 15 años de experiencia con el producto interno bruto (PIB) per cápita en México (relación con el PIB per cápita promedio del país) es 1.62 para profesores de primaria y 2.05 para los de secundaria. Comparativamente con los países de la OCDE, nuestro país queda en tercer lugar, superado sólo por Corea del Sur y Turquía.

A estos salarios se añaden los ingresos por CM, cuyos porcentajes se expusieron en el capítulo I (final) y pueden llegar a ser 200% del sueldo al finalizar el servicio.[43]

Opiniones de Reyes Tamez Guerra

No podría ser más contundente la opinión del actual secretario respecto de CM:

> Estoy de acuerdo con que CM no está cumpliendo con su propósito (de incidir en mejorar la calidad de la docencia) ni hay ningún resultado significativo para la calidad de la educación.

[43] El monto asignado a CM en el presupuesto de la SEP de 2004 es de 300 millones de pesos; el asignado a actualización del magisterio, de 150 millones.

Tenemos que replantear los términos y alcances de estas evaluaciones [...] CM tiene que cambiar integralmente: las evaluaciones que se realizan son sumamente costosas y no tienen impacto. Definitivamente CM no ha respondido al interés y a las expectativas que se tenían. —Y añade—: "Debemos comprometer su rediseño con el sindicato".

Observaciones críticas

1) Considerando el establecimiento de CM como una política de Estado, lo esencial en ella consiste en cuatro elementos: la aceptación de un sistema de promoción horizontal para el magisterio; el principio de que los maestros serán evaluados;[44] la disponibilidad de emolumentos económicos correspondientes a los resultados obtenidos en las evaluaciones, y el concepto de que entre la plaza y los emolumentos se integra el "salario profesional" del magisterio.

2) Estos elementos proceden de varias hipótesis implícitas que el Estado podría invocar como justificativas de esta política: que el maestro requiere actualizarse; que su actualización repercutirá en la calidad de su práctica docente y en la de la educación; que es posible identificar los aspectos fundamentales de esa actualización y medir los avances que logra cada maestro, y que es saludable distinguir, en los ingresos del maestro, una parte fija que corresponda a la plaza y otra variable, fruto del esfuerzo de cada maestro por mejorar.

3) El equilibrio entre lo que el Estado persigue con esta política y lo que el Sindicato quisiera obtener de ella es frágil; como se ve en los cambios efectuados en 1998 a los lineamientos iniciales: quedan sujetos a negociación

---

[44] Véase, en el capítulo II el apartado "Acerca de Ernesto Zedillo", la importancia que da a este principio, como logro de la SEP, Esteban Moctezuma.

muchos aspectos operativos del esquema fundamental de CM, como el órgano de evaluación, la participación del Sindicato en el proceso, las definiciones y puntajes de los factores, los montos de los emolumentos, etcétera.

4) La decisión del actual secretario de replantear integralmente este mecanismo, ante la evidencia de que no ha cumplido con lo que se esperaba de él, es alentadora; se ignora qué pasos concretos se estén dando en esta dirección.

5) La principal rectificación que requiere el esquema de CM es recuperar su valor como mecanismo evaluativo confiable y eficaz: en esto debiera atenderse: a que el enfoque de la evaluación sea eminentemente formativo y no fiscalizador; a que la evaluación sea realizada por instancias suficientemente independientes (lo que no se ha logrado) en las que se dé una participación adecuada de las instancias escolares; a que contribuya a que cada maestro pueda identificar sus fortalezas y debilidades para proseguir en su actualización y mejoramiento; a que las evaluaciones sirvan para retroalimentar los contenidos y métodos de los programas de actualización que se ofrezcan al magisterio y de otros programas de las instituciones formadoras de maestros, y a que se den a conocer a la opinión pública los resultados de las evaluaciones, como parte de la rendición de cuentas de las autoridades educativas respecto de este servicio público.

Sobra resaltar la importancia de esta reforma: se trata nada menos que de la evaluación del profesorado, que debe ser realizada por un mecanismo transparente y confiable para la sociedad. La incidencia de CM en la calidad de la educación debe quedar fuera de toda duda; sin ello CM carecería de justificación.

Participación social

Antecedentes

Sería un error suponer que desde que se inicia la construcción del sistema educativo público, a mediados del siglo XIX, existía una sociedad organizada que interactuara con él; en realidad también ésta empieza a conformarse y adquiere la capacidad de expresarse ante el Estado muy lenta y progresivamente. En particular a partir de la Revolución ambos procesos —el del desarrollo del sistema educativo y el de la consolidación de una sociedad activa— se aceleran, aunque a ritmos diferentes, con la circunstancia además de que se registra en la enseñanza pública básica una reacción de rechazo a la participación de actores externos en las escuelas.

A medida que se expande y consolida la escuela pública a partir de la década de 1960, ésta adquiere en la conciencia de los maestros, debido a los intereses políticos y sindicales en juego, el carácter de "territorio de los maestros" y se vuelve refractaria a influencias externas; esta conciencia se transfiere también a la comunidad y a la opinión pública. Si ya desde la Constitución de 1917 se había excluido la influencia de la Iglesia, a lo largo del siglo XX se excluyeron otras posibles influencias: de los padres de familia, de empresas locales y de instancias comunitarias (Arnaut, 2003).

Más adelante, hacia las últimas décadas del siglo se reactiva la capacidad de participación de la sociedad, pero este fenómeno, no hay que olvidarlo, se da todavía en el contexto cultural y político, de ausencia de una cultura democrática debido al régimen autoritario y prácticamente monopólico vigente durante siete décadas: al paternalismo del Estado corresponde la pasividad de los gobernados que coarta el ejercicio de sus derechos ciudadanos formalmente reconocidos.

Toda cultura política se construye a partir de prácticas institucionales que dejan un saldo de conocimientos y valores respecto del funcionamiento del sistema político y de las instituciones sociales: valores como el respeto a la legalidad y las normas, la corresponsabilidad, la igualdad de todos ante la ley, el cuidado y la preservación de los bienes públicos, o el pluralismo y la tolerancia, se trasminan a los comportamientos colectivos a partir de prácticas cotidianas que, en el caso de México, eran o muy débiles o inexistentes hasta finales del siglo xx. No es de extrañar que en este contexto reforzara la exclusión de los ciudadanos de la escuela pública.

Hoy contamos con datos empíricos muy valiosos sobre las deficiencias de nuestra cultura democrática, gracias a la Encuesta Nacional sobre Cultura Política y Prácticas Ciudadanas (2001).[45] Esta encuesta revela (según Wincour, 2002, p. 497) que las dificultades de la participación social surgen de lógicas de acción contradictorias entre vecinos, funcionarios y poderes públicos; sus expectativas y tiempos son irreconciliables, y también de diferencias en la interpretación y significados de los conceptos.

Por otra parte, en los diagnósticos sobre la participación social en la vida pública hay muchos supuestos no probados. Por ejemplo, a nivel comunitario los vecinos entienden la participación como colaboración, pero en relación con las autoridades políticas le dan un sentido clientelar, de intercambio de favores.

Otro analista (Guevara Niebla, 2002, p. 644) comenta que se advierten dos visiones opuestas de la vida social: la del ciudadano dependiente que se siente abandonado y victimizado por el Estado, y la moderna, en que se sale adelante por su propio esfuerzo. Por otro lado, advierte que, si bien nunca tuvimos una vida comunitaria rica, se está perdiendo en México la solidaridad. La vinculación escuela-comunidad en las áreas rurales que se activó mucho a raíz de la Revolución, más adelante,

[45] SG, SEP e IFE (2002).

por los años cincuenta, dio lugar a una cultura individualista, se cerraron los espacios comunitarios y creció la desconfianza entre los vecinos y hacia las instituciones.

No obstante estas deficiencias de nuestra cultura cívica, desde 1968 se fue manifestando un proceso de consolidación de lo que se ha llamado "la sociedad organizada", proceso que se incrementó a partir de los sismos de 1985.

Estas situaciones contradictorias eran percibidas por algunos investigadores y funcionarios de la SEP preocupados por impulsar la educación cívica y la participación de la sociedad en el sistema educativo; sin duda también existía la convicción de que esta participación constituía una fuerza imprescindible para frenar las pretensiones de control sindical sobre las escuelas. El hecho es que, al activarse las negociaciones del ANMEB en 1992, el secretario Zedillo enfatizó el tema y logró que fuese formalmente aceptado: la participación social formó parte del acuerdo, aunque con menor fuerza que las otras políticas que contiene.

Que esta situación no haya satisfecho a la SEP se demuestra con el hecho de que un año después logró que el SNTE y los gobiernos estatales firmaran un convenio específico sobre este tema: la idea es que la participación se promueva en la escuela, hacia la comunidad municipal y hacia la entidad federativa y el país. Esta concepción quedó plasmada en la LGE con las estructuras de los Consejos de Participación Social.[46]

---

[46] Zedillo expuso estas ideas en una reunión sobre participación social en Monterrey el 28 de septiembre de 1992. Según él, dicha participación tendría por objetivos, entre otros: apoyar la comunicación entre la comunidad escolar y las autoridades; la representación del SNTE y de la sociedad en beneficio de los educandos; procurar actividades extracurriculares que enriquezcan la formación de los alumnos; promover el mejoramiento material de las escuelas; fomentar el interés de la comunidad por la escuela y movilizarla hacia la solución de los problemas; difundir el conocimiento del calendario escolar, los programas y metas con el fin de que se apoye al maestro; mejorar la cobertura, eficiencia terminal y calidad; gestionar más recursos; "opinar en asuntos de interés pedagógico" y proponer contenidos de carácter regional para los planes y programas de estudio.

Evolución

1993-1994

La SEP emprendió diversas acciones para instalar y poner en funcionamiento los CPS prescritos en la LGE, pero inmediatamente encontró resistencias que restaron eficacia a sus esfuerzos; parece ser que en particular se temió que los nuevos Consejos fuesen instrumentalizados electoralmente por el PRD.

1995-2000

Aunque los esfuerzos continuaron también en este sexenio (se carece de datos sobre el funcionamiento real de los Consejos a sus diversos niveles), la principal aportación fue la creación, el 26 de agosto de 1999, del Consejo Nacional de Participación Social (Conapas), con una composición bastante compleja de 50 miembros (de los cuales al menos 15 son funcionarios) y un mecanismo de rotación de sus miembros aún más complejo.[47]

En diciembre de ese mismo año se aprobó su estatuto interno que estableció siete grupos de trabajo y durante el último año del sexenio los grupos de trabajo fueron definiendo sus tareas. Entre otras cosas se aplicó una encuesta nacional sobre educación básica; resulta paradójico que los resultados de esta encuesta no se dieran a conocer tratándose de un organismo diseñado para promover la participación de la sociedad. Antes de terminar el sexenio el Conapas entregó al secretario de Edu-

---

[47] De cada una de las cuatro zonas en que se divide el país procede: un secretario estatal de Educación, un padre de familia, un maestro, un presidente municipal, un presidente de un Consejo estatal y otro de uno municipal y un representante de alguna ONG. A los 28 anteriores se añaden: tres representantes de asociaciones nacionales de padres de familia y la educación privada, cuatro del SNTE, dos funcionarios de la SEP, tres de instituciones académicas, dos investigadores de la educación, dos representantes del sector empresarial y seis ciudadanos distinguidos.

cación el documento "Conclusiones de los Grupos de Trabajo" que resume las propuestas de éstos.

Las principales críticas que se han hecho al Conapas son su concepción oficialista y su composición: todos sus miembros o son designados o son invitados por el secretario de Educación o los secretarios estatales. Esto, aunado a su pesada estructura, indica que se prefirió "jugar a la segura" la carta de la participación social y se pretendió adoptar un criterio de "representación", basado en las zonas geográficas, en vez de abrir un espacio a las expresiones espontáneas que pudiera tener la sociedad.[48]

Los testimonios

Para Pescador los logros en materia de participación social han sido muy pobres. La causa principal ha sido la resistencia del SNTE a aceptarla; de diversas maneras ha boicoteado el funcionamiento de los Consejos en sus diversos niveles. Él recomendaría a la SEP, en las actuales circunstancias: definir cuidadosamente quiénes deben participar en los diversos ámbitos; por ejemplo, en el ámbito escolar, agentes de la comunidad genuinamente interesados en apoyar a la escuela; aprovechar la buena disposición que ahora parece haber de parte del sindicato para acelerar estos procesos; retomar la participación social como el punto central del Compromiso Social por la Calidad de la Educación.

Limón Rojas recuerda que la participación de la sociedad en la escuela es un tema históricamente debatido, que encuentra en el sistema educativo resistencias para admitir la intervención de agentes externos: "Existen también experiencias que dejaron saldos negativos por no tener claras las reglas básicas de esa participación o por ineptitud de algunos funcio-

---

[48] Pablo Latapí, "Cómo dialogar con el propio eco" (1996-2000, vol. VII, p. 45).

narios [...] Hay también una actitud del magisterio en el sentido de que la escuela es su territorio exclusivo".

Durante su sexenio procuró que el proceso avanzara; en concreto estableció el Conapas, que inició sus tareas (aunque admite que su composición es perfectible) y fomentó que se organizaran los consejos estatales. Respecto del elevado número de funcionarios que formaban parte del Conapas, "nos pareció que en una primera etapa era necesaria esta participación de la autoridad para asegurar que hubiera buena aceptación y se facilitara un proceso creciente de participación de otros actores sociales".

Al respecto hubo negociaciones con el SNTE, en las que prevaleció el principio de "mejorar el funcionamiento de la escuela" (lo que puede interpretarse como evitar interferencias externas o que los agentes externos contribuyeran a la superación del plantel); había que tomar en cuenta las suspicacias del sindicato, y "eso fue lo que se trató de hacer". En suma, opina que en este rubro "era indispensable partir de acuerdos (con el SNTE) y eso fue lo que se hizo".

Planteamientos actuales

2001-2006

En sus metas sobre participación social el PNE propone restructurar el Conapas en 2002, así como (sin fecha) el Consejo Nacional de Participación Social en Educación Básica y crear los consejos consultivos de vinculación para la enseñanza media superior y superior.

Por otro lado, se advierte la tendencia a diversificar las formas de participación sobre todo a nivel de las escuelas, "de manera que la comunidad local se involucre en el desarrollo educativo". Esto se hará "como parte de los proyectos escolares" y con el fin de "transitar del esquema de participación encaminado a la solución de las insuficiencias escolares" a otro "de involucramiento y colaboración para el mejoramiento de la calidad". (No se incluyen metas porque se considera que éstas variarán para cada nivel escolar.)

También respecto de la rendición de cuentas, el PNE anuncia que esclarecerá quién debe rendirlas, a quién, sobre qué asuntos, y los tiempos y maneras; esto implica que se den a conocer públicamente los resultados de las evaluaciones y se informe periódicamente de los avances de este programa (p. 79). Para 2002 se contará con indicadores específicos para la rendición de cuentas sobre el desempeño de la educación básica y el logro de los alumnos, y se divulgarán los resultados de las evaluaciones (p. 157). Se reforzarán asimismo las acciones de los órganos de participación, se organizarán encuestas de opinión y se propiciarán intercambios con quienes estudian los temas educativos (p. 98).

Como meta a 2006 se propone que estarán en funcionamiento 35 000 consejos escolares, 2 200 municipales y los 32 estatales. Asimismo se efectuarán acciones para difundir los derechos de los padres de familia en materia educativa y se impartirá un curso anual de capacitación en estos temas de los directores y maestros.

No obstante estas metas del PNE (o quizás incorporando su esfuerzo al cumplimiento de las mismas), el Conapas, que no se ha restructurado, ha trabajado en el actual sexenio en las líneas de difusión acerca de los derechos de las familias respecto de la educación básica, la capacitación de maestros y directivos, y la organización de los consejos escolares, municipales y estatales. Desde mediados de 2002 se pusieron en operación cinco programas para activar la participación social: de promoción, concientización y difusión; de vinculación entre los diversos CPS; de capacitación; de actualización estadística y rendición de cuentas, y de financiamiento y autofinanciamiento de las estructuras de los consejos.

En paralelo se ha procurado adecuar y simplificar la nor-

matividad y la estructura del propio Conapas; se han multiplicado las visitas a los estados para activar la participación social
y establecido articulaciones con el PEC, Oportunidades y el
Capfce.

Opiniones de Reyes Tamez Guerra

El actual secretario admite que "los Consejos de Participación
Social, sobre todo a nivel de las escuelas, no han funcionado
del todo bien". En particular se está procurando que los padres de familia participen en aquellos aspectos que pueden evaluar, como la asistencia y puntualidad de los maestros, el respeto a las normas y otros, pues "son parte de la comunidad
educativa". Especialmente en las escuelas del programa "Escuelas de Calidad" se presta atención a que el proyecto escolar
cuente con el respaldo de los padres.

En su entrevista hace una reflexión de carácter sociocultu-
ral: la participación de los padres con frecuencia se ve obstacu-
lizada porque éstos no están preocupados por el aprendizaje
efectivo de sus hijos, sólo porque asistan a la escuela y pasen
de año.

En relación con el Conapas (cuya restructuración se prometía en el PNE), Tamez informa que "ha tomado un segundo
aire", se ha reactivado dentro del espíritu del Compromiso
Social por la Calidad de la Educación; éste (firmado en agosto
de 2002) ha logrado avances, aunque "de ninguna manera"
está plenamente satisfecho con lo logrado. Sin embargo, "en
los últimos cuatro meses (o sea en el último cuatrimestre de
2003) ya nos encarrilamos".

En materia de participación social reconoce, por otra parte,
que falta precisar muchos aspectos operativos: ya se están
publicando regularmente en la internet los resultados de las
evaluaciones por estados y se publicarán también por municipios y aun por escuelas. No se tiene suficiente claridad respecto de las formas y mecanismos con que debe darse la rendición

de cuentas de las autoridades a la sociedad. Tampoco se han encontrado formas eficaces de comunicación que informen a la opinión pública "lo que estamos haciendo y lo que se va logrando".

Observaciones críticas

1) Aunque hay lugar a diversas apreciaciones sobre la viabilidad de esta política de Estado en los términos en que se le ha formulado, críticamente hay que asentar que en este caso ni siquiera se ha logrado mantener "lo fundamental" establecido en el ANMEB (y en el convenio firmado un año después sobre participación social). El andamiaje de los CPS establecidos en la LGE ha resultado inoperante, y los intentos por reactivarlos poco eficaces.

2) En el actual sexenio se ha decidido reactivar esta política. Empiezan a funcionar varios proyectos, a diversos niveles y promovidos por distintas instancias, que intentan estimular la participación de los padres de familia en las escuelas de sus hijos, la capacitación de directores y maestros para que acepten esa participación, la evaluación de las situaciones y la difusión de los derechos de los ciudadanos en esta materia. También el Conapas ha intensificado acciones en estos aspectos. Los resultados distan mucho de ser definitivos.

3) A las dificultades encontradas por falta de una cultura cívica asimilada por la población hay que añadir las deficiencias de nuestro marco jurídico: si bien se incorporó al artículo 3° constitucional "el derecho a la educación", éste no ha sido reglamentado, de modo que no se han definido las determinaciones de derecho positivo que lo concreten según niveles escolares y modalidades educativas. Es, por tanto, un derecho consagrado en la ley pero no exigible judicialmente, además de ser un derecho subjetivo e individual, pues no se consagran

derechos colectivos (por ejemplo, de grupos sociales sistemáticamente excluidos de la educación o de minorías como la población indígena o la discapacitada). Esta circunstancia hace difícil que la población participe en los asuntos educativos que la afectan, exigiendo la satisfacción de sus derechos. Y por experiencia se sabe que sólo se consigue del Estado aquello para lo cual la sociedad organizada presiona.

Son muchos los aspectos del derecho a la educación que deben concretarse en el derecho positivo para ser derechos exigibles: los específicos de cada nivel escolar, los correspondientes a ciertas opciones (como la enseñanza tecnológica), los que atañen a la gratuidad o al examen único para el paso a la educación media superior y educación superior, los que fundamentan reclamaciones ante calificaciones que se consideran injustas, etcétera.

4) Por otra parte, faltan estudios encaminados a esclarecer los actores, formas, procedimientos y momentos de la deseada participación, así como las modalidades que debe adoptar la rendición de cuentas de las autoridades en respuesta a esa participación.

5) Insistir sólo en las formas concretas de la participación, ignorando la complejidad histórica y cultural que la condiciona, sería querer empezar por el final. En todo caso, la experimentación de nuevas formas de participación social en proyectos locales concretos dará una base valiosa para analizar los procesos y factores de éxito de la deseada participación ciudadana en la educación.

RECAPITULACIÓN DE LAS CUATRO POLÍTICAS

El examen de las cuatro políticas de Estado, enriquecido con las apreciaciones de los titulares entrevistados, arroja la conclusión de que, aunque las cuatro se mantienen vigentes como propósitos, su evolución ha sido bastante diferente a lo largo de la década.

La federalización se considera irreversible y ha sido reafirmada por cada secretario, pero se la entiende como un proceso abierto a nuevas determinaciones que precisen la relación entre la federación y los estados. La reforma curricular, asimismo reiterada como proceso permanente, se ha enriquecido con otras políticas más detalladas; además se ha incorporado a la renovación curricular el uso de las tecnologías informáticas tanto en el aula como en la actualización de los maestros. La gran limitación en la reforma curricular es la de haberse reducido al nivel primario, aplazando por más de 10 años la de las enseñanzas preescolar y secundaria.

La operación concreta de CM ha evidenciado que no funciona como mecanismo de evaluación ni tiene incidencia en la calidad de la educación. La opinión del actual secretario al respecto es contundente. Asimismo, la transformación de las escuelas normales como política de Estado muestra resultados poco satisfactorios desde 1992; problemas políticos y falta de respuesta de la mayoría de estas instituciones han impedido avanzar más aprisa. La actual administración ha retomado el problema mediante un nuevo programa, el Promin, que insiste en incidir en la capacidad de las escuelas para modernizarse. Poco satisfactorios son también los logros en el campo de la actualización del magisterio, por lo que también se preparan modificaciones al programa del sexenio pasado, principalmente para evitar el formalismo y el credencialismo a que se prestan los cursos actualmente ofrecidos.

En conjunto, las tres políticas relativas al magisterio —fundamentales para la calidad de la educación— muestran una situación preocupante y debieran ser objeto de un debate nacional.

Más deficitaria en materia de logros es la política relativa a la participación social en la educación, debido no sólo a las resistencias del SNTE, sino a factores culturales y a concepciones jurídicas contrarias a la participación ciudadana. Hay señales en la actual administración (si bien algunas no exentas de contradicciones como la falta de mayor continuidad al Compromiso Social por la Calidad de la Educación) que muestran voluntad de propiciar nuevos enfoques y procedimientos en la participación social; se conocen varios proyectos en marcha que se apartan del modelo rígido de los Consejos de Participación Social (CPS) prescritos legalmente.

Conviene también reflexionar en que las políticas consideradas no son ni todas ni las principales. No hemos considerado explícitamente la política de Estado de procurar "calidad con equidad" en el desarrollo del sistema educativo, la cual está presente desde hace varios años en la conciencia de muchos funcionarios responsables. El sistema educativo adolece de inequidades estructurales que no logran ser superadas a través de programas compensatorios, becas y otras medidas; las pautas de asignación de plazas de maestros a las zonas más deprimidas o el aprovechamiento de la riqueza de la multiculturalidad exigen también reformas importantes; los costos unitarios de las diversas modalidades debieran corresponder a una preocupación continua por la equidad; además, todos los indicadores (como se afirma en el PNE) debieran estar cruzados por esta preocupación.[49] Otra política, más recientemente incorporada, es la de evaluar los resultados de aprendizaje de los alumnos y, en general, el desempeño del sistema educativo de acuerdo con indicadores confiables.

Por otra parte, rara vez se relacionan las políticas económicas de "liberalización" y "modernización" implantadas por los gobiernos mexicanos a partir de 1982, cuyo costo recae sobre la espalda de los trabajadores, con sus consecuencias para el acceso efectivo a los servicios educativos. El sitio donde debieran ubicarse y ponderarse críticamente las políticas educativas

---

[49] Véase un resumen de los aspectos del sistema educativo que no satisfacen las exigencias del derecho humano a la educación en *Diagnóstico de la situación de los derechos humanos en México, 2003*, Oficina del Alto Comisionado de las Naciones Unidas para los Derechos Humanos en México, México, 2003, pp. 128-136.

desde esta perspectiva serían las evaluaciones de programas del desarrollo social del país.

Como se comentará en el siguiente apartado, el avance en las cuatro políticas ha estado y seguirá estando sujeto a las condiciones de viabilidad práctica y a las actitudes que asume cada secretario. El dilema, por ejemplo, entre confrontación o reconciliación con el SNTE aparece en todas las entrevistas con diversos matices; nunca podrá saberse si una estrategia más agresiva que fracasó hubiera podido tener éxito con ciertos ajustes, o si una estrategia conciliadora hubiese producido mejores resultados.

Las cuatro políticas en el contexto internacional

En el análisis de las cuatro políticas hemos prescindido de las relaciones externas que pudieran haber influido en su adopción por la SEP. De hecho así fue: las preocupaciones tanto por la descentralización de la educación básica como por algunos énfasis de la renovación curricular y algunas tendencias de la reforma de las normales y la actualización de los maestros, y por la participación social, estaban presentes desde varios años antes de 1992 en la agenda de importantes organismos internacionales como la Unesco, la OEA, la Organización de Estados Iberoamericanos (OEI) y los principales bancos internacionales de desarrollo.

Sin duda que las autoridades de la SEP que las adoptaron (o en su caso las ratificaron), en 1992 y en los años siguientes, estaban enteradas de las tendencias internacionales en cada uno de estos asuntos, independientemente de que el país hubiese seguido su propia evolución en ellos.[50] Si, por ejemplo, la

---

[50] Un ejemplo: aunque el Programa de Escuelas de Calidad se formaliza en México hasta 2001, programas semejantes venían implantándose desde finales de los ochenta y durante los noventa en Argentina, Brasil, Colombia, Chile, El Salvador, Guatemala, Honduras, Nicaragua y Uruguay (De Andraca, 2003).

descentralización se venía impulsando en México desde varias décadas antes de 1992, la participación social en cambio apenas se decidió con ocasión del ANMEB.

Lo anterior sugiere que se da una relación importante entre las políticas de Estado que adopta un país y las tendencias internacionales predominantes en el desarrollo educativo. Tendría que estudiarse si esta relación explica en buena parte, como hipótesis, el carácter de continuidad de las políticas de Estado.

En el caso de la SEP —y más aún del sector educativo en conjunto— los contactos con otros países y organismos internacionales son continuos, muy nutridos y especializados. No sería aventurado estimar que cada año tienen lugar al menos 200 contactos —en forma de participación en congresos, visitas de estudio de un lado y otro, misiones de información, reportes, consultas recíprocas, además del seguimiento continuo que proporcionan las delegaciones permanentes de México ante los organismos internacionales—, de modo que en cada asunto los funcionarios mexicanos cuentan con muy amplia información sobre la evolución de muchos asuntos en el contexto internacional, y específicamente en el de América Latina.

Cabe preguntar si esa amplia información se recoge sistemáticamente y se ofrece al secretario y subsecretarios periódicamente, como insumo importante de sus decisiones. Ésta sería una función de la Dirección General de Asuntos Internacionales (la cual, por cierto, depende directamente del secretario); esta dependencia no sólo debiera atender las exigencias de las relaciones operativas bilaterales y multilaterales, sino contribuir a ubicar conceptualmente la educación del país en su contexto internacional y a elaborar horizontes futuros relacionados con sus principales problemas (de equidad, diversificación de la estructura del sistema educativo, tendencias de la educación de adultos, relación con el empleo, evaluación, calidad, etcétera).

En las entrevistas a los secretarios de Educación se les preguntó sobre el origen de su "discurso educativo" (sus ideas innovadoras); sólo Miguel Limón Rojas se refirió explícitamente a la información internacional de que disponían sus colaboradores como a una fuente de las innovaciones que impulsó; no hubo ocasión de profundizar en ello ni con él ni con los demás entrevistados. Pero no hay duda de que las tendencias internacionales son componente obligado de las políticas de Estado en la educación.

La dimensión internacional de las decisiones de un secretario de Educación no es un aspecto, en cuanto podemos suponer, para el cual cada secretario esté preparado; es una vertiente de su forzado aprendizaje en ese complejo puesto.

ANÁLISIS DEL PODER DEL SNTE COMO REALIDAD POLÍTICA[51]

Según la experiencia de los ex secretarios, la relación con el SNTE se hace presente prácticamente en todos los asuntos; Miguel Limón Rojas afirma que entre las fuerzas políticas con las que había que tratar, "la principal era el sindicato".

Tómese en cuenta que el SNTE tiene su propia estrategia de adaptación continua a las cambiantes circunstancias para asegurar su sobrevivencia. Ésta es la gran hipótesis del magnífico

---

[51] Remitimos al lector a un amplio estado del arte recientemente publicado de los estudios sobre el SNTE: Loyo (2003b). Comprende 150 investigaciones publicadas entre 1992 y 2002; de ellas 29 son libros, 39 capítulos en libros, 11 artículos en revistas científicas, 25 artículos de difusión, 34 tesis de licenciatura o posgrado y 12 trabajos diversos. La autora clasifica los estudios temáticamente como sigue: sobre la *organización del SNTE* (cambios en su dirigencia y estructura principalmente para responder a presiones del gobierno o al proceso de descentralización); sobre *estrategias de la dirigencia ante la federalización* (reconstruir la identidad del sindicato, refrendar sus vínculos con el Ejecutivo Federal, obtener mayores recursos para los maestros y crear un nuevo discurso que privilegiara la educación; así logró ser reconocido como el interlocutor principal del Gobierno, mantener la representación de las relaciones laborales y su carácter nacional y reafirmar su pacto político con las autoridades); sobre *movilizaciones magisteriales;* y sobre *las políticas educativas,* en particular las referidas al magisterio, incluyendo Carrera Magisterial y la evolución de los salarios. Véase también Margarita Zorrilla Fierro y Lorenza Villa Lever (2003, pp. 79 ss).

328 ANÁLISIS DE LA EVOLUCIÓN DE LAS CUATRO POLÍTICAS

estudio de Muñoz (2003, p. 28) sobre los comportamientos del
SNTE de 1992 a 1998:

> Pese a que fueron afectados significativamente por la reforma del
> Estado y el cambio político [los líderes sindicales y sus organiza-
> ciones] pudieron adaptarse y, lo más importante, sobrevivir al
> nuevo escenario nacional porque, en primer lugar, lograron man-
> tenerse como interlocutores privilegiados de los trabajadores
> organizados frente al gobierno, ya que pese a su relativa debili-
> dad política, su anuencia fue fundamental para poner en marcha
> los planes oficiales; en segundo lugar, mantuvieron su alianza
> con el PRI porque las fuerzas políticas contrarias a este partido no
> crearon o no pudieron crear una estructura institucional para dar
> cabida a los sindicatos en el contexto de un sistema de partidos de
> tipo competitivo.

Los testimonios

Los tres ex titulares de la SEP entrevistados coinciden en reconocer el poder real del Sindicato y la necesidad de negociar
con él. Afirma Limón Rojas: "El sindicato es una realidad con
la que tiene que trabajar el secretario de Educación; políticamente es compleja y admite diversos enfoques para ser abordada; varía también según las circunstancias de cada sexenio y
por el perfil y las metas de cada secretario".

José Ángel Pescador explicó así el fundamento de ese
poder: "El SNTE mantiene comunicación estrecha con su base,
precisamente al administrar sus recompensas y castigos, que
se aplican muy selectivamente; se lleva récord de cada afiliado
y se analizan sus lealtades [...]; se premia la subordinación y se
castiga la crítica". Además, es una organización que atiende a
la preparación política de quienes van destacando: "renueva
sus élites" no sólo para la dirigencia nacional sino para las secciones y estados.

A lo largo de varias décadas la organización magisterial ha

ido consolidando una considerable fuerza política ante las autoridades educativas que puede calificarse como propia de un actor que "cogobierna" con ellas, pues ha hecho indispensable su aquiescencia en todas las decisiones de importancia. Al preguntarle si la SEP es "cogobernada" por el SNTE, Pescador responde: "En algunas áreas sí; otras se sustraen, pero en cuanto a ascensos y cambios, definitivamente sí". Su poder consiste en hacer creer a sus afiliados que tiene acceso a las instancias donde se deciden los beneficios, y convencer a las autoridades de su representatividad y fuerza para movilizar a los maestros. Su poder consiste tanto en premiar como en castigar: lo ejerce hacia la autoridad, pero primero hacia sus afiliados. Su membresía es muy disciplinada: "representa una base aparentemente monolítica que le da fuerza al negociar con la autoridad; tiene representatividad [...]". Y añade: "Mi experiencia en las negociaciones para la descentralización de la delegación de Iztapalapa ejemplifica cómo se procede: se avanza hasta donde se puede; luego surge un desacuerdo y el proceso se frena". Alude a que en ese caso el sindicato comprobó que se hacía menos necesario para atender las necesidades de los maestros y perdía así la base de su poder tradicional; por sus reclamaciones ante el presidente de la República, éste (Carlos Salinas de Gortari) ordenó que el proceso se frenara por la cercanía de las elecciones de julio de 1994.

Una dirigencia no homogénea

La relación con el sindicato no es simple, entre otros factores porque entre sus dirigentes hay diversas opiniones: hay quienes comprenden los problemas y están abiertos a negociarlos, y quienes son más cerrados; Solana menciona algunas cuestiones que abordó para recuperar la rectoría de la SEP, como la reducción de los "comisionados", el control del proceso de pagos y sobre todo la creación de las delegaciones en los estados.

Y en este contexto se refiere también a los beneficios que traería el "servicio civil de carrera" en la SEP, siempre y cuando se corrijan algunas deficiencias de la Ley de Servicio Civil recientemente aprobada.

Desde otra dimensión la dirigencia sindical tampoco es homogénea, pues además del SNTE existen otros sindicatos: "En Veracruz son siete que funcionan con el beneplácito del nacional; si hay conflicto el caso viene a México", dice Pescador. Esto, independientemente de movimientos disidentes como el de la Coordinadora Nacional de Trabajadores de la Educación que controla varias secciones importantes.

El dilema de todo secretario

De las entrevistas se desprende que hay dos actitudes posibles del secretario de Educación ante la fuerza política del SNTE. Una (que parecen asumir Solana y Pescador) que parte de la aceptación de que existe un ambiente de hostilidad latente y, en consecuencia, adopta estrategias de confrontación en asuntos que, a su juicio, lo ameritan. Otra, más pragmática (que sería la de Limón Rojas), que antepone el arreglo político con el fin de poder realizar acciones que se consideran importantes.

La posición de Solana ejemplifica la primera: "Fui adelante de ellos" sobre todo al crear las delegaciones; "cuando ellos venían, ya íbamos a otro asunto y a otro; cuando me atrasé, el Sindicato ganó, pero la Secretaría ganó la mayoría de las veces [...]"

Semejante es la posición de Pescador:

Como secretario me propuse mantener una relación respetuosa con los dirigentes del magisterio [como lo había hecho Solana en los meses anteriores] y tratar de avanzar hasta donde fuera posible. Era preferible a "llevarnos un frentazo" como les sucedió a Manuel Bartlett y a Jesús Reyes Heroles. El propio Carlos Salinas

de Gortari me dio instrucciones de llevar una buena relación con
la maestra.

Explica que se buscaron y encontraron "convergencias",
por ejemplo en las negociaciones sobre Carrera Magisterial o
en algunos nombramientos de directores de escuela.

Aunque a primera vista esta posición parecería semejante
a la de "arreglo político", de hecho Pescador la asume desde
una óptica de confrontación, como explica al principio de su entrevista: según su experiencia, las autoridades de la Secretaría
debieron haber emprendido desde los ochenta una renovación
de los cuadros directivos que obstaculizaban la toma de decisiones por lealtades sindicales o burocráticas:

> Alguna vez lo comenté con Solana: ¿por qué desde 1978 no se
> tomó la decisión de cambiar a varios directores generales y otros
> puestos intermedios como los de supervisión escolar, que entor-
> pecían las innovaciones y representaban una continua fuente de
> injerencia sindical? Los secretarios suelen atender más a incorpo-
> rar personas de su confianza que a liberarse de otras que entor-
> pecerán sus acciones. De 1982 a 1992 se perdieron 10 años que
> podían haber sido muy diferentes si se hubiera consolidado un
> grupo calificado y con liderazgo.

La otra posición, la que calificamos como "de arreglo político", la explica así Miguel Limón Rojas:

> Había que sacrificar el querer lograr todo a cambio de obtener
> mejoras y beneficios sustantivos en la educación aprovechando
> el esquema de la federalización. Los términos quedaron estable-
> cidos desde un principio y se mantuvieron durante todo el perio-
> do: ofrecí todo respeto y colaboración en lo relativo a sus legíti-
> mos derechos y a cambio pedí y obtuve el respeto necesario para
> que la Secretaría ejerciera sus atribuciones. Hablamos siempre en
> términos suficientemente claros: les aseguré que conmigo no ten-

drían necesidad de ejercer presión para que se les reconociera lo que les correspondía, y que al mismo tiempo yo solicitaba su colaboración para realizar el programa que nos habíamos planteado. Sin dejar de existir en todo momento una gran tensión, no experimenté imposiciones y tampoco recibí instrucción alguna de hacer concesiones; éstas tampoco me fueron planteadas. Siempre me preocupaba que pudieran presentarse situaciones extremas que yo no habría estado en disposición de admitir, pero eso no ocurrió. A pesar de todo, me habría gustado ir más allá y realizar, de común acuerdo, un mayor número de correctivos. Me parece que llegué hasta donde era posible.

Por otra parte, Limón Rojas aseguró a los dirigentes sindicales que

estaba empeñado en hacer todo lo que me correspondía para evitar problemas innecesarios. Como dije, no nombré a ningún funcionario encargado de atender al sindicato, lo hacía personalmente y después los asuntos se derivaban a las áreas correspondientes. Nunca me bloquearon un programa, ni un libro, pero tuve el cuidado de hacerlos participar, de recibir sus sugerencias, de reconocerles el lugar que les correspondía y de que estuvieran siempre informados de la marcha de los programas. Nunca hubo medios indebidos para obtener respuestas, tampoco me lo solicitaron. Puse todo mi interés y mucha atención en evitar conflictos; esto me permitió contar con mucho más tiempo para el trabajo sustantivo.

Consecuente con esta posición, Limón Rojas prefirió no intentar abordar varias reformas que implicarían confrontaciones, "porque valoré las posibilidades reales que tenía de obtener resultados, y a cambio decidí avanzar en otros frentes en los que había urgencia y posibilidades de mejorar". Así, no abordó el problema de la acumulación de plazas, asunto que por lo demás se volvió materia de cada entidad federativa (y las soluciones fueron diferentes en cada caso).

Nosotros dábamos las pautas generales; brindábamos los apoyos necesarios para impulsar los cambios pero también marcábamos restricciones para impedir lo que era indebido ante las presiones de secciones locales. Las autoridades de los estados se comportan de manera diferenciada. En algunos se logró avanzar en el reordenamiento, incluso abriendo las plazas vacantes a concurso, a fin de que fueran ocupadas por los egresados de las normales y dejaran de formar parte de un manejo oscuro [...] Desde luego, hubo casos en que la autoridad estatal efectuó concesiones indebidas para evitarse problemas frente a presiones que a veces eran extremas.

Respecto de la designación de supervisores, opina que no necesariamente deben ser puestos de confianza ("hay grandes diferencias de lugar a lugar"; a veces "se cargan hacia el sindicato por inacción de la autoridad o por rutina [...]"). Es "una función que trabaja muy por debajo de la necesidad educativa".

En cambio, al negociarse Carrera Magisterial, "la presión del Sindicato era muy clara", por lo que hay varias deficiencias en su diseño; "es indispensable revisarla en todo aquello que sea necesario para mejorar [...]".

También respecto de la participación social se lograron acuerdos con el SNTE, afirma Limón Rojas:

Procuré un esquema que fuera aceptable; hubo que dialogar y discutir con el SNTE para atender sus preocupaciones. El principio del que partíamos era el de preservar el funcionamiento de la escuela, de modo que la participación de agentes externos se tradujera en verdadero enriquecimiento de los alumnos. Sabemos que existen también suspicacias del sindicato y era indispensable encontrar acuerdos; eso fue lo que se trató de hacer.

Opiniones de Reyes Tamez Guerra

Reyes Tamez describe cuidadosamente su posición ante el SNTE: "Desde el principio establecí una relación con el sindicato" —que ha tenido altas y bajas, añade— que se caracteriza por estimular en sus dirigentes "una voluntad de cambio en los temas fundamentales, una conciencia de que es indispensable modificar ciertos comportamientos", ya que "se requiere

---

Cuatro secretarios, cuatro estrategias ante el SNTE

Solana: La estrategia que seguí (en 1977-1982) para librarla con el sindicato fue ir siempre delante de él, anticipar su reacción pero sin darle tiempo de preveer e impedir lo que íbamos haciendo.

Cuando ellos venían, ya íbamos a otro asunto, y a otro; cuando me atrasé y me alcanzó, el Sindicato ganó, pero la Secretaría ganó la mayoría de las veces.

Pescador: Como secretario me propuse mantener una relación respetuosa con los dirigentes del magisterio (como lo había hecho Fernando Solana en los meses anteriores) y tratar de avanzar hasta donde fuera posible. Era preferible a "llevarnos un frentazo" como les sucedió a Manuel Bartlett y a Jesús Reyes Heroles. El propio Carlos Salinas de Gortari me dio instrucciones de llevar una buena relación con la maestra.

Limón: Había que sacrificar el querer lograrlo todo, a cambio de obtener mejoras y beneficios sustantivos en la educación aprovechando el esquema de la federalización.

Los términos quedaron establecidos desde un principio y se mantuvieron durante todo el periodo: ofrecí todo respeto y colaboración en lo relativo a sus legítimos derechos y a cambio pedí y obtuve el respeto necesario para que la Secretaría ejerciera sus atribuciones. Hablamos siempre en términos suficientemente claros: les aseguré que conmigo no tendrían necesidad de ejercer presión para que se les reconociera lo que les correspondía, y que al mismo tiempo solicitaba su colaboración para realizar el programa que nos habíamos planteado.

---

una formación diferente en las escuelas del país, una enseñanza muy distinta de la tradicional. Por ello, entre otras cosas, el ingreso [al magisterio], la permanencia y el desempeño de los docentes deben ser diferentes". Agrega que "el sindicato busca proteger sus intereses gremiales, salarios y prestaciones y situaciones adquiridas".

Además, "pedimos [a los dirigentes sindicales] que se respeten las atribuciones de la Secretaría, [así como nosotros]

Sin dejar de existir en todo momento una gran tensión, no experimenté imposiciones y tampoco recibí instrucción alguna de hacer concesiones; éstas tampoco me fueron planteadas. Siempre me preocupaba que pudieran presentarse situaciones extremas que no habría estado en disposición de admitir, pero eso no ocurrió. A pesar de todo, me habría gustado ir más allá y realizar, de común acuerdo, un mayor número de correctivos. Me parece que llegué hasta donde era posible.

Puse todo mi interés y mucha atención en evitar conflictos; esto me permitió contar con mucho más tiempo para el trabajo sustantivo.

Tamez: Desde el principio establecí una relación con el sindicato —que ha tenido altas y bajas, añade— caracterizada por estimular en sus dirigentes "una voluntad de cambio en los temas fundamentales, una conciencia de que es indispensable modificar ciertos comportamientos", ya que "se requiere una formación diferente en las escuelas del país, una enseñanza muy distinta de la tradicional". Por ello, entre otras cosas, el ingreso (al magisterio), la permanencia y el desempeño de los docentes deben ser diferentes.

Añade que "el sindicato busca proteger sus intereses gremiales, salarios y prestaciones y situaciones adquiridas".

Además, "pedimos [a los dirigentes sindicales] que se respeten las atribuciones de la Secretaría, [así como nosotros] hemos sido muy respetuosos de la vida sindical". Se precia de que "no se ha nombrado ningún funcionario ni tomado ninguna decisión por presiones sindicales".

hemos sido muy respetuosos de la vida sindical". Se precia de que "no se ha nombrado ningún funcionario ni tomado ninguna decisión por presiones sindicales".

Si bien esta posición pudiera calificarse de pragmática —por cuanto acepta una situación de hecho respecto de su poder—, hay en ella, nos parece, dos características que la distancian y merecen destacarse: el intento de convencer a los dirigentes de la necesidad de cambiar en sus valoraciones y actitudes porque la educación del país así lo exige, y una clara visión de la evolución deseable a futuro en esta cuestión fundamental. "En esta etapa de la vida del país [a partir de 2000] es indispensable que los gremios y las organizaciones sindicales adopten posturas diferentes, y esto no se ha modificado de modo sustancial aún."

Por su precisión y actualidad, estas apreciaciones del actual secretario debieran valorarse como una orientación del comportamiento de la Secretaría en cuestión tan importante. No se cumplen en ella ciertamente los requisitos de una "política de Estado", pero parece augurar una continuidad benéfica para la educación en los próximos años.

Las dos posiciones que hemos caracterizado dejan un saldo de reflexión obligada sobre las posibilidades reales que tiene un secretario de Educación en este frente fundamental de su · actuación, aspecto en el cual, además, no puede prescindir de las instrucciones que reciba de su presidente.

El contexto más amplio

Conocedores del tema como Guevara Niebla (2004, pp. 56 ss.) juzgan implacablemente al SNTE como el principal obstáculo al mejoramiento de la calidad de la educación: "Esta acumulación de poder [del sindicato] se ha dado a costa de la educación nacional, que ha sido la parte perdedora de esta historia". Con mirada retrospectiva opina que la reforma educativa de 1992 ilustra la paradoja en que incurrieron los presidentes De la

Madrid, Salinas y Zedillo que intentaron impulsar la modernización con estructuras de poder corporativas y anquilosadas,
que aceptaban formalmente los cambios pero después se opo-
nían a ellos; así sucedió con aspectos importantes de la federalización, la reforma de las escuelas normales y sobre todo la
participación social. Las recientes vicisitudes del SNTE, bajo el
turbio liderazgo de la maestra Elba Esther Gordillo, lo evidencian: ha regresado con mayor fuerza la cultura corporativa, el
control vertical antidemocrático, el uso del gremio para obtener
puestos de poder político y la incapacidad de sus dirigentes
para dialogar y formular propuestas sustantivas en beneficio
de la educación.

El tratamiento que se decida dar al SNTE forma parte de la
posición que se adopte ante el fenómeno más amplio del corporativismo gremial, uno de los pilares del régimen político
priista que perdura hasta el presente. La alternancia en la presidencia obtenida en 2000 no ha acarreado un cambio en este
aspecto; si el antiguo partido oficial ha entrado recientemente
a un proceso de disolución de sus alianzas que afecta al poder
del SNTE (como la desafiliación de éste de la FSTSE), esto se ha
debido a rupturas internas y no a estrategias deliberadas del
actual gobierno.

Solana comenta que con el triunfo de Fox esperaba un ajuste de cuentas con el corporativismo gremial que no se ha dado.
Tendría que ser una decisión del más alto nivel, y en esta apreciación general coincide Pescador.

La relación con el SNTE en el futuro

Cuestionado acerca de cómo considera que debe evolucionar
la relación con el SNTE en el futuro, Limón Rojas afirma que
"tiene que ir evolucionando más rápidamente, a fin de dar
cabida sin restricciones a las exigencias de la calidad educativa". Y menciona varios aspectos en los que urge llegar a acuer-

dos: la identificación de aquellas escuelas en las que se hallan los maestros menos calificados y menos cumplidos, o los directivos y supervisores inadecuados; el mejoramiento de CM para estimular el esfuerzo de superación de los profesores, y, desde luego, los casos de abuso contra maestras y alumnas o de negocios turbios y simulaciones; respecto de la asignación de plazas habría que acordar que fuese mediante concurso.

"Para el futuro creo que esta relación tiene que ir evolucionando hacia la corresponsabilidad, para admitir sin restricciones lo que exige la calidad educativa." "A futuro tenemos que ir buscando acuerdos donde haya convergencia con el Sindicato en torno a los programas concretos de innovación de la SEP."

Desde su posición Limón Rojas no oculta cierto optimismo: "Los dirigentes sindicales perciben con agudeza las posibilidades de convergencia entre lo que mejora la calidad y sus intereses gremiales; es ahí donde hay que construir los acuerdos que beneficien a ambas partes". Estas afirmaciones se asemejan a las de Reyes Tamez que hemos referido.

Por su parte, Solana introduce en la consideración del futuro otra dimensión: las negociaciones gremiales futuras se realizarán en buena parte en los estados:[52] "Cada sindicato tendría que arreglarse con el gobierno de su estado, aunque hubiese una federación de sindicatos [...]" Y hace referencia a varios temas puntuales que tendrían que ser abordados en el futuro: abrir opciones de ascenso para el magisterio y regular los sueldos según las capacidades y productividad de cada docente; acabar en serio con los maestros comisionados (que son probablemente más de 7 000 en la SEP), y otros.

Pescador también repasa diversas medidas con las que, en el futuro, un secretario podría presionar a los dirigentes sindicales. Desde luego coincide en que con la alternancia se perdió una oportunidad de oro de que la SEP adoptara una actitud

---

[52] También José Ángel Pescador se refiere a la dimensión estatal y recalca la importancia de acelerar la consolidación de equipos estatales de buenos negociadores; esta tarea no la están cumpliendo aún todos los gobernadores.

distinta en su trato con el sindicato: "no se hizo al inicio, y la oportunidad pasó". Ahora "el SNTE tiene una presencia mucho mayor, y Elba Esther despliega un protagonismo muy confuso [...]; el SNTE está incursionando en nuevas áreas".

En la SEP "es indispensable suprimir a los 'aviadores' o comisionados; controlar los nombramientos de los directores o los puntajes que el SNTE da a los estudiantes de posgrado en las normales para colocarlos como directores de escuelas secundarias". Advierte: se rumora que ahora el sindicato está dispuesto a abrir sus contabilidades: "sería grandioso"; también se dice que está dispuesto a que se descentralice la educación básica en el Distrito Federal; hay nuevas posibilidades.

Habría también medidas más fuertes a las que no se ha recurrido hasta ahora: controlar las cuotas sindicales que se pasan cada mes a la dirigencia sindical ("manifestación de la complicidad aceptada por el sistema político"); son recursos "que se invierten en muchos negocios [...]"; promover auditorías o fomentar manifestaciones para presionar al sindicato a transformarse. Así se han conseguido avances como la libertad de voto de los afiliados o la organización de eventos internacionales en los que se pueden escuchar experiencias diferentes.

La ponderación del sindicato como fuerza política —tanto externa a la burocracia como también presente en muchos funcionarios de la SEP que anteponen sus lealtades sindicales a las propias de su puesto— es indispensable en cualquier análisis de la viabilidad política de medidas tendientes a devolver a las autoridades las atribuciones que les corresponden. El objetivo último debiera ser que el sindicato por una parte se limite a ser lo que debe ser: una asociación gremial que vele y luche por la defensa de los derechos laborales de sus afiliados y, por otra, comprenda que el bien de la educación redundará de muchas maneras en el bien de sus agremiados.

Sería importante que las autoridades educativas contasen con un panorama completo de las diversas vertientes en las que el SNTE manifiesta y esgrime su poder. La siguiente enumeración[53] puede ayudar: *a)* La condición de impunidad que la legislación (aprobada por influencia de los diputados del propio SNTE en 1993) otorga a "los trabajadores de la educación" (art. 75, frac. 12, de la LGE comentada). *b)* El control que la organización gremial ejerce sobre algunos puestos federales y estatales, las plazas de docentes y administrativos, así como sobre algunos "negocios" vinculados al sistema educativo (venta de artículos escolares, imposición de libros de texto, parcelas escolares, exámenes, etc.). *c)* Presiones ante las autoridades (especialmente ante nuevos gobiernos estatales) tendientes a reducir o coartar sus atribuciones, movilizando para esto a funcionarios tanto federales como estatales y recurriendo a negociaciones con frecuencia turbias. *d)* Sobreprotección del magisterio, llegando incluso a funciones de defensor de oficio, aun en casos de delitos injustificables que debieran ser sancionados. *e)* Inhibición de las iniciativas del magisterio, mediante su control cuasimonopólico. *f)* Resistencias especialmente localizadas en ciertas áreas estratégicas para su poder como son la supervisión, la evaluación del magisterio, la difusión de resultados de las evaluaciones, la participación social, las escuelas normales y las actividades de actualización, la Universidad Pedagógica Nacional y otras. Lo mismo respecto de muchos proyectos de la SEP que pretenden renovar o modernizar el funcionamiento del sistema educativo, por lo que la búsqueda de mayor "calidad" se ve seriamente frustrada. *g)* La capacidad de movilización de que dispone el sindicato, propia de una organización corporativa, que se apoya en una (no evidente) "representatividad" otorgada por su amplia membresía formal. Repasar este menú permitiría a las autoridades adoptar estrategias más integradas para negociar con el sindicato.

El balance crítico que esboza Muñoz (2003, p. 56) sobre el arreglo político logrado por el SNTE al implantarse la federalización debiera ser seriamente considerado por las autoridades

---

[53] Esta enumeración retoma lo expuesto en el capítulo I "El SNTE y las políticas educativas".

que negocian con la organización gremial como un ejemplo del intercambio de beneficios entre el Estado y el SNTE:

> La aceptación de la dirigencia sindical de las reformas del sistema educativo [...] generó beneficios para el SNTE, y en compensación con las nuevas disposiciones al interior del aparato educativo se determinó que los gobiernos de los estados quedarían obligados a reconocer a la dirigencia nacional del sindicato magisterial como única titular de las relaciones laborales de los trabajadores de base que presten sus servicios en los establecimientos y unidades administrativas incorporados al sistema educativo estatal; además, las negociaciones laborales de los comités seccionales con los gobernadores habían de ajustarse a la orientación y asesorías fijadas por el CEN del Sindicato a través de un delegado; la dirección nacional del SNTE mantendría la prerrogativa legal, si el caso lo amerita, de revocar a un comité seccional la facultad para administrar la relación laboral colectiva y, finalmente, el CEN conservó la atribución de cobrar y administrar las cuotas en la totalidad del territorio nacional.

Conviene registrar también las apreciaciones de Loyo (2003c, pp. 48 ss.) de acuerdo con la evolución de la relación SEP-SNTE en el futuro. Después de ponderar las razones por las que el SNTE tiene que cambiar (principalmente el hecho de que el marcado laboral del magisterio ha perdido su capacidad de expansión debido a los cambios demográficos y de la cobertura), se distinguen dos posibles escenarios de transformación. El primero consistiría en que el sindicato cambiase su estructura hacia una conformación confederada, aumentando la libertad de adscripción de sus agremiados, así como su participación interna; se aceptaría también la legitimidad de espacios en que se organice la disidencia y aun cierta coloración partidista. En el segundo escenario, en cambio, el proceso sería más lento, tomando en cuenta que el sindicato sigue siendo funcional al Estado (sin que obste la alternancia en la presidencia de la República), y éste lo requiere para controlar al magisterio y facilitar las negociaciones cupulares.

Suele reconocerse que en el CEN del SNTE coexisten tres vertientes: quienes consideran al sindicato antes que nada como "fuerza política" con una estructura eficiente y diversificada y con cobertura nacional, y negocian a partir de esta apreciación; quienes lo consideran todavía parte del PRI y se sienten comprometidos a recuperar el poder por la vía electoral, y quienes dan importancia a formular propuestas sustantivas de carácter educativo, como medio para evolucionar hacia una asociación gremial más centrada en el mejoramiento profesional del magisterio, que son ciertamente los menos.

Sólo confiando en que en el futuro surjan líderes, tanto en el sindicato como en el gobierno, que por ahora no aparecen, y en algunas travesuras de la historia que el azar nos depare, se puede esperar que decline o termine el actual cautiverio de la educación básica del país por parte del sindicato y se recupere el indispensable ordenamiento de las relaciones entre las autoridades educativas y el magisterio del país.

IV. CONCLUSIONES

Con este libro se propuso reconstruir y analizar las principales políticas de Estado en materia educativa derivadas del ANMEB, con apoyo en testimonios y apreciaciones de los titulares de la SEP. A su término es necesario dar un paso más: derivar del análisis algunas conclusiones globales.

El enfoque de estas conclusiones estaba ya implícito en la definición de "políticas de Estado" anticipada al final del capítulo I, ahí precisamos las características que éstas debieran tener para ser calificadas como tales.

En el curso del análisis se ha mostrado que las cuatro políticas consideradas cumplen los principales requisitos ahí señalados, por lo que han logrado una continuidad notable a lo largo de tres sexenios.

Lo que resta hacer es puntualizar, en los casos concretos, qué factores han contribuido a que esas políticas permanezcan y cuáles han actuado en contra; es lo que haremos en esta parte final.

FACTORES QUE HAN CONTRIBUIDO A LA CONTINUIDAD DE ESTAS POLÍTICAS

–Desde luego, ha sido decisivo que las políticas comentadas hayan quedado claramente formuladas en el ANMEB, y que quedara registrado el compromiso público de los actores involucrados: SEP, gobiernos estatales y SNTE. El ANMEB se convirtió así en un punto de referencia público, de validez y vigencia reconocidos.
–Esas políticas se vieron refrendadas en el sexenio que si-

guió al de Salinas de Gortari, al ser presidente el doctor Zedillo; fue una coyuntura muy favorable para asegurar su continuidad. De esta manera el ANMEB, además de ser punto de referencia, ha servido como un documento de orientación sobre las políticas que contiene y una base común para negociaciones entre los principales actores. Desde este punto de vista puede considerarse también como ejemplo para futuras concertaciones. Su limitación, por otro lado, ha sido que el Acuerdo no incorporó al Congreso de la Unión como signatario.[1]

–De las cuatro políticas que se han comentado, la descentralización de la educación básica y normal y la participación social tienen un fundamento muy completo en los textos legales; la renovación curricular y las políticas sobre el magisterio también lo tienen, aunque no tan directamente. Esta base legal ha ayudado grandemente a que no sean reversibles. En el caso de la descentralización, además, la acumulación de decisiones —del Ejecutivo y del Legislativo (por ejemplo, respecto de la asignación de recursos económicos a las entidades federativas y la creación de los fondos presupuestales correspondientes)— ha reforzado obviamente su irreversibilidad. Otros procesos, como la creciente afirmación de la soberanía de los estados o el fortalecimiento de sus equipos locales, han generado sinergias que refuerzan la descentralización.

No puede decirse lo mismo respecto de la participación social, que sigue siendo una política aún poco definida legalmente y sobre todo menos urgida.

–Las políticas relativas al magisterio y a la participación

---

[1] Por la falta de experiencia de nuestra joven democracia ignoramos qué tan vinculatorio pudiera ser para una legislatura federal un compromiso firmado por otra anterior; en todo caso parece ser que un documento semejante sería tomado en cuenta por cualquier legislatura que decidiese revocar sus contenidos. Algo similar pudiera decirse de los partidos políticos, aunque éstos no tendrían las limitaciones temporales que derivan del "mandato" de una legislatura.

social parecen ser las menos eficaces hasta ahora, atendiendo a sus resultados; el análisis de su evolución plantea serias preguntas acerca de las decisiones tomadas en
los 12 años transcurridos.

–También ha contribuido a la continuidad de estas políticas la actitud de respeto del Congreso de la Unión, que las
ha dejado madurar, aunque se debatan, por ejemplo, las peculiaridades del financiamiento educativo y existan divergencias partidistas en puntos como la reforma de las escuelas normales y otros, por los intereses específicos de
los partidos.

–Conviene hacer notar que la continuidad de una política
no está en riña con su enriquecimiento o precisiones ulteriores; así lo muestran los casos particularmente de la
descentralización y de la renovación curricular, y podría
serlo en el futuro el de las políticas relativas al magisterio
o a la participación social.

FACTORES QUE HAN DIFICULTADO O DEBILITADO LAS POLÍTICAS

Entre estos factores destacan sobre todo los conflictos de interés entre algunos actores:

–En el caso de la descentralización, la oposición de intereses entre la SEP y algunos gobiernos estatales se ha podido
manejar con discreción y mediante arreglos satisfactorios.[2] En cambio, las resistencias del SNTE han sido más
fuertes y notorias; al principio su posición fue oponerse
radicalmente a la descentralización porque asumió que
quebrantaría la unidad del sindicato, su carácter de interlocutor principal y su capacidad de negociar los incre-

[2] Una excepción serían las protestas de algunos gobernadores que amenaza-
ron con devolver la educación básica a la federación, gesto que se ha interpre-
tado más bien como presión para obtener mayores recursos.

mentos salariales. Más adelante las resistencias sindicales
se han multiplicado al nivel de los estados, llegando en
algunos casos a bloquear iniciativas importantes de las
autoridades locales.[3]

–Resultado de estas resistencias ha sido, en muchos estados,
la imposibilidad de unificar las dependencias estatales y
ex federales, con serias consecuencias para la administración, la enseñanza y la cohesión del magisterio; el desconcierto de algunos gobernadores ante el poder sindical o el
poco avance logrado en la coordinación de las instituciones formadoras de maestros. También debe registrarse
como consecuencia negativa el fracaso de CM como mecanismo de evaluación del magisterio, a pesar de los altos
costos que ha implicado su funcionamiento. Asimismo
puede aventurarse que esas resistencias han jugado un
papel en la parálisis respecto de la descentralización de la
enseñanza básica en el Distrito Federal; el tiempo transcurrido ha propiciado que se fortalezca la oposición de
algunos grupos de interés dentro y fuera de la SEP.

–Mayores, en general, han sido las resistencias del SNTE a
la política de participación social, alegando que es inad-
misible la presencia de "actores externos" en las escuelas,
como ya se comentó.

No obstante esto, hay que señalar que la fuerza del sindicato está sujeta a vicisitudes a veces inesperadas, como se ha
visto en los recientes conflictos entre su dirigencia y el PRI o
entre el SNTE y la CNTE, de modo que no se debe suponer que
estas resistencias continúen inalterables en el futuro.

–Respecto de las políticas sobre el magisterio —formación
inicial, actualización, CM, demandas salariales y otras—

---

[3] Hay varios estudios detallados sobre los comportamientos del SNTE en
algunos estados. Al caso de Tlaxcala citado por Veloz Ávila, 2003, añádanse
los de Puebla, Chihuahua y Oaxaca, analizados en Muñoz, 2003.

puede pensarse que el SNTE seguirá obstaculizándolas, en tanto no sobrevenga un cambio de actitud de sus dirigentes comprendiendo que la calidad del maestro también le conviene a la organización gremial o en tanto no se produzcan cambios por decisiones que alteren las estructuras de la SEP.

–Existen también factores de carácter técnico, aunque no al margen de las realidades políticas, que influyen el curso que siguen algunas políticas del ANMEB; en casos como el esquema de evaluación de CM parece ser que la SEP podría contar con un buen activo para vencer las resistencias si adujese argumentos y evidencias empíricas que devolviesen a CM su eficacia como mecanismo de evaluación de los docentes.

–Debe consignarse como factor que en el futuro puede actuar en contra de la continuidad de estas políticas la falta de capacidad de diálogo de las autoridades educativas, principalmente federales, con la dirigencia sindical.

Asimismo será decisiva en el futuro la actitud que adopte la presidencia de la República ante el corporativismo gremial en general, y las sinergias que, en un sentido o en otro, aporten las posiciones de los partidos políticos.

Factores de eficacia

Las conclusiones anteriores se refieren a la continuidad o discontinuidad de las políticas públicas educativas en cuanto son mantenidas por el discurso formal de las autoridades y apoyadas por sus respectivos programas.

A esas conclusiones habría que añadir otras no menos importantes relativas a la eficacia con que se implementan las políticas formuladas. Realizar una revisión exhaustiva de los factores que inciden en la eficacia —ejercicio imperativo de toda administración pública— excede el propósito de este libro; apuntaremos al menos algunos ejemplos de estos factores.

Tiempos burocráticos vs. tiempos sociales

Los retrasos de más de 10 años que se observan en la implementación de algunas de las políticas comentadas — por ejemplo, en la renovación curricular y reforma de la enseñanza preescolar y de la secundaria, en la de las escuelas normales o en la restructuración de los programas de participación social— evidencian que en la SEP han predominado los tiempos burocráticos sobre los tiempos de las urgencias reales de la sociedad.

A nadie parece importarle que se retrasen por años reformas que beneficiarían a 10 cohortes de jóvenes que cursan su secundaria y que esas reformas lleguen a definirse e implantarse "cuando buenamente se pudo"; las autoridades no rinden cuentas a nadie de estos retrasos y, si se les pregunta sobre algunas de ellas (como se hace en las entrevistas de esta obra), invocan la complejidad técnica y política del tema o la necesidad de centrar los esfuerzos en otros asuntos.

Estructuralmente no hay nada que presione a las autoridades a apresurar soluciones adecuadas para resolver los problemas más graves de la educación. Sólo podría exigirles mejor y más pronto cumplimiento la presión de la sociedad civil organizada y la del Congreso de la Unión; pero esto implica procesos que están aún en lenta maduración.

Tomar conciencia de que debieran prevalecer los tiempos de las necesidades reales sobre los burocráticos en la implementación de las políticas públicas, sobre todo si son "de Estado", es indispensable en una administración eficiente.

Flexibilizar el presupuesto

Otra causa de ineficacia en las acciones de la sep es la rigidez y el formalismo presupuestal; la excusa "no hay recursos" se esgrime ante la escasez de fondos asignados a acciones relacionadas con políticas catalogadas como prioritarias.

La estructura programática del presupuesto educativo federal obedece a normas homogéneas dictadas por la shcp y se requiere de una particular ingeniosidad para abrir en ellas los espacios que aseguren el flujo de recursos a programas que apoyen las políticas públicas prioritarias. Esta problemática presupuestal, por lo demás, reaparece en el nivel de los estados, con la agravante frecuente de que los congresos locales están más lejos de comprender las prioridades del desarrollo educativo de sus entidades.

Cambio mental de funcionarios y maestros

La eficacia de la administración pública depende a fin de cuentas de cualidades de las personas que manejan los programas. Sorprende que una secretaría cuyo objetivo fundamental es educar —esto es, apoyar la transformación de las personas y el aumento de sus capacidades— no cuente con los dispositivos necesarios para propiciar esa transformación en sus propios funcionarios.

La burocracia de la sep no se distingue, dentro del gobierno federal, por ser eficaz; sigue sus tiempos, recurre a dilaciones a veces innecesarias, se confronta internamente por disputas de poder, reproduce sus vicios en los nuevos empleados y, en general, no comparte una perspectiva moderna de logros realistas y comprobables. De sexenio a sexenio arrastra los mismos problemas, renueva esfuerzos por solucionarlos según las indicaciones del jefe en turno y no se preocupa por llegar en tiempos acotados y con recursos mínimos, a resultados viables y exitosos. Sus contralorías y auditorías atienden detalles formales, no el significado de las acciones.

La SEP, lo mismo que las secretarías estatales, debiera contar con programas internos, talleres y seminarios orientados a suscitar una cultura de la eficacia entre sus funcionarios; su cambio mental es condición esencial de eficacia para la ejecución de sus políticas. Lo mismo debiera urgirse para los cuadros medios de directores de escuela, jefes de zona y sector y supervisores, eslabones donde con frecuencia naufragan los programas. Y respecto de los maestros, la promoción de una cultura de la eficacia debiera ser parte obligada de su actualización.

Difusión y participación

Pobre ha sido, en el periodo considerado en este libro, la capacidad de las autoridades educativas para movilizar a la sociedad por las causas de la educación; los esfuerzos se han quedado al nivel del discurso y los ámbitos donde han llegado han sido muy reducidos. No se ha logrado que los grandes medios de comunicación, atentos a otros intereses, contribuyan a la difusión y discusión de las grandes políticas públicas de la educación.

Aun lograda la difusión, el paso siguiente para movilizar las energías de la sociedad a favor de la educación es la discusión crítica que lleva al compromiso. Actualmente son contados los espacios donde germina la movilización de los grupos sociales por la educación y, por tanto, resulta muy limitada la eficacia en la implementación de políticas que requieren de esos apoyos.

Una política de medios, orientada a movilizar a la sociedad, es todavía, a nivel nacional y en la mayoría de los estados, una gran ausencia.

Integrar las políticas educativas
en una perspectiva holística

Una observación final. Entre las limitaciones de este libro está su enfoque excesivamente analítico: aborda las cuatro políticas como confinadas en sí mismas y las comenta a partir de sus propios referentes.

El significado cabal de estas y otras políticas de Estado de la SEP tiene que provenir de una visión global de la educación en la que dichas políticas se integren. Lo que en los términos de la tradicional "planeación de la educación" se denominaba el horizonte deseable, y ahora, en la metodología de "planeación estratégica" suele llamarse "la misión" de la institución sujeta a planeación, es indispensable para integrar las diversas políticas en una visión de conjunto, holística, de mediano y largo plazo; de ella se derivará el sentido de cada política particular.

¿Qué tipo de educación requiere la población del país en los próximos años y décadas, considerando al país como proyecto histórico colectivo, a la luz de valores humanos aceptados? ¿Qué retos y dificultades se advierten para lograr el desarrollo humano de la población? Más allá de preparar para el empleo y la producción, ¿qué conocimientos, valores, habilidades y comportamientos colectivos deben fomentarse? ¿Cómo traducir en términos pedagógicos "el desarrollo armónico de todas las facultades del ser humano" prescrito en la Constitución? ¿Qué corresponde hacer a la educación formal y a la no formal y qué condiciones son indispensables en el entorno cultural?

Y en este marco general, ¿cuáles son las obligaciones del Estado y de sus órganos especializados en la educación, a sus diversos niveles? ¿Cuáles las deseables de parte de otros actores sociales?

De las respuestas a estas preguntas básicas —que la SEP debiera esclarecer en su interior— dependerá que sus políticas de Estado, como las que aquí se han analizado, cobren su pleno significado.

COLOFÓN

Hay un ritmo de danza en el tiempo, como si la
era del baile se estuviese anunciando; la humanidad pugna por ser libre y feliz como lo es el
alma, sin las trabas que la vida social impone,
porque no sabe acomodarse a la ley jubilosa del
corazón.

En estos instantes solemnes en que la nación mexicana en medio de su pobreza dedica
un palacio a las labores de la educación, haga-
mos votos por la prosperidad de un ministerio
que ya está consagrado por el esfuerzo creador
y que tiene el deber de convertirse en fuente que
mana, en polo que irradia. Y, finalmente, que la
luz de estos claros muros sea como la aurora de
un México nuevo, de un México espléndido.

José Vasconcelos

Discurso al inaugurar el edificio de la Secretaría
de Educación Pública, *Boletín de la* sep, tomo I,
núm. 2, septiembre 1° de 1922, pp. 5-9

Analizar las principales políticas de Estado derivadas del ANMEB
y su evolución hasta el presente ha sido el propósito de este
libro; esta tarea se trató de cumplir en los capítulos i y ii de la
presente obra.

Las entrevistas con los secretarios de Educación presenta-
das en el capítulo ii, además de servir de recurso para el análisis, tienen un valor de otro orden. Quien las lea en sus líneas e
interlíneas adivinará que en esos textos se insinúa, como con

tinta invisible, una "historia viva" de la educación y del país. Aunque referidas a asuntos y decisiones concretos, las respuestas de los entrevistados se anclan en el fluir del tiempo real y en las coyunturas en las que tuvieron que actuar.

Fueron, han sido, los 12 últimos años en que la población creció de 94 a 104 millones, periodo gravado por hechos mayores para el rumbo del país: la firma de un tratado de libre comercio que marca rumbos nuevos, la declaración de guerra del EZLN, herida que como otras, ha quedado abierta y dejado irresuelto el problema de nuestra identidad; la agudización de la pobreza y el espasmo de una economía que no crece; la emigración de centenares de miles de mexicanos a los Estados Unidos, fracaso que irónicamente se quiere presentar como solución; la alternancia en la presidencia que no resultó en transición y nos ha devuelto a la realidad; el estallido de la videocorrupción que ha evidenciado los límites de nuestro aprendizaje de la democracia, el enanismo de la clase política y las perversidades de la partidocracia establecida; la problemática preocupante de una juventud en busca de una ética que la sociedad no le ofrece…

Estos y otros hechos mayores son referencias implícitas en la historia viva que subyace en los testimonios de los secretarios. Por eso el capítulo II de esta obra tiene un valor que rebasa el análisis técnico de las políticas educativas: es testimonio histórico, fechado, articulado a resignaciones y expectativas personales.

Cierto que los secretarios se refieren directamente a la historia interna de la SEP, la que vivieron —y ello justifica el título de este libro—; pero los tiempos de la SEP *por dentro* están engranados con los de la historia nacional y así deben leerse.

Valorados sus testimonios, hay que consignar que en todos los entrevistados se comprueba un compromiso personal con la educación; no hacen educación porque están ahí sino están ahí porque quieren hacer educación. Esto —ya conocido por las biografías de Fernando Solana, Miguel Limón y

José Ángel Pescador— no sorprende demasiado, pues están convencidos de que el país "llegará tan lejos como llegue la educación" y lo han comprobado con sus actos. En Reyes Tamez, venido de otros ámbitos y habituado a otros estilos de comunicación, el compromiso es también comprobable. Y si limitamos el juicio sobre Ernesto Zedillo a sus años como titular de la SEP —pues a Zedillo presidente el destino lo hace sucumbir, como a tantos otros presidentes, a seguir hipotecando el futuro para pagar una herencia colonial ya de por sí impagable—, también habría que incluirlo en el grupo de los secretarios comprometidos. Parece ser que la SEP posee una nobleza que no tienen otras secretarías; para quienes saben ver a los niños y jóvenes que son su razón de ser; no es estación de paso para otras posiciones políticas; deja en sus titulares afectos y sensibilidades, frustraciones y renovados esfuerzos que provienen sin duda de la misión original de esta dependencia: educar, seguir educando, educar siempre.

En la historia viva que recogen los testimonios alienta aún la utopía de Vasconcelos; su espíritu sigue soplando en los corredores del edificio de Argentina. Pasan los hombres y cambian los tiempos, se reformulan proyectos y programas y el péndulo obliga a cambiar los acentos, pero sigue la brújula señalando el rumbo: creer en la educación es la manera de amar a México tanto por lo que no es como por lo que puede ser. Y el minutero de *la* SEP *por dentro* revive los afanes de los días y las horas, dentro de los tiempos nacionales, a veces aciagos, que seguimos viviendo los mexicanos.

REFERENCIAS BIBLIOGRÁFICAS

Acuerdo Nacional para la Modernización de la Educación Básica y Normal, Consejo Nacional Técnico de la Educación, México, 1992.

Aguayo, Sergio, *El panteón de los mitos. Estados Unidos y el nacionalismo mexicano*, Grijalbo, México, 1998.

Aguilar Villanueva, Luis F., *El estudio de las políticas públicas. Estudio introductorio y edición* (primero de cuatro volúmenes que contienen una antología de artículos importantes sobre el tema), Miguel Ángel Porrúa, México, 1993.

Aguilar Zínzer, Adolfo, "Vacío en Los Pinos", entrevista de Jesús Esquivel en *Proceso*, núm. 1418, 4 de enero de 2004, p. 28.

Álvarez, Isaías (coord.), *Nuevos sistemas de formación docente para la educación básica en un nuevo siglo: estrategia interinstitucional*, Instituto de Fomento a la Investigación Educativa, IPN-Escuela Superior de Ciencias de la Administración, Escuela Normal del Estado de Durango, Ediciones Taller Abierto, México, 2002.

Arnaut Salgado, "El sistema de formación de maestros en México", en *Educación 2001*, núm. 102, noviembre de 2003, pp. 35-48.

———, *La federalización educativa en México, 1889-1994. Historia del debate sobre la centralización y la descentralización educativa*, Colmex/CIDE, México, 1998.

———, *Historia de una profesión. Los maestros de educación primaria en México, 1887-1994*, CIDE, México, 1996.

———, *La descentralización educativa y el Sindicato Nacional de Trabajadores de la Educación, 1978-1988* (documentos de trabajo), CIDE-INEA, México, 1992.

Aziz Nassif, Alberto y Jorge Alonso, "Las primeras experiencias de alternancia", en *México al inicio del siglo XXI*, FCE/Porrúa, México, 2003.

Barba, Bonifacio (coord.), *La federalización educativa: una valoración externa desde la experiencia de los estados*, Secretaría de Educación Pública, México, 2000.

Bizberg, Ilán, "Estado, organizaciones corporativas y democracia", en Alberto Aziz (coord.), *México al inicio del siglo XXI. Democracia, ciudadanía y desarrollo*, CIESAS/Miguel Ángel Porrúa, México, 2003.

Blanco, Víctor, "De la educación impartida por los particulares", en *Centro de Estudios Educativos 1995. Comentarios a la Ley General de Educación*, Centro de Estudios Educativos, México, 1995.

Comisión Nacional SEP-SNTE de Carrera Magisterial, "Lineamientos Generales de Carrera Magisterial", México, 1998.

Consejo Nacional Técnico de la Educación, "Acuerdo Nacional para la Modernización de la Educación Básica", Conalte, México, 1992.

Consulta Mitofsky, "Evaluación de los servicios de actualización y capacitación del Pronap. Investigación cualitativa" (manuscrito), México, abril de 2003.

De Andraca, Ana María (coord.), "Buenas prácticas para mejorar la educación en América Latina", PREAL, Santiago, 2003.

De Ibarrola, María y Enrique Bernal, "Descentralización: ¿quién ocupa los espacios educativos? Transformaciones de la oferta escolar de una ciudad mexicana", en *Revista Mexicana de Investigación Educativa*, vol. 8, núm. 18, mayo-agosto de 2003, pp. 379-420.

"Equipo de transición del presidente electo Vicente Fox Quesada, propuestas (manuscrito), México, 2000.

Fierro, Cecilia y Patricia Carvajal, "Mirar la práctica docente desde los valores", Universidad Iberoamericana/Gedisa, México, 2003.

Flores López, Mario, "La política de desarrollo profesional del magisterio en México, 1988-1994", tesis de maestría, Universidad de las Américas, México, 1996.

García Manzano, María del Socorro, "Una mirada particular de la Carrera Magisterial: estudio de caso de dos escuelas primarias", tesis de maestría en ciencias con especialidad en investigaciones educativas, Departamento de Investigaciones Educativas del Cinvestav, México, s./f.

Gómez Álvarez, David, "Educar en el federalismo: la política de descentralización educativa en México y Jalisco", tesis de licenciatura, Colmex, México, 1999.

González Schmall, Raúl, "El federalismo educativo", en *Centro de Estudios Educativos. Comentarios a la Ley General de Educación*, Centro de Estudios Educativos, México, 1995.

Gordillo, Elba Esther, *Examen*, núm. 40, México, 1992.

Guevara Niebla, Gilberto, "El SNTE: ¿un nuevo liderazgo vitalicio?", en *Proceso*, núm. 1431, México, 4 de abril de 2004, pp. 56 ss.

———, "Paradojas de nuestra cultura política", en *Deconstruyendo la ciudadanía*, SG-SEP-IFE, México, 2002, pp. 639 ss.

———, "México, ¿un país de reprobados?", en *Nexos*, núm. 162, México, 1993.

——— (comp.), *La catástrofe silenciosa*, FCE, México, 1992.

Latapí, Pablo, "¿Cómo aprenden los maestros?", en *Cuaderno de Discusión*, núm. 6, SEP, Subsecretaría de Educación Básica y Normal, México, 2003.

——— (coord.), *Un siglo de educación en México*, 2 vols., FCE, México, 1998.

———, "Educación y pluralismo político", en Pablo Latapí, *Tiempo Educativo Mexicano V*, Universidad Autónoma de Aguascalientes, Aguascalientes, 1998, pp. 24-28.

———, *Tiempo Educativo Mexicano*, 7 vols., Universidad Autónoma de Aguascalientes, Aguascalientes, 2000.

———, "La participación social en la educación", en *Comentarios a la Ley General de Educación*, Centro de Estudios Educativos, México, 1995, pp. 227-252.

360   REFERENCIAS BIBLIOGRÁFICAS

Latapí, Pablo, y Manuel Ulloa, *El financiamiento de la educación básica en el marco del federalismo,* Fondo de Cultura Económica/Centro de Estudios sobre la Universidad, México, 2000.

Loyo, Aurora, "La reforma educativa en México vista a través de los maestros: un estudio exploratorio", en *Revista Mexicana de Sociología,* vol. 64, núm. 3, julio-septiembre de 2003a, pp. 37-62

———, "El Sindicato Nacional de Trabajadores de la Educación", en *La investigación educativa en México 1992-2002,* vol. 8: Sujetos, actores y procesos de formación, México, 2003b, pp. 299-362.

———, "Ciudadanía y magisterio: dos ejes para una reforma educativa", en María Josefa Santos Corral (coord.), *Perspectivas y desafíos de la educación, la ciencia y la tecnología,* UNAM-Instituto de Investigaciones Sociales, México, 2003c, pp. 15-54.

———, María de Ibarrola y Antonio Blanco, "Estructura del sindicalismo docente en América Latina", en *Propuesta Educativa,* año X, núm. 21, Centro de Publicaciones Educativas y Material Didáctico, México, diciembre de 1999.

Luna Martínez, Josafat de, "El federalismo mexicano: cambios y continuidades" (micropelícula), Microtarjeta MT/2837. Para obra impresa: 352.072/L9615f en el Centro de Estudios Internacionales de El Colegio de México, México, 2000.

Lustig, Nora, "The Mexican Peso Crisis. The Foreseable and the Surprise" (manuscrito), Brookings Discussion Paper on International Economics, Washington, D. C., junio de 1995.

Mabire, Bernardo, "Políticas culturales y educativas del Estado mexicano de 1970 a 1997", *Jornadas,* núm. 139, Colmex, México, 2003.

Martínez Rizo, Felipe, "La desigualdad en México", en *Revista Latinoamericana de Estudios Educativos,* vol. XII, núm. 2, México, 1992, pp. 59-120.

———, "Las políticas educativas mexicanas antes y después

de 2001", en *Revista Iberoamericana de Educación*, núm. 27, México, 2001, pp. 35-56.

Martínez Rizo, Felipe, "Nueva visita al país de la desigualdad. La distribución de la escolaridad en México", en *Revista Mexicana de Investigación Educativa*, vol. vii, núm. 16, septiembre-diciembre de 2002, pp. 415-444.

Millán, Julio, y Antonio Alonso Concheiro (coords.), *México 2003: nuevo siglo, nuevo país*, FCE, México, 2000.

Moctezuma Barragán, Esteban, *La educación pública frente a las nuevas realidades: una visión de la modernización de México*, Fondo de Cultura Económica, México, 1994.

Muñoz Armenta, Aldo, "El sindicalismo mexicano frente a la reforma del Estado. El caso del SNTE (1992-1998)" (manuscrito), México, 2003.

Murillo, María Victoria, "Sindicalismo docente y reforma educativa en América Latina. Estado del arte", en *Propuesta Educativa*, año x, núm. 21, diciembre de 1999, pp. 9-14.

Ornelas, Carlos, "The Politics of Educational Decentralization in Mexico, en *Journal of Educational Administration*, vol. 38, núm. 5, 2000, p. 424.

———, "El ámbito sectorial: la descentralización de la educación en México", en *Las políticas descentralizadoras en México 1983-1993*, CIDE-Porrúa, México, 1998, pp. 281-348.

———, "El sistema educativo mexicano. La transición de fin de siglo", FCE-CIDE-Nafinsa, México, 1995.

Pardo, María del Carmen (coord.), *Federalización e innovación educativa en México*, Colmex, México, 1995.

Pescador Osuna, José Ángel, *Aportaciones para la modernización educativa*, 2ª ed., Universidad Pedagógica Nacional, México, 1994.

Poder Ejecutivo Federal, *Programa para un nuevo federalismo 1995-2000. Balance sexenal*. Secretaría de Gobernación, México, 2000.

———, *Plan Nacional de Desarrollo 1989*, México, 1989a.

Poder Ejecutivo Federal, *Programa para la modernización educativa 1989-1994*, México, 1989b.

Poveda, Iliana *et al.*, "Evaluación de la asignatura de formación cívica y ética en la secundaria. Informe final" (manuscrito), México, septiembre de 2003.

Prawda, Juan, *Logros, inequidades y retos del futuro del sistema educativo mexicano*, Grijalbo, México, 1987.

———, y Gustavo Flores, *México educativo revisitado. Reflexiones al comienzo de un nuevo siglo*, Océano, México, 2001.

Rueda Castillo, Francisco, "Dilemas, retos y escenarios del sindicalismo mexicano", en *Horizonte Sindical*, Instituto para Estudios Educativos y Sindicales de América, México, junio de 1996-septiembre de 1997, pp. 23-68.

Salinas, Carlos, "Mensaje al presentar el Acuerdo Nacional para la Modernización Educativa de la Educación Básica", Conalte, México, 1992, pp. 7-17.

Secretaría de Educación Pública, "Hacia una política integral para la formación y desarrollo profesional de los maestros de educación básica", documento base para la VII Reunión de Titulares de Educación de los Gobiernos de los Estados, Monterrey, 17-18 de febrero de 2003. Publicado por la Subsecretaría de Educación Básica y Normal como *Cuaderno de Discusión*, núm. 1, México, 2003a.

———, "Centros de Maestros: un acercamiento a su situación actual", *Cuaderno de Discusión*, núm. 14, Dirección General de Normatividad, México, 2003b.

———, Programa Nacional de Educación 2001-2006, SEP, México, 2001.

———, *Memoria del quehacer educativo 1995-2000*, 2 vols., SEP, México, 2000.

———, *Memoria 1976-1982*, 3 vols., SEP, México, 1982.

———, *Programas y metas del sector educativo 1979-1982*, SEP, México, 1979.

Secretaría de Gobernación, SEP e IFE, *Deconstruyendo la ciudadanía. Avances y retos en el desarrollo de la cultura democrática en*

México, Secretaría de Gobernación, Secretaría de Educación Pública, Instituto Federal Electoral, CIDE-ITAM-Miguel Ángel Porrúa, México, 2002.

Solana, Fernando, *Tan lejos como llegue la educación*, FCE, México, 1982.

Sindicato Nacional de Trabajadores de la Educación, *Diez propuestas para asegurar la calidad de la educación pública*, SNTE, México, 1994.

Subsecretaría de Educación Básica y Normal, "Hacia una nueva gestión de las normales públicas", en *Educación 2001*, núm. 102, México, noviembre de 2003, pp. 10-22.

Tamez, Reyes, declaraciones al diario *Reforma* el 28 de julio, México, 2003, p. 10.

Torres, Rosa María, *Escuela nueva: una innovación desde el Estado*, Instituto Frónesis, Quito, 1991.

————, "Nuevo rol docente: ¿qué modelo de formación para qué modelo educativo?", en *Boletín del Proyecto Principal de Educación de América Latina y el Caribe*, núm. 490, diciembre de 1997, UNESCO.

Uhl, Siegfried, *Los medios de educación moral y su eficacia*, Herder, Barcelona, 1997.

Veloz Ávila, Norma Ilse, "El SNTE y la descentralización de la educación básica en Tlaxcala", en *Revista Mexicana de Investigación Educativa*, vol. 8, núm. 18, México, mayo-agosto de 2003, pp. 339-378.

Winocour, Rosalía, "Claves para repensar el problema de la participación ciudadana", en *Deconstruyendo la ciudadanía*, México, 2002, pp. 479 ss.

Yurén, Teresa, "La formación cívica y ética en secundarias: un examen crítico", ponencia en el VII Congreso Nacional de Investigación Educativa (manuscrito), Guadalajara, noviembre de 2003.

Yurén, Teresa, y Stella Araujo-Olivera, "Estilos docentes, poderes y resistencias ante una reforma curricular", en *Revista Mexicana de Investigación Educativa*, vol. 8, núm. 19, México, septiembre-diciembre, 2003, pp. 631-652.

Zedillo Ponce de León, Ernesto, *La educación y el federalismo, componentes esenciales del México del siglo xxi*, Los Pinos, Dirección General de Comunicación Social, México, 1995.

Zorrilla Fierro, Margarita, y Lorenza Villa Lever (coords.), *Políticas educativas*, vol. 9: La investigación educativa en México 1992-2002, comie-cesu-sep, México, 2003.

Este libro se terminó de imprimir en marzo de
2006 en los talleres de Impresora y Encuader-
nadora Progreso, S. A. de C. V. (IEPSA), Calz.
de San Lorenzo, 244; 09830 México, D. F. En su
composición, parada en el Departamento de
Integración Digital del FCE, se usaron tipos
Palatino de 12, 10:13, 9:13 y 8:9 puntos. La edición consta de 2 000 ejemplares.

Tipografía: *Javier Ávila Lorenzo*
Juliana Avendaño López
Cuidado editorial: *Manlio Fabio Fonseca*